中华经典藏书

# 国语

陈桐生 译注

中華書局

**图书在版编目(CIP)数据**

国语/陈桐生译注. —北京:中华书局,2016.1(2018.9重印)
(中华经典藏书)
ISBN 978-7-101-11457-7

Ⅰ.国… Ⅱ.陈… Ⅲ.①中国历史-春秋时代-史籍②《国语》-注释③《国语》-译文 Ⅳ.K225.04

中国版本图书馆 CIP 数据核字(2016)第 000312 号

---

| | |
|---|---|
| 书　　名 | 国　语 |
| 译 注 者 | 陈桐生 |
| 丛 书 名 | 中华经典藏书 |
| 责任编辑 | 王水涣 |
| 出版发行 | 中华书局<br>(北京市丰台区太平桥西里 38 号　100073)<br>http://www.zhbc.com.cn<br>E-mail:zhbc@zhbc.com.cn |
| 印　　刷 | 北京市白帆印务有限公司 |
| 版　　次 | 2016 年 1 月北京第 1 版<br>2018 年 9 月北京第 5 次印刷 |
| 规　　格 | 开本/880×1230 毫米　1/32<br>印张 13¾　插页 2　字数 200 千字 |
| 印　　数 | 30001-38000 册 |
| 国际书号 | ISBN 978-7-101-11457-7 |
| 定　　价 | 28.00 元 |

# 前　言

《国语》是一部什么样的书？汉人说它是“《春秋》外传”，所谓“外传”，是相对于“内传”即《左传》而言。既然《国语》、《左传》一是外传，一是内传，那么自然这两部书就同出于左丘明之手，司马迁即在《史记》中明确地说左丘明作《左传》，又在《报任安书》中说“左丘失明，厥有《国语》”。“《春秋》外传”之说是汉代经学兴盛时代的产物，今人已经不再相信它了。《四库全书总目提要》将《国语》置于“杂史”一类，这个处理解除了《国语》与《春秋》之间所谓的经传关系，不过“杂史”之说略嫌宽泛。清人浦起龙在《史通通释》中根据刘知几六家之说，从史书体例上将《国语》断为“国别家”。

本书以为，对于《国语》性质，必须把握以下几个要点：

首先，《国语》之“语”，是西周春秋时期一种记载君臣治国之语的文体。在《国语》之前，《尚书》记载了虞夏商周君臣治国言论，只不过没有使用“语”这个名称。根据现存文献，“语”的名称最早出现于西周，《周语》是我们所能见到的最早的“语”体文章。不仅周王室有“语”，各诸侯国也有自己的“语”。《楚语上》载楚人用来教育太子的《语》，《郑语》所引《训语》，都应该是记载治国言论的典籍。《论语》、《孔子家语》的命名，也是因为它们都是记载言论的书。“语”之前冠以国名，就成为某国之“语”，诸如《鲁语》、《齐语》、《晋语》、《吴语》等等。各国之《语》最初可能是单篇流传，并借朝聘赴告机会得到交流，战国初年某国史官把他手头上所掌握的各国之《语》按国别编为一书，遂成今本《国语》。

其次，《国语》的写作模式是：王侯卿士大夫就某些具体现实政治问题发表言论，史官将其言论载之简帛。所以，《国语》各篇文章是王侯卿士大夫与史官共同的精神劳动产品。《国语》的主体是记载治国言论，属于说理文字，主体内容的前后都有文字记叙言论的前因后果。它的每一篇文章的写作都经历了若干年时间，如《周语上》“邵公谏厉王弭谤章”发生在公元前 845 年，文章结尾又记载：“王不听，于是国莫敢出言，三年乃流王于彘。”周厉王被流放是在公元前 842 年。所以，“邵公谏厉王弭谤”一文的写作前后经历了三年。

第三，《国语》是“编”不是“著”，是“选”不是“作”。《国语》文章是从西周到战国初年不同时代的周王室和各诸侯国史官早就写好了的，编者只是起到选篇、编辑的作用。《国语》选编范围，包括西周、东周、鲁、齐、晋、郑、楚、吴、越等诸侯国。尽管选篇不够完备，但是像西周覆灭、齐桓、晋文称霸以及吴越兴亡等重大历史事件都在这部书中得到反映。它的记载上至周穆王，下迄鲁悼公，约当公元前 967 年至公元前 453 年，历时 514 年。各国史料在全书中所占的比重悬殊甚大，其中《晋语》所占篇幅最多，而《郑语》只有两条材料。

第四，《国语》是“史料汇编”而不是“史”。史书应该是有着前后因果联系的系统记载，拿这一标准衡量《国语》，显然它还不够史的规格。《国语》一共收有 235 条材料，每一条材料截取一个历史片断，除《晋语》某些材料和《吴语》、《越语下》上下章有所衔接之外，大多数材料之间没有上下前后的因果联系。

第五，《国语》保留了史料的原貌。编者没有对全书语言和文风做统稿、改写、加工、提炼的工作，而是原汁原味地编排，给人以“茅茨不翦，采椽不斫”（《韩非子·五蠹》）的感觉。《国语》中有不少史料重复，甚至存在一事异记现象，如吴越不少记载就互有不同，可能这些史料最初是出于不同史官之手，编者原封不动地将其收入《国语》之中。

根据以上所述，《国语》是一部记载西周春秋王侯卿士大夫治国言论的原始史料汇编。

《国语》内容广泛涉及“邦国成败，嘉言善语，阴阳律吕，天时人事逆顺之数”，其书“包罗天地，探测祸福，发起幽微，章表善恶”（韦昭《国语解叙》），编者选编的宗旨是为王侯卿士大夫治国保家“道训典”，“献善败”，其中劝谏内容远远多于颂美。例如周宣王本是西周中兴之主，但在《周语上》有关宣王的5条材料中，竟有4条是写西周名臣讽谏宣王弊政，从中可见编者提供懿戒的意识是何等强烈！《国语》文章呈现出鲜明的时代性，西周文章多记载名臣讽谏弊政和嘉言懿行，春秋文章则主要突出齐桓、晋文等人的称霸谋略，如《齐语》载管仲治齐，全然不用礼乐道德教化，而是依靠他个人的政治智慧，《晋语》载晋文公称霸也多出于子犯、先轸等人的谋略，这显示了“上古竞于道德，中世逐于智谋，当今争于气力”（《韩非子·五蠹》）的历史发展趋势。由于历史文化传统和现实条件的差异，《国语》各篇的地域特色也很明显。周、鲁以及刻意向周、鲁文化靠近的楚国言论多为道德劝谏。以《鲁语》为例，无论是匠师庆、夏父展的犯颜直谏，还是叔孙穆子聘晋不拜天子诸侯之乐，抑或太史里革斩断宣公之罟，无一不显示了鲁人对礼义价值的维护。公父文伯之母只是鲁国的一名贵族妇女，可是《鲁语》收录她的言论材料就达八条之多，这些材料围绕着一个共同主题，就是这位贵妇人如何维护礼义。齐、晋、郑、吴、越之语则多为计谋，如吴、越的兴衰存亡，起决定因素的不是句践、夫差等人的道德水平高低，而是他们立国的方略是否正确。《国语》中有不少文章是告诫卿士大夫如何持禄保宠全身免祸，评论者多从卿士大夫言行举止来预测其吉凶祸福。如《周语中》载单襄公、刘康公等人言论，说明轻佻、无礼、淫逸、奢侈、矜夸必致败亡的道理。《晋语五》“师胜而范文子后入章”

载范文子在班师之际不抢主帅风头，其父范武子发出“吾知免矣”的赞叹。《晋语九》收录了三条与智氏有关的言论材料：“智果论智瑶必灭宗章”载智宣子错选继承人，“士茁谓土木胜惧其不安人章”载士茁讽谏智伯大兴土木，“智伯国谏智襄子章”载智伯国讽劝智伯备难，这些言论已经预示智氏覆灭的下场。《国语》记载了很多有价值的思想言论，如《周语上》载邵公“防民之口，甚于防川”，“为民者宣之使言”之语，这在当时具有振聋发聩的意义，对后代也有强烈的针砭价值；《鲁语上》载曹刿肯定鲁庄公“中心图民”，同篇载臧文仲倡导“居官者当事不避难，在位者恤民之患”，这些都是值得肯定的思想；《郑语》载史伯说“夫成天地之大功者，其子孙未尝不章”，这种积善积德的观念对此后民族心理产生了深远影响；《越语下》载范蠡“人事必将与天地相参，然后乃可以成功”言论，体现了中国传统的天人合一的思想。《国语》保存了一批珍贵的文献资料，如《周语上》所载伯阳父言论是中国最早的对地震成因的阐述，《周语下》载单穆公谏景王铸大钱、铸大钟以及伶州鸠论钟律，是中国早期社会非常珍贵的金融、音律文献，《鲁语上》载展禽论祀典，详细地讲述了上古帝王的祭祀制度，《楚语下》载观射父论绝地天通和祀牲，可以帮助后人了解先秦巫觋和祭祀牺牲情形，其他如《郑语》所载史伯言论包含了大量的中国早期历史资料。但是《国语》并非所有言论都是可取的，像《周语上》载仲山父认为周宣王料民会导致西周覆灭，《周语下》载彪傒论定刘文公、苌弘由于建议城周而蒙受阴祸，太子晋认为堵塞谷水会导致东周王室政治衰微，这些观点显然都没有说服力。

通过记载历史人物言行，《国语》塑造了诸多光芒四射的瑰奇人格，展现了上古仁人奇伟的思想境界：如仓葛面临晋人屠城而大声疾呼伸张大义，臧文仲宣称“居官者当事不避难，在位者恤民之患”，里革敢于斩断鲁君网罟以保护自然生态，季文子身为两朝国相而做到“妾不衣帛，马不食粟”，季冶果断辞去俸禄而不做季武子欺君的帮凶，叔孙穆子宁可被杀也不愿以贿赂方式求生，公父文伯之母身为大夫之妻而亲自纺织，鉏麑宁愿触槐自杀也不愿损害忠信伦理，祁奚内举不避亲荐子自代，辛俞不为高官厚禄所动而选择跟随栾氏奔逃亡命……这些人物言行为"富贵不能淫，贫贱不能移，威武不能屈"作了生动诠释，阅读他们的言论，想见其为人，可以使薄夫敦，顽夫廉，鄙夫宽，懦夫有立志。

《国语》应该在中国文学史上如何定位？目前流行的中国文学史论著都是将《尚书·周书》和《春秋》作为西周春秋散文的代表作，而把《国语》放在《左传》之后论述。这个处置遮蔽了《国语》的真实文学价值。实际上，《尚书·周书》有意地模仿《尚书·商书》的文风，是典型的仿古之作，而《春秋》仅仅是大事记，两者都不能代表西周春秋散文的真实成就。真正能够代表西周春秋散文成就的唯一典籍是《国语》，它代表了《尚书》之后《左传》之前西周春秋历史散文的真实发展水平，堪称是研究西周春秋历史散文的活标本。《国语》中有 11 篇西周文章，这 11 篇文章就代表了西周散文的成就。《国语》中有 10 篇战国文章，从中可见战国初年历史散文的风貌。剩下的 214 篇文章便代表了春秋散文水平。《国语》235 篇文章展示了从西周中期到战国初年 514 年历史散文发展轨迹。

与《尚书》相比，《国语》文章最大的进步是语言。我们将《尚书·周书》与《国语》中 11 篇西周散文进行比较，就可以发现前者晦涩艰深而后者平易浅近。其中的原因，就在于《周书》沿用了《商书》的典诰公文体语言。《国语》散文是史官在履行记载职责过程中诞生的，它不是朝廷的正式公文，所以史官们不必运用佶屈聱牙的官方典诰公文体语言，而是用周人的文言从事写作。当西周史官这样做的时候，他们没有意识到这实际上是一场历史散文语言的革命——它使得散文语言更接近人们实际生活中所使用的语言。在此后三千多年封建社会中，散文创作所使用的语言就是由《国语》所代表的文言。从西周到战国初年，《国语》语言继续向平易化方向发展，鲁、晋、齐、楚的春秋文章语言整炼流利，而战国初年的散文，其语言流畅程度已经接近于《战国策》。通读《国语》，读者自会从中深切地感受到历史散文语言的演进，一种由古朴到畅达、由简练到流利的演进。

作为记言散文，《国语》上承《尚书》下启战国诸子说理散文，它代表了西周春秋时期说理散文所达到的水平。《国语》某些记言文抽象概括能力较《尚书》有所提高，呈现出由直观经验向抽象概括过渡的倾向。如《周语上》载伯阳父论三川地震："夫天地之气，不失其序；若过其序，民乱之也。阳伏而不能出，阴迫而不能烝，于是有地震。"伯阳父从复杂的宇宙现象中抽象出阴阳这两种原始的物质和力量，用阴阳二气的相互作用来解释地震发生原因。《郑语》载史伯说，"和实生物，同则不继"，史伯此论是由周幽王远君子亲小人现象而发，他从对立统一的哲理高度来讨论朝廷用人问题。《尚书》记言文结构松散、内容枝蔓的情形到《国语》有了明显的改变。从《国语》我们看到，到西周中后期，人们已经能够比较纯熟地运用先提出核心论点、再围绕主题逐层展开论述的说理方式，一席言论往往就是一篇主题突出、结构紧凑、条理清楚的说理散文。如《周语上》载祭公谋父谏穆王征犬戎，先提出"先王耀德不观兵"作为一篇说辞的灵魂，以下引经据典，运用翔实的理论和史实论据对观点进行论证，如果去掉前后的叙事文字，主体部分就是一篇观点鲜明、逻辑严谨的小型论文。同篇载邵公谏厉王弭谤，也是先提出"防民之口，甚于防川"的中心思想然后再展开论证，文理可圈可点。对话体是先秦记言文的重要形式。《尚书》的《皋陶谟》、《洛诰》、《西伯戡黎》、《微子》记载了人物问答，但尚未形成固定的格式。《国语》为对话体散文所作的最大贡献是确立了宾主对答的形式格局，问者为主，答者为宾，而文章重点则落在对答之上。在这些对话体散文中，主方的问语除了具有叙事功能以外，还有推进文章深入的结构意义。如《齐语》载齐桓公问管仲：“成民之事若何？”“处士、农、工、商若何？”“定民之居若何？”……这一系列的问语将文章一步步引向深入，使管仲得以系统全面地阐述自己的改革思路和主张。从春秋中叶开始，《晋语》就收录一些充满智慧与机锋的短小隽语，例如《晋语四》载：“文公学读书于臼季，三日，曰：‘吾不能行也咫，闻则多矣。’对曰：‘然而多闻以待能者，不犹愈也？’”这样的短章只有寥寥数语，语言凝练，意味隽永，它们与西周春秋时期格言、谚语一起，成为春秋战国时期语录体散文的源头。进入春秋以后，《国语》叙事成分明显增多，如《晋语》载献公、奚齐、卓子、惠公、怀公、文公数世之乱，《吴语》、《越语》载吴、越兴亡经过，都将历史事件的发展过程叙述得委曲详尽。尽管叙事不是《国语》的正宗，但它为此后的《左传》记事提供了丰富的写作经验。

由于《国语》材料来自不同地域，因此各国文章风格不尽相同。前人对此已经有所体会，如朱彝尊在《经义考》卷二百九引陶望龄曰：“《国语》一书，深厚浑朴，《周》、《鲁》尚矣。《周语》辞胜事，《晋语》事胜辞。《齐语》单记桓公霸业，大略与《管子》同。如其妙理玮辞，骤读之而心惊，潜玩之而味永，还须以《越语》压卷。”崔述《洙泗考信录·余录》也认为《国语》各国文风不同：“周、鲁多平衍，晋、楚多尖颖，吴、越多恣放。”《周语》、《鲁语》风格比较接近，均以浑朴平实见长。其文持论正统，语言朴实，不夸张，不诡激，立论重视遗训故实，多引经据典，显示出深厚的历史文化底蕴。周、鲁文风之所以相近，是因为它们拥有共同的礼乐文化。与周、鲁文风相近的还有《郑语》，这是因为郑桓公向史伯咨询时尚在担任西周王朝的司徒，而与郑桓公对话的史伯则是周王室的史官，对话的地点是在西周都城。《齐语》八条材料主要记载管仲的治国言论，文风一如管仲改革一样干练明断。《晋语》前半部分记载晋国五世动乱，后半部分记载六卿专权，其文风像政局一样波谲云诡，其中蕴含着阴险狠毒的杀机和深不可测的权术。楚国本为蛮夷之邦，令人惊异的是它的文章价值取向和文风颇近周、鲁。但是切勿认为《楚语》就是《周语》、《鲁语》的翻版，《周语》、《鲁语》多少带有一些因循守旧的年迈暮气，而《楚语》则于浑厚古朴之中蕴含着一个新崛起的泱泱大国所特有的大气、朝气和颖锐之气。《吴语》、《越语》历来并提，两国文章也各有特色：《吴语》文风突怒偃蹇，拗倔恣放；《越语》上下篇分别出于两位越国史官之手，上篇概述句践灭吴经过，下篇记述范蠡为句践筹划灭吴的谋略，其中蕴含着一种深沉的哲理意味，文章洋洋洒洒极为畅达，如同风行水上。《国语》各国文章无论历时长短，文风都呈现出相对的稳定性。以《周语》为例，它的上限是西周中叶穆王征犬戎（公元前 967 年），下限是战国初期刘氏之亡（约公元前 468 年），前后时间跨度是 495 年，执笔记载的史官不知换了多少人，虽然前后文风有着从古朴到平易的细微变化，但《周语》上中下三篇文风大体保持一致。又如《晋语》，它的记事上限是晋武公伐翼（公元前 709 年），下限是智伯之亡（公元前 448 年），历时 261 年，共有 127 篇文章，文风也没有大的变化。各国之《语》文风之所以能够保持相对的稳定，一方面是因为各国政治文化传统具有传承性，另一方面则是因为该国前代史官文风对其后任者产生持久的示范作用。

《国语》在表现手法上呈现出逐步演进的趋势。《周语上》的表现手法还相对单一。历史人物发表言论，常见的手法是运用比喻和引经据典。谏辞前后的记事基本上是叙述，很少艺术描写。这种情况到春秋散文已有改变。排比是春秋散文经常运用的手法，《楚语上》载申叔时论太子之教，在讲到文献教育时接连用了九个“教之……”句式，论及道德教育时又一口气用了十二个“明……以……之”排比句，多重排比句的大量运用，为言论增添了艺术感染力。同篇载蔡声子为椒举游说楚国令尹子木，蔡声子没有从正面为椒举求情，而是运用侧面微讽的手法。春秋散文时有幽默之笔，如《晋语九》载董叔娶范宣子之妹为妻，叔向加以劝阻，董叔说“欲为系援”。婚后妻子向哥哥状告董叔不敬，范宣子将董叔绑在庭院槐树上，正好叔向从旁边路过，董叔要叔向替自己求情，叔向说：“求系既系矣，求援既援矣。欲而得之，又何请焉？”幽默之中包含着讽刺意味。由于叙事成分的增多，《晋语》、《吴语》、《楚语》突破了《周语上》单纯的叙述，文章中常有人物语言、行动、细节、场面描写。如《吴语》写吴王夫差与晋人对阵，左、中、右三军分别着赤、白、玄三色衣甲，宛若一幅色彩绚丽的画卷，再现了当年吴师严整的阵容和强大的军威，千年之下读来宛在目前。同篇写董褐对吴王心理的分析：“臣观吴王之色，类有大忧：小则嬖妾嫡子死，不则国有大难；大则越入吴。将毒，不可与战。”对人物心理的刻画可谓鞭辟入里。《越语下》在篇章组织结构上颇见匠心，八篇文章拆开来各自独立，合起来是一个整体。多元表现手法为此后历史散文作家积累了艺术经验。

《国语》现存最早的注本是三国时期韦昭的《国语解》，该书保留了郑众、贾逵、虞翻、唐固等人的旧注，现存明道本和公序本两种版本。清代洪亮吉有《国语韦昭注疏》、汪远孙有《国语校注本三种》，董增龄有《国语正义》。王引之《经义述闻》中的《国语》部分，精见迭出。俞樾《群经平议》中有《春秋外传国语》，亦为学人所重。近代学者吴增祺有《国语韦解补正》，徐元诰有《国语集解》。当代有十几种《国语》选本或注译本，其中影响较广的是傅庚生《国语选》。上海古籍出版社1978年出版了吴绍烈等人校点的《国语》，为每章拟定标题。

2013年4月，我在中华书局出版了《国语》（中华经典名著全本全注全译丛书），简称“三全本”。这本书是在三全本

《国语》基础上笔削而成：从《国语》235篇文章中，选出66篇；每篇之前撰写“题解”，以帮助读者理解文章大意：注释文字也在“三全本”基础之上进行删削，使之更加简明精粹；标题仍然采用吴绍烈等人拟定的题目。选篇的原则是：大致保留《国语》原貌，在全书二十一卷中，每卷都有篇章入选；入选篇章或者能够反映这一时期重大历史事件，或者能够代表《国语》的思想精华，或者能够展示这一时期王侯卿士大夫的瑰奇人格境界，或者能够体现记言散文艺术的进展。本书在写作过程中，始终得到责任编辑王水涣先生的支持和关心，在此表示诚挚的感谢。

由于注译者才疏学浅，虽然在注译过程中尽力做到准确，但书中肯定还存在不少疏漏错误之处，在此诚恳地希望读者批评指正。

陈桐生

2015年12月

# 目　录

## 周语上



## 周语中



## 周语下



## 鲁语上

**鲁语下**



**齐语**



**晋语一**



**晋语二**



**晋语三**



**晋语四**

## 晋语五



## 晋语六



## 晋语七



## 晋语八

**晋语九**



**郑语**



**楚语上**



**楚语下**



**吴语**



**越语上**

**越语下**

# 周语上

## 祭公谏穆王征犬戎

本篇记载祭公谋父劝谏周穆王无端征伐犬戎的言辞。西周王朝进入中期以后，与周边蛮夷戎狄民族的矛盾逐步尖锐起来。周穆王决意征讨犬戎，可能带有用武力震慑周边蛮夷戎狄民族的意味。祭公谋父的谏辞以“先王耀德不耀兵”为灵魂，他回顾了周民族正德厚生、为民除害的传统，阐述了周朝的五服制度，说明周朝是以王畿为中心、按照地域远近而对蛮夷戎狄采取不同政策，实施修文德以来远的政治方略，只有在文德教化失效之后才考虑武力征伐。周穆王不听劝谏坚持征伐犬戎，结果导致周朝与周边少数民族矛盾进一步激化。史官记下周穆王征伐犬戎的结果是“得四白狼，四白鹿以归。自是荒服者不至”，就是以此警戒后王不可穷兵黩武。祭公谋父的谏辞对此后中国历代王朝制定少数民族政策产生了深远影响，耀德不耀兵、修文德以来远，成为中国后世王朝处理夷夏关系甚至是敌国关系的一种指导思想。

穆王将征犬戎[①]，祭公谋父谏曰[②]："不可。先王耀德不观兵[③]。夫兵戢而时动[④]，动则威，观则玩[⑤]，玩则无震[⑥]。是故周文公之《颂》曰[⑦]：'载戢干戈，载櫜弓矢。我求懿德，肆于时夏，允王保之[⑧]。'先王之于民也，懋正其德而厚其性[⑨]，阜其财求而利其器用[⑩]，明利害之乡[⑪]，以文修之[⑫]，使务利而避害，怀德而畏威，故能保世以滋大[⑬]。

**【注释】**

①穆王：西周第五位君王，姬姓，名满。在位期间征讨犬戎，又好巡游天下，小说《穆天子传》记载他巡游事迹。征：以上讨下曰征。犬戎：西方少数民族，为西戎的一个种族。

②祭（zhài）公谋父：周王室卿士。祭，西周王畿内封国，为周公之后。谋父，祭公之名。

③耀德：明德，指施行文德教化。观兵：示兵，指显示兵力威武。

④戢（jí）：收藏。时动：以时出兵。古代春夏秋三季务农，冬季讲武。务农之时兵藏不出，只有在讲武季节才出兵。

⑤玩：黩武。

⑥震：威。

⑦周文公：周公旦，文王之子，武王之弟。"文"是他的谥号。《颂》：指《诗经·周颂·时迈》，旧说此诗为周公所作，诗中歌颂周武王克商后封建诸侯，威震四

方，安抚百神，偃武修文，发扬光大了周人祖先功业。

⑧“载戢干戈”以下五句：讲述武王克商后偃武修文。载，则。干，楯。戈，戟。橐（tuó），弓韬。懿，美。肆，陈布。时，是，这个。夏，华夏。允，信，确实。王，周武王。保之，保有华夏。

⑨懋（mào）：勉励。正：端正。性：生，民生。

⑩阜：增大。求：通“赇”，财。器：兵器。用：耒耜等农具。

⑪明利害之乡：给老百姓指明利害方向。乡，方。

⑫以文修之：用礼法文德来教化人民。文，礼法。

⑬保世：保有世传王业。滋：益。

**【译文】**

周穆王将要征讨犬戎，祭公谋父劝谏说：“不可以征讨。先王的做法是耀明文德而不显示兵威。兵威在绝大多数情况下应该敛藏，只在特定时节出动，一出动便显示兵威，若单纯显示兵威，那就是黩武，而黩武是不会有兵威的。所以周文公的《颂》诗说：‘把楯戟收藏起来，将弓矢收进弓韬。周王追求的是美德，他要将美德广布这华夏大地，武王真正做到了保有华夏。’先王对于人民，勉励他们端正德行，致力于加厚民生，增加人民的财富，改善兵器和农具，给人民指明利害的方向，修文德教化人民，使他们趋利避害，让远方之人感怀明君恩德而畏惧兵威，因此先王能够保有世传王业而发扬光大。

“昔我先王世后稷[①]，以服事虞、夏[②]。及夏之衰也，弃稷不务[3]，我先王不窋用失其官[4]，而自窜于戎、狄之间[5]，不敢怠业，时序其德[6]，纂修其绪[7]，修其训典[8]，朝夕恪勤[9]，守以敦笃[10]，奉以忠信，奕世载德[11]，不忝前人[12]。至于武王，昭前之光明而加之以慈和[13]，事神保民[14]，莫弗欣喜[15]。商王帝辛[16]，大恶于民[17]。庶民不忍，欣戴武王[18]，以致戎于商牧[19]。是先王非务武也，勤恤民隐而除其害也[20]。

【注释】

①世：世袭。后：君。稷：农官。

②服事虞、夏：周人先祖先后担任虞舜和夏朝后稷。

③弃稷不务：废弃后稷农官，不再重视务农。

④不窋（zhú）：周人先祖，为公刘祖父。用：因而。失其官：失去后稷官职。

⑤自窜于戎、狄之间：尧封周人始祖弃于邰，邰在陕西武功，旧为戎、狄杂居之地。不窋失去后稷官职之后，奔窜回邰，故云自窜戎、狄之间。窜，窜匿。

⑥时序其德：时时论叙周人后稷之德。序，同“叙”。

⑦纂修其绪：继承周人的后稷事业。纂，继承。绪，事。

⑧修：整理。训典：指记载先王教训的经典。

⑨恪勤：恭敬勤劳。

⑩敦笃：敦厚。

⑪奕世：累世。奕，各本作“亦”或“弈”，此处据明道本。载德：成就德行。

⑫忝：辱没。

⑬昭：昭显。前之光明：先王的明德。

⑭保民：养育人民。

⑮莫弗欣喜：没有人不高兴。

⑯帝辛：殷纣王。

⑰大恶于民：施大虐于民。

⑱欣戴：欣然拥戴。

⑲戎：兵，战争。商牧：商郊牧野，在今河南汲县。

⑳勤恤：尽心体恤。民隐：人民的痛苦。

【译文】

"从前我们周人先君世代担任后稷之职，侍奉虞、夏两朝。到了夏朝衰落的时候，夏王废弃后稷农官，不再重视务农，我先王不窋因此失去后稷官职，只好自己隐匿到戎、狄之间。他不敢怠惰先人基业，时时论叙先人的美德，继承先人的事业，修整先王的教训典籍，从早到晚恭敬勤劳，坚守敦厚，奉行忠信，世代被人称颂为有德，不曾辱没先人。到了武王，昭显先王的光明德行，加上慈爱和善，敬事天神，怀保小民，没有人不喜欢他。商纣王帝辛，大施虐政于民。庶民不能忍受纣王暴政，欣然拥戴武王，商周在牧野决战。这说明先王并非崇尚武力，而是尽心体恤人民的痛苦，为民除害。

"夫先王之制，邦内甸服[①]，邦外侯服[②]，侯、卫宾服[③]，蛮、夷要服[④]，戎、狄荒服[⑤]。甸服者祭[⑥]，侯服者祀[⑦]，宾服者享[⑧]，要服者贡[⑨]，荒服者王[⑩]。日祭、月祀、时享、岁贡、终王[⑪]，先王之训也。

有不祭则修意[12]，有不祀则修言[13]，有不享则修文[14]，有不贡则修名[15]，有不王则修德[16]，序成而有不至则修刑[17]。于是乎有刑不祭，伐不祀，征不享，让不贡[18]，告不王[19]。于是乎有刑罚之辟[20]，有攻伐之兵[21]，有征讨之备[22]，有威让之令[23]，有文告之辞[24]。布令陈辞而又不至，则增修于德而无勤民于远[25]，是以近无不听，远无不服。

【注释】

①邦内：天子千里王畿之内。甸：王田。服：服事天子，指诸侯对天子所尽的职责。

②邦外侯服：王畿之外方五百里称之为侯服。

③侯、卫宾服：从侯服到卫服之间，本来是侯、甸、男、采、卫五服，此处举侯、卫而包括五服。宾服，以宾客身份服事天子。

④蛮、夷要服：距离王城三千五百里为蛮圻（qí），距离王城四千里为夷圻。要服，通过要结友好关系而服事天子。

⑤戎、狄荒服：距离王城四千五百里为戎，距离王城五千里为狄。荒服，居政教荒忽之地而服事天子。

⑥甸服者祭：甸服者助天子日祭。

⑦侯服者祀：侯服者助天子月祀。

⑧宾服者享：宾服者每个季节到王城奉献祭品。

⑨要服者贡：要服者每年到京师进贡祭品。或曰要服六年一见。

⑩荒服者王：荒服者三十年到王城一次，以当地宝物为进见礼，尊天子为王。或曰：据《周礼》，九州之外谓之蕃国，旧君死新君继位才到王城进见。

⑪日祭：天子祭祀祖考。月祀：天子每月祭祀曾祖和高祖。时享：天子每季祭祀远祖宗庙。岁贡：天子每年献享于坛。终王：戎狄旧君死后，新君要入朝尊王。终：指世终。

⑫修意：修治志意以示自责。

⑬修言：修治号令。

⑭修文：修治典法。

⑮修名：修治尊卑名号。

⑯修德：修治文德。

⑰序成：上述五者次序已成。修刑：修治刑诛。

⑱让：谴责。

⑲告：以文辞告晓之。

⑳刑罚之辟：指刑不祭。辟，治。

㉑攻伐之兵：指伐不祀。

㉒征讨之备：指征不享。

㉓威让之令：指让不贡。

㉔文告之辞：指告不王。

㉕勤：劳。

【译文】

“先王的制度是：王畿之内的邦国为甸服，王畿之外的邦国为侯服，从侯圻到卫圻的邦国为宾服，蛮、夷邦国为要服，戎、狄邦国为荒服。甸服邦国助天子日祭，侯服邦国助天子月祀，宾服邦国每季奉献祭品，要服邦国每年入朝进贡，荒服邦国三十年一次入朝尊王。天子日祭祖考，月祀曾祖和高祖，每季祭祀远祖宗庙，每年献享于神坛，戎狄新君嗣位时应入朝尊王：这些都是先王留下的训示。甸服邦国若有不助日祭者，天子就要修治志意以示自责；侯服邦国若有不助月祀者，天子就要修治号令；宾服邦国若有不以时献享者，天子就要修治典法；要服邦国若有不入朝进贡者，天子就要修治尊卑名号；荒服邦国新君若有不入朝尊王者，天子就要修治德行；如果上述次序已经完成仍有不入朝的邦国，那就要修治刑诛。于是对不助日祭者有刑罚之治，对不助月祀者有攻伐之兵，对不以时献享者有征讨之备，对不入朝进贡者有威责之令，对戎狄新君不入朝尊王者有文辞之告。文告辞令发布之后仍然不至，那就要加倍修德，而不要劳民远征。所以近处邦国没有不听，远方邦国没有不服。

“今自大毕、伯士之终也①，犬戎氏以其职来王②。天子曰：‘予必以不享征之③，且观之兵④。’其无乃废先王之训而王几顿乎⑤！吾闻夫犬戎树，惇帅旧德⑥，而守终纯固⑦，其有以御我矣！”

**【注释】**

①大毕、伯士：犬戎的两个君主。终：死亡。

②犬戎氏以其职来王：犬戎嗣君带着宝物入朝见王。

③以不享征之：犬戎本处荒服，穆王却以宾服之礼责

犬戎，出兵征讨。

④观之兵：对犬戎显示兵威。

⑤其、无乃：均为表示揣测的副词，大概。几：其。顿：疲惫。

⑥吾闻夫犬戎树，惇帅旧德：一本断句为“吾闻夫犬戎树惇”，谓树惇为犬戎主名。王引之以为“树”为名，惇，敦也，属下句读，意更明朗。今从王说。帅，遵循。

⑦守终：始终。纯固：专一。

【译文】

“自从大毕、伯士死后，犬戎新君都是携宝入朝见王。天子说：‘我一定要按照宾服之礼征讨犬戎，而且要对犬戎展示兵威。’这样做大概会废弃先王的训示，君王也会因此疲惫吧！我听说那个名叫树的犬戎君主，敦朴地遵循旧德，始终专一地遵守荒服之礼，他恐怕是有抵御王师的理由了。”

王不听，遂征之，得四白狼，四白鹿以归[①]。自是荒服者不至。

【注释】

①白狼、白鹿：为犬戎贡品。

【译文】

穆王不听祭公劝谏，于是发兵征讨犬戎，获得四头白狼、四头白鹿而归来。从这以后，荒服的邦国就不再入朝见王了。

# 邵公谏厉王弭谤

本篇记载西周末年王室卿士邵公虎对周厉王弭谤的批评。邵公谏弭谤的中心观点，就是让人民说话。邵公认为:“防民之口，甚于防川。”“为川者决之使导，为民者宣之使言。”人民对王朝政治有没有发言权？人民敢不敢说真话？特别是敢不敢批评最高统治者？这是衡量一个社会进步的尺度。在两千八百多年以前，作为最高统治集团的重要成员，邵公就认识到让人民说话的重要性，实在是难能可贵。它所达到的思想高度，在中国封建时代是罕见的，可以说是振聋发聩，石破天惊。即使是在今天，邵公言论也具有强烈的现实意义。邵公不仅倡导让人民说话，而且具体讨论了“宣之使言”的途径，主张广开言路，让统治集团各阶层官员和民众都对王朝政治提出批评和建议，并认为这可以调动人民的生产积极性，带来衣食财用。邵公这篇谏辞虽然很短，但很精彩，有论点，有论据，论证层次井然，如果去掉首尾简短的叙事文字，就可以作为小型政论文来读。

厉王虐[1]，国人谤王[2]。邵公告曰[3]："民不堪命矣！"王怒，得卫巫[4]，使监谤者，以告，则杀之。国人莫敢言，道路以目[5]。王喜，告邵公曰："吾能弭谤矣[6]，乃不敢言。"邵公曰："是障之也[7]。防民之口，甚于防川。川壅而溃[8]，伤人必多，民亦如之。是故为川者决之使导[9]，为民者宣之使言[10]。故天子听政，使公卿至于列士献诗[11]，瞽献曲[12]，史献书[13]，师箴[14]，瞍赋[15]，矇诵[16]，百工谏[17]，庶人传语[18]，近臣尽规[19]，亲戚补察[20]，瞽史教诲[21]，耆艾修之[22]，而后王斟酌焉，是以事行而不悖[23]。民之有口，犹土之有山川也，财用于是乎出；犹其有原隰衍沃也[24]，衣食于是乎生。口之宣言也，善败于是乎兴[25]，行善而备败，其所以阜财用衣食者也[26]。夫民虑之于心而宣之于口，成而行之[27]，胡可壅也？若壅其口，其与能几何[28]？"王不听，于是国莫敢出言，三年乃流王于彘[29]。

【注释】

①厉王：西周第十位国王，姬姓，名胡，是西周末年有名的暴君，他在位期间与民争利，禁止人民批评，结果导致国人暴动，被赶到彘地。

②谤：指责别人的过失。

③邵公：邵穆公，名虎，为王室卿士。

④卫巫：卫国的巫师，据说卫巫具有特异功能，知道谁在诽谤周厉王。

⑤道路以目：人民在道路上相遇，不敢说话，只能彼此用眼睛看看而已。

⑥弭（mǐ）谤：止息诽谤。弭，止息。

⑦障：本义是防水的堤，引申为堵塞。

⑧壅：壅塞。溃：溃决。

⑨为川者：治河的人。决：排除。导：通畅。

⑩为民者：治民的人。宣：宣导。

⑪列士：上士、中士、下士。献诗：献诗以讽。

⑫瞽（gǔ）：无目曰瞽。古代乐师多由盲人担任。由于音乐在上古政治中具有重要地位，因此盲人在先秦时期政治地位比后世重要得多。

⑬史献书：据《周礼》记载，外史掌三皇五帝之书。史，外史。

⑭师箴：小师进箴言正王得失。师，小师。箴，一种具有劝诫意义的文体。

⑮瞍赋：瞍朗诵公卿列士的讽谏诗篇。瞍，无眸子曰瞍。赋，不歌而诵。

⑯矇诵：矇诵读箴谏之语。矇，有眸子而看不见叫矇，即青光眼。诵，诵读。

⑰百工谏：各类工匠以与其执掌技艺相关的事进谏。百工，各类工匠。一说，百工指乐工。

⑱庶人：平民。传语：将意见传递给天子。

⑲近臣：国王左右侍奉保卫的臣子。尽规：进陈规谏。尽、荩义通。荩，进也。

⑳亲戚补察:《左传·襄公十四年》:“自王以下各有父

子兄弟以补察其政。”亲戚，与国王同宗的大臣。补察，弥补督察。

㉑瞽史：韦昭注：“瞽，乐大师。史，太史也。掌阴阳、天时、礼法之书，以相教诲者。”

㉒耆艾：六十岁的人叫耆，五十岁的人叫艾。或曰耆艾即王之师傅。修之：修饬国王的政令。

㉓悖：逆。

㉔原：宽阔平坦的土地。隰：低下潮湿的土地。衍：低下平坦的土地。沃：有河流灌溉的土地。

㉕兴：体现。

㉖阜：增多。

㉗成而行之：君王认为可行就推行它。

㉘与：帮助。一说，“与”为语气词。几何：多少。

㉙三年乃流王于彘（zhì）：公元前842年，周厉王被流放到彘地。彘，在今山西霍县。

**【译文】**

周厉王暴虐，国人指责厉王的过失。邵公告诉厉王说：“人民忍受不了您的政令了。”厉王大怒，找来卫国的巫师，命他监察批评者。卫巫将批评者告诉厉王，厉王就将其杀死。国人没有人敢再说话，在路上遇见了，只是彼此用眼睛看看而已。厉王大喜，告诉邵公说：“我能够止息批评了，国人不敢说话了。”邵公说：“这是把人民的口堵住了。堵人民的口，后果比堵塞大河还要严重。大河因壅塞而溃决，一定会淹死很多人，堵人民的口也是这样。所以，治水的人要排除壅塞，使之畅流，治民的人要宣导人民，让他们说话。因此，天子处理政事，要让公卿、大夫、士奉献讽谏诗歌，乐师向天子进献乐曲，史官献书，小师进献箴言，盲人朗诵讽谏诗篇，青光眼的乐师也参与诵读，各类工匠进谏，平民托人将意见带给天子，左右侍卫大臣进陈规谏，天子的同宗大臣弥补督察，瞽史以天道史事教诲，师傅老臣修饬政令，而后天子对各种意见进行斟酌，因此天子的一切行事才不至于与情理相违背。人民有口，就如同土地有山川，财富用度就是从山川生产出来的。土地有原、隰、衍、沃，衣食才从此产生。人民用口发表言论，国家政事的好坏才能体现出来。人民认为好的就推行，人民认为坏的就防范，才能使人民的衣食财用大大增多。人民先在心里考虑而后说出口，君王认为可行就推行它，怎么能够堵塞呢？如果把他们的口堵住了，又能有多少帮助呢？”厉王不听。于是国人没有人敢说话。三年之后国人便把厉王流放到彘地。

# 芮良夫论荣夷公专利

本篇记载周王朝大夫芮良夫对周厉王重用荣夷公、垄断经济利益的批评。芮良夫认为，天地之间生成百物，是为了上事天神下养人民，绝对不能由少数人将经济利益垄断起来，否则就会酿成重大的社会灾难。他进一步指出，君王的职责就是疏通财利而上用于神下用于民，而不是试图将经济利益收归己有。他愤怒地指出，那些垄断经济利益的平民，可以称他们为强盗，而君王垄断经济利益的直接恶果，就是失去民心。独擅利益的坏主意是荣夷公出的，荣夷公因此受到厉王的支持和赞赏。芮良夫推测荣夷公如果得到重用，周王室一定会遭到政治挫败。结果被他不幸而言中。如何分配经济利益，使人民得到赖以生存的基本物质条件，防止财富集中到极少数人手中，是古今中外遇到的永恒问题，因此芮良夫关于反对垄断经济利益的言论具有普遍的借鉴意义。

厉王说荣夷公①，芮良夫曰②："王室其将卑乎③！夫荣公好专利而不知大难④。夫利，百物之所生也，天地之所载也⑤，而或专之，其害多矣⑥。天地百物，皆将取焉，胡可专也？所怒甚多，而不备大难，以是教王，王能久乎？夫王人者⑦，将导利而布之上下者也⑧，使神人百物无不得其极⑨，犹日怵惕⑩，惧怨之来也。故《颂》曰⑪：'思文后稷，克配彼天。立我蒸民，莫匪尔极⑫。'《大雅》曰⑬：'陈锡载周⑭。'是不布利而惧难乎？故能载周，以至于今。今王学专利，其可乎？匹夫专利，犹谓之盗，王而行之，其归鲜矣⑮。荣公若用，周必败。"既⑯，荣公为卿士，诸侯不享⑰，王流于彘。

【注释】

①说：同"悦"。荣夷公：荣国君主，姬姓。夷，荣公的谥号。

②芮良夫：周王室大夫，姬姓，名良夫，食采邑于芮。芮，今山西芮城。

③卑：衰微。

④专：擅，独占。专利：垄断经济利益。

⑤载：生成，承载。

⑥其害多矣：害，指为害国家。

⑦王（wàng）人者：统治人民的人。王，统治。

⑧导利：通利。布：敷，用。上下：上指天神，下指人民。

⑨极：适中。

⑩犹：尚且。日：每日。怵（chù）惕：恐惧。

⑪《颂》：此指《诗经·周颂·思文》，该诗歌颂周人始祖为民造福，是周人郊祀时以始祖后稷配天的乐歌。

⑫"思文后稷"以下四句：思，思念。文，经纬天地曰文。后稷，名弃，为周人始祖，尧时担任农官，教民播种百谷。克，能。立，通"粒"，吃谷物叫粒食。蒸，众。匪，非。极，至德。

⑬《大雅》：此指《诗经·大雅·文王》，是追述周文王德业、告诫殷商旧臣的诗。

⑭陈锡载周：文王布赐施利，以成就周道。陈，发布。锡，赐。载周，成就周人事业。

⑮归：人心归附。鲜（xiǎn）：少。

⑯既：不久。

⑰享：入朝献贡。

**【译文】**

周厉王喜欢荣夷公，芮良夫说："周王室大概要衰微了吧！荣公爱好独擅百物之利而不知大难临头。利，是由各种物质所产生，由天地所生成，如果有人独擅利益，那么对国家的害处可就太多了。天地之间的各种物质，人民都要取用，怎么能够独擅利益呢？荣公因为独擅利益而结下的怨恨很多，对大难又毫无防备，他以独擅利益的方法教国王，国王能够长治久安吗？统治人民的国王，应该疏通财利而上用于神下用于民，使神民和各种物质都各得其所，这样做尚且每日恐惧，害怕引起民怨。所以《诗经·周颂·思文》说：'想起有文德的后稷，他的德行能够配天。我们这些吃谷物的人民，没有一个不蒙受他的大德。'《诗经·大雅·文王》说：'文王陈布利益，成就周人事业。'这难道不是广布利益而畏惧祸难吗？因而文王能够成就周人大业，一直延续到现在。如今国王想学独擅利益，这岂是能做的事？匹夫独擅利益，尚且被人们称为强盗，国王如果也这样做，那么民心归附就很少了。荣公若得重用，周王室必败。"不久，荣公被任命为卿士，诸侯不再入朝献贡，厉王被国人流放到彘地。

# 西周三川皆震伯阳父论周将亡

本篇记载西周大夫伯阳父对三川地震发表的评论。伯阳父的可取之处在于，他没有纯粹从天人感应角度来解释地震，而是从天地阴阳二气的运行进行说明。伯阳父认为，天地之间阴阳二气的运行有一个自然秩序，如果统治者的社会行为扰乱了天地阴阳二气的运行秩序，就会造成“阳伏而不能出，阴迫而不能烝”的后果，阳气失其所而为阴气所压，由此导致地震。伯阳父进一步指出，阳气在阴气之下，水的源头一定会被壅塞，而水的源头一旦被壅塞，水土无所润泽，民生就会缺乏财用，国家就会因此灭亡。伯阳父论地震具有浓郁的哲学意味，在自然科学尚不发达的两千八百年前，伯阳父就能对地震现象作出理性说明，实属不易。至于伯阳父“国亡不过十年，数之纪也。夫天之所弃，不过其纪”之语，以为国家灭亡取决于上天冥冥之中的定数，则显然缺乏说服力。

幽王二年[①]，西周三川皆震[②]。伯阳父曰[③]："周将亡矣！夫天地之气，不失其序[④]；若过其序，民乱之也[⑤]。阳伏而不能出，阴迫而不能烝[⑥]，于是有地震。今三川实震，是阳失其所而镇阴也[⑦]。阳失而在阴[⑧]，川源必塞[⑨]；源塞，国必亡。夫水土演而民用也[⑩]。水土无所演，民乏财用，不亡何待？昔伊、洛竭而夏亡[⑪]，河竭而商亡[⑫]。今周德若二代之季矣[⑬]，其川源又塞，塞必竭。夫国必依山川，山崩川竭，亡之征也。川竭，山必崩。若国亡不过十年，数之纪也[⑭]。夫天之所弃，不过其纪。"是岁也，三川竭，岐山崩。十一年[⑮]，幽王乃灭，周乃东迁[⑯]。

【注释】

①幽王二年：周幽王二年为公元前780年。

②西周：镐（hào）京。三川：泾水、渭水、北洛水，皆出于岐山。震：地震。

③伯阳父：西周大夫。

④序：次序。

⑤民乱之也：意谓周王扰乱了次序。伯阳父不敢直斥周王，故曰"民"。

⑥阴迫而不能烝：阳气为阴气所迫而不能升腾。烝，升。

⑦镇阴：为阴气所镇压。

⑧阳失而在阴：阳失其位，在阴之下。

⑨川源：水的源头。塞：壅塞。

⑩夫水土演而民用也：《经传述闻》将此句断为："夫水、土演而民用也。"意谓水使土地润泽而为民生所用。

⑪伊、洛竭而夏亡：伊水、洛水皆在洛阳附近，夏桀时王都其地。

⑫河竭而商亡：商纣都朝歌，在今河南淇县，黄河边上。

⑬二代：夏、商。季：末世。

⑭数之纪：数字超过十以后，又从一开始数，故将十作为终极。纪，终极。

⑮十一年：周幽王十一年为公元前771年。

⑯周乃东迁：指公元前770年周平王东迁洛邑。

**【译文】**

周幽王二年，西周泾、渭、洛三川地区都发生地震。伯阳父说："西周要亡了！天地之间的阴阳之气，不应该失去正确的次序；如果失去正确的次序，那就是人们将它搞乱了。阳气隐伏而出不来，为阴气所迫而不能升腾，于是才有地震。如今泾、渭、洛三川发生地震，这是由于阳气失其所而为阴气所压。阳失其位，在阴之下，水的源头一定会被壅塞；水的源头壅塞了，国家一定会灭亡。水使土地润泽而为民生所用。水土无所润泽，民生缺乏财用，不亡国还等什么？从前伊水、洛水干涸而夏朝灭亡，黄河干涸而商朝灭亡。如今周人德行也像夏、商二代末世了，泾、渭、洛三川的源头又被壅塞，水源壅塞就一定会导致河流干涸。国家一定要依赖山川，山峦崩塌，河流枯竭，这是国家灭亡的征兆。河流枯竭了，山峦一定会崩塌。如果西周亡国，那么不会超过十年，这是数的终极。上天所要抛弃的国家，不会超过十年这个极数。”这一年，泾、渭、洛三川枯竭，岐山崩塌。到周幽王十一年，幽王政权覆灭，周平王于是东迁洛邑。

# 内史过论神

本篇记载东周王室内史过关于神的评论。春秋时期宗教神学地位发生变化，思想文化界兴起一股民为神主的进步思潮，内史过是这股进步思潮的代表人物之一。内史过认为，神明在某个国家兴盛或灭亡之际都会降临，给这个国家带来幸福或灾祸，而其依据则是该国君主施行的是清明政治还是邪恶苛政。此次神灵降临虢国，释放的正是虢君由于政治荒淫而即将亡国的信号。内史过批评了虢君求神赐予土地的荒唐行为，认为“不禋于神而求福焉，神必祸之；不亲于民而求用焉，人必违之”，“今虢公动匮百姓以逞其违，离民怒神而求利焉，不亦难乎”。虢公不顾民生疾苦却想求得神的赐福，他的愿望是无法实现的。在这里，神灵意志与人民愿望是一致的，或者说神旨取决于民意。内史过论神的观点，与《左传·庄公三十二年》所载史嚚“国将兴，听于民；将亡，听于神”、《左传·桓公六年》所载季梁“夫民，神之主也”的言论，彼此有相通之处。

十五年[①]，有神降于莘[②]，王问于内史过[③]，曰："是何故？固有之乎？"对曰："有之。国之将兴，其君齐明、衷正、精洁、惠和[④]，其德足以昭其馨香[⑤]，其惠足以同其民人[⑥]。神飨而民听[⑦]，民神无怨，故明神降之，观其政德而均布福焉[⑧]。国之将亡，其君贪冒、辟邪、淫佚、荒怠、粗秽、暴虐[⑨]；其政腥臊[⑩]，馨香不登[⑪]；其刑矫诬[⑫]，百姓携贰[⑬]，明神不蠲而民有远志[⑭]，民神怨痛，无所依怀[⑮]，故神亦往焉，观其苛慝而降之祸[⑯]。是以或见神以兴，亦或以亡。昔夏之兴也，融降于崇山[⑰]；其亡也，回禄信于聆隧[⑱]。商之兴也，梼杌次于丕山[⑲]；其亡也，夷羊在牧[⑳]。周之兴也，鸑鷟鸣于岐山[㉑]；其衰也，杜伯射王于鄗[㉒]。是皆明神之志者也[㉓]。"

【注释】

①十五年：周惠王十五年为公元前662年。

②神：神灵。莘：虢国地名，在今河南陕县。

③内史：周大夫。内史代表周王室到诸侯国行聘问、庆吊、策命之礼，时人认为他们通晓天道，能预知吉凶。过：人名。

④齐明：专一明智。衷正：中允公正。精洁：精粹高洁。惠和：惠爱和善。

⑤昭：昭示。馨（xīn）香：芳香。

⑥同：凝聚。

⑦神飨：神灵歆享祭祀。

⑧均布：平均布散。

⑨贪冒：贪婪。辟邪：邪僻。荒怠：迷乱怠惰。

⑩其政腥臊：比喻政治气氛秽恶。

⑪登：升。不登，指祭品芳香之气不能上升。

⑫矫：以诈用法。诬：加罪于无辜。

⑬携贰：离心。携，离。贰，二心。

⑭蠲（juān）：洁净。远志：欲叛之心。

⑮依怀：依归。

⑯苛：苛政。慝（tè）：邪恶。

⑰融：祝融。崇山：嵩山。古人认为夏都阳城在今河南登封，嵩山在其附近。

⑱回禄：火神。信：停留两夜。聆隧：地名。《墨子·非攻下》："天命融隆火于夏之城间西北之隅。"或曰即聆隧。

⑲梼杌（táowù）：鲧。一说，梼杌为传说中的猛兽，借指恶人。次：住两夜以上。丕山：山名，在今河南境内。

⑳夷羊：神兽。牧：商郊牧野。

㉑鸑鷟（yuèzhuó）：凤凰的别名。岐山：山名，在今陕西岐山县。

㉒杜伯射王于鄗：传说周宣王无辜杀死杜伯，三年之后，宣王打猎，被杜伯魂灵射死。杜伯，杜国君主。杜，国名。伯，爵位。鄗，即镐京，在今陕西西安长安区西北，西周都城。

㉓志：记载。

【译文】

周惠王十五年，有神降临到虢国莘地，惠王问内史过，说："这是什么缘故？以前曾经有过这种事吗？"内史过回答说："有过这事。国家将要兴盛，君主专一明智、中允公正、精粹高洁、惠爱和善，他的德行足可以昭示芳香，他的惠爱足可以凝聚全国人民。神灵乐意歆享祭祀，人民乐意听从政令，人民和神灵都没有怨恨，因此明神降临，观察君主的政治德行而平均布赐福泽。国家将要灭亡，君主贪得无厌、放辟邪侈、纵欲放荡、迷乱怠惰、粗暴污秽、残暴酷虐，政治气氛腥臊难闻，祭品的芳香升不上去；用刑徇情枉法，百姓离心离德，明神以为祭品不洁，人民有远叛意图，人民和神灵都怨恨痛苦，感到无所归依，因此神也会降临，观察昏君苛政邪恶而给他降下灾祸。所以，有人看到神会兴旺，也有人看到神会灭亡。从前夏朝将要兴盛，祝融降临嵩山；夏朝将要灭亡的时候，回禄在聆隧停留了两宿。商朝将要兴盛的时候，梼杌在丕山停留多日；商朝将要灭亡的时候，神兽夷羊出现在商郊牧野。周朝将要兴盛的时候，鸑鷟在岐山鸣叫；周朝将要衰落的时候，宣王在镐京被杜伯鬼魂射杀。这些都是关于明神的记载啊。"

王曰："今是何神也？"对曰："昔昭王娶于房[①]，曰房后，实有爽德[②]，协于丹朱[③]，丹朱凭身以仪之[④]，生穆王焉。是实临照周之子孙而祸福之[⑤]。夫神壹不远徙迁[⑥]，若由是观之，其丹朱之神乎？"王曰："其谁受之？"对曰："在虢土。"王曰："然则何为？”对曰：“臣闻之，道而得神[⑦]，是谓逢福；淫而得神，是谓贪祸。今虢少荒[⑧]，其亡乎？”王曰：“吾其若之何？”对曰：“使太宰以祝、史帅狸姓[⑨]，奉牺牲、粢盛、玉帛往献焉[⑩]，无有祈也[⑪]。”

**【注释】**

①昭王：周康王之子，名瑕，西周第四代君主，公元前995—公元前977在位。房：国名。

②爽德：失德。

③协：合。丹朱：尧之不肖子。

④凭：依附。仪：匹配。

⑤临照：悬照。

⑥壹：一心。徙迁：离开。

⑦道：有道。

⑧少：稍。荒：荒淫。

⑨太宰：王室卿士，掌管祭祀。祝：太祝，掌管祈福。史：太史。狸姓：丹朱后人。神不歆非类，故使太史帅丹朱后人以往。

⑩牺牲：供祭祀的纯毛体全的牲畜。粢盛：盛在祭器中的谷物。献：敬献。

⑪祈：祈祷。

**【译文】**

惠王问：“如今这是什么神？”内史过回答说：“从前昭王从房国娶妃，称之为房后，这位房后实在有失德之处，言行与丹朱相合，好像丹朱依附于房后之身与其合一，生下穆王。这位丹朱实在是悬照在周人子孙头上、决定他们祸福的神灵。神是专一的，不会迁徙离开。由此看来，大概是丹朱之神吧！”惠王问：“谁来承受神降的祸福呢？”内史过回答说：“神在虢国。”惠王问：“如此神为何而降？”内史过回答说：“我听说，有道而得神，这叫做遇到洪福，荒淫而得神，这叫做以贪取祸。如今虢君有些荒淫，大概要亡国了吧？”惠王问：“我应该怎么做？”内史过回答说：“命太宰与太祝、太史帅丹朱后人狸姓，带着牺牲、粢盛、玉帛前往虢国奉献，不要祈求什么。”

王曰：“虢其几何[①]？”对曰：“昔尧临民以五[②]，今其胄见[③]，神之见也，不过其物[④]。若由是观之，不过五年。”王使太宰忌父帅傅氏及祝、史奉牺牲、玉鬯往献焉[⑤]。内史过从至虢，虢公亦使祝、史请土焉[⑥]。内史过归，以告王曰：“虢必亡矣。不禋于神而求福焉[⑦]，神必祸之；不亲于民而求用焉，人必违之。精意以享[⑧]，禋也；慈保庶民，亲也。今虢公动匮百姓以逞其违[⑨]，离民怒神而求利焉[⑩]，不亦难乎！”十九年[⑪]，晋取虢。

**【注释】**

①几何：多少年。

②临民：治民。五：尧为土德，与土德相配的数字是五。

③胄：后裔，指丹朱之神。见：通“现”。

④物：数，即五。

⑤太宰忌父：周公忌父。傅氏：与狸氏同为丹朱之后。牺牲：古代为祭祀而宰杀的牲畜。玉鬯：鬯酒之圭，用来灌地降神。

⑥虢公亦使祝、史请土焉：据《左传》，虢公请虢国的祝应、史嚚请土。请土，请神赐予土地。

⑦禋（yīn）：洁净的祭祀。

⑧精意：精诚的心意。享：献。

⑨逞：快意。违：邪念。

⑩求利：指求神赐土地。

⑪十九年：周惠王十九年为公元前658年。

**【译文】**

惠王问："虢国大概还有几年气数？"内史过回答说："从前尧治民，数用五，如今他的后裔丹朱之神出现，神的出现，不会超过五这个数。如果从这一点来看，虢国气数不会超过五年。"惠王派太宰周公忌父帅丹朱后人傅氏以及太祝、太史带着牺牲、玉鬯前往虢国献神。内史过随从太宰到虢国，虢公也派了虢国的太祝、太史祈求神赐土地。内史过回到东周，以其所见向惠王汇报说："虢国一定要灭亡了。平时不祭神而求神赐福，神一定会降祸于他；不亲近人民而只求使用民力，人民一定不会顺从。以精诚的心意献享神灵，这叫做禋祀；慈爱地保护庶民，这叫做亲民。如今虢公动辄使百姓匮乏以满足自己的欲念，使人民离心，使神愤怒，而祈求神赐土地，这不是一件难事吗？"惠王十九年，晋人攻取虢国。

# 周语中

## 王孙满观秦师

本篇记载东周王室子弟王孙满对秦师的评论。公元前627年，秦穆公派兵千里偷袭郑国。秦师在路过东周王城北门的时候，未能对周天子施行去甲束兵之礼，表现骄傲轻佻。王孙满见状，预言秦师必败。他的理由是，秦国军队的行为轻佻骄傲，行为轻佻就会缺少谋略，举止骄傲就会显得无礼。无礼就会导致行事粗疏，缺少谋略就会自陷险境。秦师进入险境而行事粗疏，就会难以逃脱失败的命运。后来秦师覆灭的事实表明，王孙满的预测是准确的。骄兵必败，这是被古今中外无数事实证明了的一条真理。据《左传》记载，当时王孙满还只是一个儿童。作为一名幼童，王孙满能够说出如此深刻的道理，并作出惊人的预测，不能不令人钦佩他的早熟和聪慧。王孙满长成之后，成为东周王室出色的外交家，机智地回答楚庄王问鼎，就是他的外交杰作。

二十四年[①]，秦师将袭郑[②]，过周北门[③]。左右皆免胄而下拜[④]，超乘者三百乘[⑤]。王孙满观之[⑥]，言于王曰："秦师必有谪[⑦]。"王曰："何故？"对曰："师轻而骄[⑧]，轻则寡谋，骄则无礼。无礼则脱[⑨]，寡谋自陷[⑩]。入险而脱，能无败乎？秦师无谪，是道废也[⑪]。"是行也，秦师还，晋人败诸崤[⑫]，获其三帅丙、术、视[⑬]。

**【注释】**

①二十四年：当为"二十六年"，周襄王二十六年为公元前627年。

②秦师将袭郑：秦晋于周襄王二十三年（公元前630年）围郑，秦穆公单独与郑讲和，并派杞子等率一支军队留在郑国帮助防守。公元前627年，留郑的秦将杞子约秦穆公前来偷袭郑国，秦穆公派孟明视等帅师千里偷袭郑国。

③周北门：东周王城的北门。

④左右：先秦兵车上有三人，中间是驾车者，左右是武士。免胄而下拜：胄，头盔。左右武士脱下头盔下拜，是为了表达对周王的敬意。《吕氏春秋·悔过篇》载王孙满曰："过天子之城，宜櫜甲乘兵，左右皆下，以为天子礼。"免胄则仅脱去头盔，并不去甲，也未必束其兵，不合于当时之礼。

⑤超乘：一跃而跳上车。秦国武士们刚免胄下车，又迅速跳上车，以示其勇，显得轻狂无礼。

⑥王孙满：周共王儿子姬圉的曾孙。据《左传》记载，王孙满当时只是一个儿童。

⑦谪：凶咎。

⑧轻：轻佻。

⑨脱：粗疏。

⑩自陷：自己陷入险境。

⑪道废：古道废弃。

⑫秦师还，晋人败诸崤（xiáo）：郑国商人弦高路遇秦师，他一面派人报告郑伯，一面假称奉郑伯之命犒劳秦师，秦师遂未袭郑，灭滑而还。至崤山，被早已埋伏在此的晋军打得大败，只轮片甲无还者。崤，山名，在河南洛宁北，为绝险之地。

⑬丙：白乙丙。术：西乞术。视：孟明视。

**【译文】**

周襄王二十四年（当为二十六年），秦国军队千里偷袭郑国，路过东周王城北门。战车上左右武士都脱下头盔下车参拜，随后一跃上车，三百辆战车上的武士都是如此。王孙满看到这个情景，对襄王说："秦国军队一定会栽跟头。"襄王问："这是什么缘故？"王孙满回答说："秦国军队轻佻而骄傲，轻佻就会缺少谋略，骄傲就会无礼。无礼就会粗疏，缺少谋略就会自陷险境。进入险境而粗疏，能不失败吗？秦国军队如果不栽跟头，那就是古道废弃了。"这次出征，秦国军队在返回途中遭到伏击，晋人在崤山打败秦军，俘虏了秦军三位统帅白乙丙、西乞术、孟明视。

# 单襄公论陈必亡

本篇记载东周王室卿士单襄公对陈国政治的评论。单襄公在聘问诸侯途中借道陈国，亲眼目睹了陈国政事怠惰、田园荒芜、君臣淫乱的景象，回朝以后，他对周定王预言陈国必定灭亡。单襄公从四个方面进行分析：首先，陈国违背了先王关于根据不同季节施行不同政事的教令；其次，陈国背弃了周朝关于所有各类事务都由专人分工负责的制度；第三，陈国不接待王室官员，与周朝《秩官》关于接待宾客的规定背道而驰；第四，陈国君臣荒废政务，淫乱夏氏，亵渎同姓，抛弃常法，不符合先王关于“无从非彝，无即慆淫，各守尔典，以承天休”的训令。事实证明，单襄公的分析是正确的。陈国君臣骄奢淫逸，不理朝政，是导致陈国灭亡的根本原因。春秋时期不少诸侯国走向覆灭，陈国政治乱像是这些覆亡国家的一个缩影。单襄公之语从“先王之教”、“周制”、“周之《秩官》”、“先王之令”四个方面立论，显得层次井然，每层将先王制度与陈国现实进行对照，很有说服力。

定王使单襄公聘于宋[①]。遂假道于陈[②]，以聘于楚。火朝觌矣[③]，道茀不可行[④]，候不在疆[⑤]，司空不视涂[⑥]，泽不陂[⑦]，川不梁[⑧]，野有庾积[⑨]，场功未毕[⑩]，道无列树[⑪]，垦田若蓺[⑫]，膳宰不致饩[⑬]，司里不授馆[⑭]，国无寄寓[⑮]，县无施舍，民将筑台于夏氏[⑯]。及陈，陈灵公与孔宁、仪行父南冠以如夏氏[⑰]，留宾不见。

**【注释】**

①定王：东周君主，姬姓，名瑜。单襄公：东周王室卿士单朝。

②假道：借路。

③火：二十八宿中的心宿。朝觌（dí）：早晨出现。觌，见，显现。

④茀（fú）：草多。道茀不可行：指草秽塞路。

⑤候：候人，官名，掌管迎送宾客。疆：边境。

⑥司空：官名，掌管道路建设。涂：同“途”，道路。

⑦陂（bēi）：堤岸，此处用作动词，筑堤。

⑧梁：水渠桥梁，此处用作动词，架桥。

⑨庾积：露天堆积。

⑩场功：庄稼收割。毕：完成。

⑪列树：在大道两边栽树作为道路标识。

⑫蓺（yì）：韦昭注：“蓺犹莳。言其稀少若蓺物也。”

⑬膳宰：官名，掌管饮食。致饩（xì）：赠送活的牲畜。

⑭司里：官名，掌授客馆。

⑮“国无寄寓”二句：国，国都。寄寓、施舍，都是指旅馆。

⑯夏氏：陈大夫夏徵舒之家。

⑰陈灵公：陈国君主，名平国。孔宁、仪行父：陈国二卿。南冠：楚国的帽子。如夏氏：陈灵公、孔宁、仪行父与夏徵舒之母夏姬通奸。

**【译文】**

周定王派单襄公到宋国聘问。于是向陈国借道，以便到楚国聘问。当时，心宿早晨出现在东方，道路上杂草丛生，不可通行，候人不在边境岗位，司空不视察道路，川泽未筑堤岸，河川上没有桥梁，野地里堆积着谷物，场上谷物尚未入仓，道路两旁没有排列的树木，农田杂草丛生，膳宰不赠送牲畜，司里不安排客馆，国家没有寄居的旅社，郊县没有客舍，民众准备在夏徵舒宅第周围修筑台观。进入陈国后，陈灵公与二卿孔宁、仪行父戴着楚国的帽子去找夏姬，撇下宾客不予接见。

单子归，告王曰：“陈侯不有大咎[①]，国必亡。”王曰：“何故？”对曰：“夫辰[②]，角见而雨毕[③]，天根见而水涸[④]，本见而草木节解[⑤]，驷见而陨霜[⑥]，火见而清风戒寒[⑦]。故先王之教曰：‘雨毕而除道[⑧]，水涸而成梁[⑨]，草木节解而备藏[⑩]，陨霜而冬裘具[⑪]，清风至而修城郭宫室。’故《夏令》曰[⑫]：‘九月除道，十月成梁。’其时儆曰[⑬]：‘收而场功，待而畚梮[⑭]，营室之中[⑮]，土功其始[⑯]，火之初见，期于司里[17]。’此先王所以不用财贿，而广施德于天下者也。今陈国火朝觌矣，而道路若塞，野场若弃，泽不陂障，川无舟梁，是废先王之教也。

**【注释】**

①咎：灾祸，不幸之事。

②辰：星。

③角：二十八宿中的角宿。见：通“现”。雨毕：雨季结束。

④天根：二十八宿中的氐宿。涸：干涸。

⑤本：韦昭认为是氐宿。王引之疑为“亢”，即二十八宿中的亢宿。草木节解：草木凋谢。

⑥驷：天驷，即二十八宿中的房宿。陨：落。

⑦火：心宿。

⑧除道：修治道路。

⑨成梁：架桥梁。

⑩备藏：收藏。

⑪冬裘：冬天所穿的裘衣。具：具备。

⑫《夏令》：夏后氏之令。

⑬儆：警戒。

⑭偫（zhì）：具，储备。畚（běn）：畚箕，用草绳或竹篾等编成的盛物器具。梮（jū）：抬土器具。

⑮营室：二十八宿中的室宿。

⑯土功：土木工程。

⑰期：会。司里：春秋官名。掌授宾馆与民居。

【译文】

单襄公回到东周，告诉周定王说："陈侯如果没有大祸，国家必定会灭亡。"周定王问："这是什么缘故？"单襄公说："星辰：角宿出现意味着雨季结束，氐宿出现意味着水流干涸，亢宿出现意味着草木凋谢，房宿出现意味着落霜，心宿出现意味着冷风到来，预示寒冬将至。因此先王教导说：'雨季完毕就要修整道路，水流干涸就要架设桥梁，草木凋谢就要收藏，落霜就要准备好冬天的裘衣，寒风到来就要修城郭宫室。'因此《夏令》说：'九月修整道路，十月架设桥梁。'此时要告诫百姓：'收割完你们的庄稼，准备好你们的畚箕扁担，定宿出现在天空正中的时候，土木工程就可以开始了，心宿初现的时候，就要到司里之处报到。'这就是先王不用多少财物，就可以广泛施德于天下的原因。如今陈国心宿早晨已经出现，但道路却像堵塞了一般，田野谷场也像被人抛弃，川泽不筑堤岸，河上没有船只和桥梁，这是废弃先王教训啊。

"周制有之曰①：'列树以表道②，立鄙食以守路③，国有郊牧④，疆有寓望⑤，薮有圃草⑥，囿有林池⑦，所以御灾也。其余无非谷土⑧，民无悬耜⑨，野无奥草⑩。不夺民时，不蔑民功⑪。有优无匮⑫，有逸无罢⑬。国有班事⑭，县有序民⑮。'今陈国道路不可知，田在草间，功成而不收，民罢于逸乐，是弃先王之法制也。

**【注释】**

①周制：周朝制度。

②表：标识。

③鄙食：十里有庐，庐有饮食。鄙，郊野。守路：守候过路之人。

④郊牧：郊外放牧之地。

⑤疆：边境。寓望：寓舍候望之人。

⑥薮：泽无水曰薮。圃草：园圃之草。

⑦囿：苑囿。林：积木。池：积水。

⑧谷土：适宜种谷的土地。

⑨悬耜：悬挂的农具。

⑩奥草：深草。

⑪蔑：弃。

⑫优：优裕充足。匮：匮乏。

⑬逸：安逸。罢（pí）：疲劳，疲惫。

⑭国：城邑。班事：官员依次治事。

⑮县：县鄙。序民：百姓有序劳作。

**【译文】**

“周朝制度说：‘道路两旁栽树用以标识道路，在郊野建立食店，用以守候过路之人，国都郊外要有放牧之地，边疆要有寓舍候望之人，浅滩泽薮要有园圃之草，苑囿要有积木和积水，这些是用来防御自然灾害的。其余的地方，都应该是适宜种谷的土地，农夫家中没有闲置悬挂的农具，田野中没有深草。不要抢夺民时，不要抛弃民事。保持优裕充足，不要陷入匮乏，保持安逸，不要疲惫。城邑官员依次治事，县鄙百姓有序劳作。’如今陈国道路不可辨认，田地隐没在荒草之间，秋粮成熟却不收获，民众为了君主逸乐而疲于奔命，这是抛弃了先王的法制啊。

“周之《秩官》有之曰[①]：‘敌国宾至[②]，关尹以告[③]，行理以节逆之[④]，候人为导[⑤]，卿出郊劳[⑥]，门尹除门[⑦]，宗祝执祀[⑧]，司里授馆[⑨]，司徒具徒[⑩]，司空视涂[⑪]，司寇诘奸[⑫]，虞人入材[⑬]，甸人积薪[⑭]，火师监燎[⑮]，水师监濯[⑯]，膳宰致饔[⑰]，廪人献饩[⑱]，司马陈刍[⑲]，工人展车[⑳]，百官以物至[㉑]，宾入如归。是故小大莫不怀爱。其贵国之宾至[㉒]，则以班加一等[㉓]，益虔[㉔]。至于王吏，则皆官正莅事[㉕]，上卿监之[㉖]。若王巡守，则君亲监之。’今虽朝也不才[㉗]，有分族于周[㉘]，承王命以为过宾于陈[㉙]，而司事莫至，是蔑先王之官也[㉚]。

**【注释】**

①周之《秩官》：周朝记载官员级别及职责的典籍，已佚。

②敌国：地位相等的国家，与下文“贵国”相对。

③关尹：边关长官，掌管四方宾客。

④行理：又作“行李”，小行人。节：符节。逆：迎接。

⑤导：引导宾客入朝，护送宾客出境。

⑥卿出郊劳：卿到城郊，用束帛慰劳宾客。

⑦门尹：司门官员。除门：打扫门庭。

⑧宗：宗伯。祝：太祝。执祀：俞樾说，当为“执礼”。
⑨授馆：将宾客安排到客馆。
⑩具徒：指挥服务的徒役。
⑪视涂：巡察道路。
⑫诘奸：诘问奸盗。
⑬虞人：官名，掌管山泽。入材：供应所需材料。
⑭甸人：官名，掌薪蒸之事。积薪：堆积薪柴。
⑮火师：官名，司火。燎：庭燎。
⑯水师：官名，掌水。濯：洗濯。
⑰饔（yōng）：熟食。
⑱饩：谷物。
⑲司马：掌帅圉人养马。刍：草料。
⑳工人：工匠。展车：检查车辆。
㉑物：事。
㉒贵国：大国。
㉓班：次。
㉔益虔：更加恭敬。
㉕官正：官长。莅：临。
㉖监：视。
㉗朝：单襄公之名。
㉘有分族：周王亲族。
㉙过宾：路过宾客。
㉚蔑：欺。

**【译文】**

“周朝《秩官》说：‘地位相等国家的宾客到来时，关尹以此禀告国君，小行人手持符节迎接，候人为宾客做引导，卿出城郊，用束帛慰劳宾客，门尹扫除门庭，宗祝负责赞助各种礼仪，司里安排宾馆，司徒指挥服侍人员，司空巡察道路，司寇诘问奸盗，虞人供应各种材料，甸人为庭燎而堆积薪柴，火师监视庭燎，水师监视洗濯，膳宰进献熟食，廪人进献谷物，司马提供马匹草料，工匠检视车辆，百官各司其职，宾至如归。因此来访小大官员莫不感激。大国宾客到来，那么接待官员的规格就要加高一等，表现更加恭敬。至于王室使者到来，那么各部门官长就要亲自接待，由上卿监察。如果是天子巡守，那么诸侯国君就要亲自监察接待。’如今我单朝尽管没有什么才干，但我毕竟是王室亲族，禀承王命借道路过陈国，但是陈国主管官员竟然没有人接待，这是蔑视先王的《秩官》制度啊。

“先王之令有之曰：‘天道赏善而罚淫，故凡我造国①，无从非彝②，无即慆淫③，各守尔典④，以承天休⑤。’今陈侯不念胤续之常⑥，弃其伉俪妃嫔⑦，而帅其卿佐以淫于夏氏⑧，不亦嬻姓矣乎⑨？陈，我大姬之后也⑩。弃衮冕而南冠以出⑪，不亦简彝乎⑫？是又犯先王之令也。

**【注释】**

①造：封。

②彝：法。

③即：就。慆：慢。

④典：常法。

⑤休：庆。

⑥胤续：宗法血缘继承。

⑦伉俪：配偶。

⑧卿佐：孔宁、仪行父。夏氏：夏姬。

⑨嬻（dú）姓：亵渎同姓。夏徵舒之父御叔为陈灵公从祖父，与陈灵公同姓。陈灵公淫乱夏姬，是亵渎同姓。

⑩大姬之后：大姬是周武王之女，嫁给陈国始封君虞胡公，所以陈国是大姬后人。大，读“太”。

⑪衮冕：衮龙之衣和大冠，为公侯之服。

⑫简彝：抛弃常法。俞樾说，简彝，即简易。

**【译文】**

“先王训令说：‘天道奖赏善人而惩罚淫乱，因此凡属我周朝封国，所作所为都要遵从常法，不要怠慢荒淫，各自遵守你们的常法，以此来承受上天所赐的福庆。’如今陈侯不顾念宗法血缘伦常，抛弃自己的配偶妃嫔，率领孔宁、仪行父等卿佐与夏姬淫乱，这不是亵渎同姓吗？陈国，是我周室大姬的后裔。陈侯抛弃衮龙之衣、大冠公侯之服而戴着楚国的帽子出门，这不是抛弃常法吗？这又违犯了先王的训令。

“昔先王之教，懋帅其德也[①]，犹恐殒越[②]。若废其教而弃其制，蔑其官而犯其令，将何以守国？居大国之间，而无此四者[③]，其能久乎？”

【注释】

①懋：勉。

②殒越：坠落。

③四者：先王之教、周制、周之秩官、先王之令。

【译文】

“遵照昔日先三的教导，勉力发扬美德，尚且怕坠落。如果废弃先王教令和制度，蔑视《秩官》，违犯先王政令，那么将凭什么守卫国家？陈国处于大国之间，而丢掉了先王之教、周制、周之《秩官》、先王之令四者，国家能够长久吗？”

六年①，单子如楚。八年②，陈侯杀于夏氏③。九年④，楚子入陈⑤。

【注释】

①六年：周定王六年为公元前601年。

②八年：周定王八年为公元前599年。

③陈侯杀于夏氏：《左传·宣公十年》载：“陈灵公与孔宁、仪行父饮酒于夏氏。公谓行父曰：‘徵舒似女。’对曰：‘亦似君。’徵舒病之。公出，自其厩射而杀之。”

④九年：周定王九年为公元前598年。

⑤楚子入陈：陈灵公被杀后，孔宁、仪行父逃奔楚国。楚庄王以弑君之罪伐陈，杀夏徵舒，并将陈收为楚国一县，后在申叔时的劝谏下复封陈国。楚子，楚

庄王，名侣，楚穆王之子，为春秋五霸之一。

【译文】

周定王六年，单襄公到楚国聘问。周定王八年，陈侯在夏徵舒家被杀死。周定王九年，楚庄王攻入陈国。

# 刘康公论鲁大夫俭与侈

本篇记载东周三室卿士刘康公对鲁国大夫俭朴与奢侈的评论。刘康公代表周王室到鲁国聘问，亲身感受到鲁国季文子、孟献子的俭朴与叔孙宣子、东门子的豪奢。回朝之后，他对周定王预言，季孙氏和孟孙氏将在鲁国长期掌权，而叔孙宣子和东门子则非亡即祸。他的理由是，做臣子的一定要像个臣子，做君主一定要像个君主。宽厚、整肃、宽大、惠爱，是为君之道；恭敬、谨慎、谦逊、节俭，是为臣之道。季孙氏、孟孙氏作风节俭，这使他们财用充足，从而使家族得到庇护。叔孙氏、东门氏作风奢侈，这使他们不会体恤财用匮乏，这样忧患就一定会到来。刘康公的预言后来被事实所验证。唐代诗人李商隐在《咏史》一诗中说:“历览前贤国与家，成由勤俭破由奢。”本篇所讲的就是这个道理。

定王八年[1]，使刘康公聘于鲁[2]，发币于大夫[3]。季文子、孟献子皆俭[4]，叔孙宣子、东门子家皆侈[5]。

**【注释】**

①定王八年：周定王八年为公元前599年。

②刘康公：东周王室卿士，周定王同母弟，又称王季子。刘，畿内之国。

③发币：赠送礼物。

④季文子：季孙行父，鲁国正卿。孟献子：鲁卿仲孙蔑，谥献，孟文伯之子。

⑤叔孙宣子：鲁国下卿叔孙侨如。东门子：鲁国大夫公孙归父，东门襄仲之子，因世居鲁东门，因以东门为氏。按，鲁桓公有四子：嫡长子为鲁庄公；嫡次子季友，其后代为季孙氏；庶长子庆父，其后代为孟孙氏；庶次子叔牙，其后代为叔孙氏。庄公即位后，封季孙、孟孙、叔孙三家为卿，此后世为鲁卿，称为“三桓”。

**【译文】**

周定王八年，派刘康公到鲁国聘问，赠送礼物给鲁国卿大夫。季文子、孟献子都很节俭，而叔孙宣子、东门子两家都很奢侈。

归，王问鲁大夫孰贤。对曰：“季、孟其长处鲁乎！叔孙、东门其亡乎！若家不亡，身必不免。”王曰：“何故？”对曰：“臣闻之：为臣必臣，为君必君。宽肃宣惠[①]，君也；敬恪恭俭[②]，臣也。宽所以保本也[③]，肃所以济时也[④]，宣所以教施也[⑤]，惠所以和民也。本有保则必固，时动而济则无败功，教施而宣则遍，惠以和民则阜[⑥]。若本固而功成，施遍而民阜，乃可以长保民矣，其何事不彻[⑦]？敬所以承命也，恪所以守业也，恭所以给事也[⑧]，俭所以足用也。以敬承命则不违，以恪守业则不懈，以恭给事则宽于死[⑨]，以俭足用则远于忧。若承命不违，守业不懈，宽于死而远于忧，则可以上下无隙矣[⑩]，其何任不堪？上任事而彻，下能堪其任，所以为令闻长世也[⑪]。今夫二子者俭，其能足用矣，用足则族可以庇[⑫]。二子者侈，侈则不恤匮，匮而不恤，忧必及之，若是则必广其身[⑬]。且夫人臣而侈，国家弗堪，亡之道也。”王曰：“几何[⑭]？”对曰：“东门之位不若叔孙[⑮]，而泰侈焉，不可以事二君[⑯]。叔孙之位不若季、孟[⑰]，而亦泰侈焉，不可以事三君。若皆蚤世犹可[⑱]，若登年以载其毒[⑲]，必亡[⑳]。”

**【注释】**

①宽：宽厚。肃：整肃。宣：宽大。惠：惠爱。

②敬：恭敬。恪：谨慎。恭：谦逊。俭：节俭。

③保本：保有民心。本，指民心。

④济：成，救济。

⑤教施：教化施恩。

⑥阜：厚。

⑦彻：达。

⑧给事：完成职事。

⑨宽：远。

⑩上下：君臣。隙：矛盾。

⑪长世：长久。

⑫庇：庇护。

⑬广其身：扩大自身利益而不顾君上。

⑭几何：指叔孙氏、东门氏能够维持多久。

⑮东门之位不若叔孙：叔孙氏为卿，东门氏为大夫，地位低于叔孙氏。

⑯不可以事二君：言东门捱不到下任鲁君。

⑰叔孙：下卿。季、孟：季孙氏、孟孙氏，世为鲁上卿。

⑱蚤世：早去世。蚤，通“早”。犹可：其家犹可免于灭亡。

⑲登年：长寿。载：行。毒：害。

⑳必亡：指其家必亡。

**【译文】**

刘康公回到东周，周定王询问鲁国大夫哪一个贤明。刘康公回答说：“季孙氏、孟孙氏大概会长期在鲁国掌权吧！叔孙氏、东门氏大概要灭亡吧！如果他们的家族不灭亡，那么他们自身必定不能免于灾难。”周定王问：“这是什么缘故？”刘康公回答说：“我听说：做臣子的一定要像个臣子，做君主一定要像个君主。宽厚、整肃、宽大、惠爱，是为君之道；恭敬、谨慎、谦逊、节俭，是为臣之道。宽厚是用来保证民心这个根本的，整肃是用来按时成就事功的，宽大是用来教化施恩的，惠爱是用来和合民众的。民心这个根本有保证，政权就一定会稳固；按时行动，就不会败于事功；教化施恩宽大，就会遍及民众；用惠爱和合民众，民生就会丰厚。如果根本稳固而且大功告成，施惠普遍而且民生丰厚，那么君主就可以长久保有庶民，做什么事不能达到目的？恭敬是用来承奉君命的，谨慎是用来守住家业的，谦逊是用来完成职事的，节俭是用来保证财用充足的。用恭敬态度承奉君命就不会违背君臣伦理，用谨慎态度守持家业就不会懈怠，用谦逊态度完成职事就会远离死罪，用节俭态度充足财用就会远于忧患。如果臣子承奉君命不违反君臣伦理，守持家业不懈怠，远离死罪，远于忧患，就可以做到君臣上下没有矛盾，什么重任不能承受呢？君主处理国事能够达到目的，臣下能够承受重任，这就是取得美好名声、统治长久的原因。如今季氏、孟氏二大夫节俭，能够做到财用充足，财用充足家族就可以得到庇护。叔孙氏、东门氏二大夫奢侈，奢侈就不会体恤财用匮乏，财用匮乏而不知体恤，忧患就一定到来，如果忧患到了，他们一定会扩大自身利益而不顾君上。况且作为人臣而奢侈，国家无法承受，这是自取灭亡之道啊。”周定王问：“叔孙氏、东门氏能够撑多久？”刘康公回答说：“东门子家的地位比不上叔孙宣子，而奢侈却超过了叔孙宣子，他不能事奉两代君主。叔孙宣子的地位比不上季文子、孟献子，而奢侈超过了季文子、孟献子，他不能事奉三代君主。如果他们死得早，还可以保存其家，如果他们年寿高，持续毒害国家，那么他们的家族必定灭亡。”

十六年[①]，鲁宣公卒。赴者未及[②]，东门氏来告乱，子家奔齐[③]。简王十一年[④]，鲁叔孙宣伯亦奔齐[⑤]，成公未殁二年[⑥]。

【注释】

①十六年：周定王十六年为公元前591年。

②赴者：报丧的人。及，指到达东周。

③东门氏来告乱，子家奔齐：东门子家向周王室报告鲁国发生内乱，自己逃奔到齐国。按，鲁文公十八年，东门子家之父襄仲杀太子恶及视而立鲁宣公，子家遂有宠于宣公，欲去三桓而张公室。宣公十七年，子家使于晋，想借助晋国的力量除去三桓。未及归国，鲁宣公死，季孙氏先发难，鲁遂驱逐东门氏。前句言"赴者未及"，说明东门子家只事奉了鲁宣公一代君主。

④简王十一年：周简王十一年为公元前575年，当鲁成公十六年。

⑤鲁叔孙宣伯亦奔齐：叔孙宣伯与鲁宣公夫人穆姜私通，欲除季、孟，结果于鲁成公十六年被季、孟驱逐。

⑥成公未殁二年：成公去世前两年。叔孙氏只事奉了鲁宣公、鲁成公两代君主。成公，鲁成公黑肱，鲁宣公之子，在位十八年。殁，去世。

【译文】

周定王十六年，鲁宣公去世。报丧的人还没有到东周，东门氏就来东周告诉鲁国内乱，东门子家逃奔齐国。周简王十一年，鲁国叔孙宣伯也逃奔齐国，这是鲁成公死前两年发生的事。

# 周语下

## 单襄公论晋周将得晋国

本篇记载东周王室卿士单襄公对晋国公子姬周的评论。姬周是一个早慧的政治天才，很早就表现出超凡的政治禀赋。在单襄公评论姬周之前，史官从言谈举止方面记载姬周完全符合礼制，为下文作了铺垫。单襄公在重病弥留之际，叮嘱其子单顷公务必要善待姬周，因为他看准姬周将会成为未来晋国君主。单襄公认为，姬周具备了敬、忠、信、仁、义、智、勇、教、孝、惠、让十一项“文德”，而“文德”是经天纬地的品质，这种品质为姬周获得晋国政权提供了道德保证。单襄公还进一步从占卜、占梦角度说明姬周将获得晋国政权。晋周后来归国即位，他内外经营，重振晋国的霸业，史称悼公复霸。春秋时期，东周王室江河日下，虽然名义上是天下共主，但却不得不在诸侯之中寻找政治靠山。单襄公要求其子善待姬周，就是看中姬周具有政治潜力，为日后依靠晋国作准备。在单襄公精明的算计之后，其实蕴含着无奈与辛酸。

晋孙谈之子周适周[①]，事单襄公，立无跛[②]，视无还[③]，听无耸[④]，言无远[⑤]。言敬必及天，言忠必及意[⑥]，言信必及身[⑦]，言仁必及人[⑧]，言义必及利，言智必及事[⑨]，言勇必及制[⑩]，言教必及辩[⑪]，言孝必及神，言惠必及和[⑫]，言让必及敌[⑬]。晋国有忧未尝不戚，有庆未尝不怡[⑭]。

**【注释】**

①晋孙谈之子周适周：晋孙谈，晋襄公之孙惠伯谈。周，惠伯谈之子，即后来的晋悼公姬周。适周，前往东周王室。按，晋献公听信骊姬谗言，将群公子全部赶到晋国之外，且在神前盟誓“无畜群公子”，此后晋国公子便一直在国外寄养。

②跛：歪着身子站立。

③还：环视，指眼珠乱转。

④耸：竖起耳朵听。

⑤远：不着边际。

⑥意：出自心意。

⑦言信必及身：先信于自身，然后推及于人。

⑧言仁必及人：博爱于人为仁。

⑨言智必及事：能处理事务为智。

⑩制：法度。

⑪辩：同“遍”，遍施。

⑫惠：惠爱。和：和睦。

⑬敌：匹敌，指地位相等。

⑭怡：悦。

**【译文】**

晋襄公孙惠伯谈之子周前往东周，事奉单襄公，他站立时不会歪着身子，看东西眼珠不会乱转，不竖起耳朵听，不说不着边际的话。谈到恭敬一定要援及上天，谈到忠恕一定要出自心意，谈到诚信一定要联系自身，谈到仁爱一定要推及于人，谈到大义一定要联系到利，谈到才智一定要落实到事，谈到勇敢一定要考虑法度，谈到教化一定要主张普遍，谈到孝道一定要论及祖先神明，谈到惠爱一定要强调和睦，谈到礼让一定要考虑地位匹敌。晋国有了忧患，周未尝不为之忧戚；晋国有了喜庆，周未尝不怡然欢乐。

襄公有疾，召顷公而告之①，曰："必善晋周②，将得晋国。其行也文③，能文则得天地。天地所胙④，小而后国⑤。夫敬，文之恭也；忠，文之实也⑥；信，文之孚也⑦；仁，文之爱也⑧；义，文之制也⑨；智，文之舆也⑩；勇，文之帅也；教，文之施也⑪；孝，文之本也；惠，文之慈也；让，文之材也⑫。象天能敬⑫，帅意能忠⑭，思身能信⑮，爱人能仁，利制能义⑯；事建能智⑰，帅义能勇⑱，施辩能教⑲，昭神能孝⑳，慈和能惠，推敌能让㉑。此十一者，夫子皆有焉㉒。

**【注释】**

①顷公：单襄公之子。

②善：善待。

③文：经纬天地曰文。

④胙（zuò）：赐福。

⑤小而后国：小则得国，大则得天下。

⑥实：实诚。

⑦孚：践履。

⑧爱：慈爱。

⑨制：裁定事宜。

⑩舆：车舆。

⑪施：施布德化。

⑫材：材用。

⑬象天：模仿上天。

⑭帅意：遵循心意。

⑮思身：思诚其身。

⑯利制：以利为制。

⑰事建：建立百事。

⑱帅义：循义而行。

⑲施辩：施教普遍。辩，通“遍”。

⑳昭神：尊显祖宗神明。

㉑推敌：推让与自己匹敌之人。

㉒夫子：指晋周。

**【译文】**

单襄公有疾病，召来儿子单顷公，告诉他说：“你一定要善待晋周，他将会得到晋国。他的言行有文德，有文德就能得天地。天地所福佑的人，至小也会得到国家。敬，是文德的恭敬；忠，是文德的实诚；信，是文德的践行；仁，是文德的惠爱；义，是文德的裁决；智，是文德的车舆；勇，是文德的统帅；教，是文德的布施；孝，是文德的根本；惠，是文德的慈爱；让，是文德的材用。模仿上天就能做到敬，遵循自己心意就能做到忠，思诚其身就能做到信，惠爱他人就能做到仁，以利为制就能做到义；百事建立就能做到智，遵义而行就能做到勇，施教普遍就能做到教，尊显神明就能做到孝，慈爱和睦就能做到惠，推先匹敌就能做到让。这十一种美德，周都具备了。

“天六地五①，数之常也。经之以天，纬之以地②。经纬不爽③，文之象也。文王质文④，故天胙之以天下。夫子被之矣⑤，其昭穆又近⑥，可以得国。且夫立无跛，正也；视无还，端也；听无耸，成也⑦；言无远，慎也。夫正，德之道也；端，德之信也；成，德之终也；慎，德之守也⑧。守终纯固，道正事信，明令德矣⑨。慎成端正，德之相也⑩。为晋休戚⑪，不背本也。被文相德⑫，非国何取！

**【注释】**

①天六：天有阴、阳、风、雨、晦、明六气。地五：地有金、木、水、火、土五行。

②经之以天，纬之以地：以天之六气为经，以地之五行为纬。

③爽：差错。

④质文：品质有文德。

⑤夫子：指周。被：被服，继承。

⑥昭穆又近：按照父昭子穆、一昭一穆的次序，周与晋君最为亲近。

⑦成：心志坚定。

⑧守：操守。

⑨明令德：成于善德。

⑩相：助。

⑪休：喜。戚：忧。

⑫被文：禀受文德。相德：有正、端、成、慎四德辅助。

**【译文】**

“天有阴、阳、风、雨、晦、明六气，地有金、木、水、火、土五行，这是天地常数。以天之六气为经，以地之五行为纬。天经地纬不出差错，这就是文德之象。周文王品质有文德，因此上天赐给他以天下。周继承了文德，按照昭穆次序他与晋君最为亲近，因此他可以得到晋国。况且站立不歪着身子，这是正；看东西眼珠不乱转，这是端；不竖着耳朵听，这是成；不说不着边际的话，这是慎。正，是德的道路；端，是德的信用；成，是德的终端；慎，是德的操守。始终秉守道德纯粹坚固，道路正确处事可信，这说明他成就善德。慎、成、端、正，这四者是德的辅助。周为晋国而喜忧，这表明他不违背根本。既禀受文德又有正、端、成、慎的辅助，不是晋国他还得到什么！

“成公之归也①，吾闻晋之筮之也②，遇《乾》

之《否》[3]，曰：'配而不终，君三出焉[4]。'一既往矣[5]，后之不知[6]，其次必此[7]。且吾闻成公之生也，其母梦神规其臀以墨[8]，曰：'使有晋国，三而畀驩之孙[9]。'故名之曰'黑臀'，于今再矣[10]。襄公曰驩，此其孙也。而令德孝恭，非此其谁？且其梦曰'必驩之孙，实有晋国。'其卦曰：'必三取君于周。'其德又可以君国，三袭焉[11]。吾闻之《大誓》故[12]，曰：'朕梦协朕卜[13]，袭于休祥[14]，戎商必克[15]。'以三袭也[16]。晋仍无道而鲜胄[17]，其将失之矣。必早善晋子，其当之也。"

【注释】

①成公之归：公元前 607 年，赵穿弑晋灵公，赵盾迎晋文公庶子、晋襄公之弟黑臀而立之，是为晋成公。

②筮：用蓍草占卜。

③《乾》:《周易》卦，卦象为乾下乾上。之：指变卦。《否》(pǐ):《周易》中的《否》卦，卦象为坤下乾上。

④配而不终，君三出焉：成公可配先君，但子孙不能终为晋君，晋君三次出于东周。韦昭注："《乾》，天也，君也，故曰配，配先君也。不终，子孙不终为君也。《乾》下变而为《坤》，《坤》，地也，臣也。天地不交曰《否》，变有臣象。三爻，故三世而终。上有《乾》，《乾》天子也，五体不变，周天子国也。三爻有三变，故君三出于周。"

⑤一：指晋成公。既往：已经回到晋国。

⑥后之不知：最后从周室回晋国为君的人不知是谁。

⑦其次必此：第二位从周室回晋国为君者一定是周此人。

⑧规：画。

⑨三：三世为晋君。畀：予。骓之孙：即周。周为晋襄公曾孙，自孙以下皆可称孙。

⑩再：晋成公之后，其子晋景公、其孙晋厉公相继为君。

⑪三袭：指卦、梦、德三者相合。袭，合。

⑫《大誓》：《尚书·泰誓》。大，通“泰”。故：故训。

⑬朕：周武王自称。协：合。

⑭休祥：吉兆。

⑮戎：兵，指加兵。

⑯三袭：指周武王梦、卜、吉兆三者相合。

⑰仍：屡次。鲜胄：少有后代。

**【译文】**

“晋成公归国即位的时候，我听说晋国有卜筮，卦象由《乾》卦变《否》卦，占辞说：‘成公虽然可配先君但子孙不能世代为君，晋君会三次出自东周。’晋成公作为第一次，已经归国为君了，最后从周室回晋国为君的不知是谁，第二位从周室回国为君的一定是周此人。况且我听说晋成公出生的时候，他的母亲梦见天神在他的屁股上用黑墨写字，说：‘让你拥有晋国，三世以后将晋国交给骓的子孙。’因此晋成公名字叫‘黑臀’，到现在为止，成公的儿孙已经两世为君。晋襄公名叫骓，这个周就是骓的孙子。周具有美德和孝道、恭敬品质，不是他为君又是谁呢？况且成公母亲梦中听见神说‘一定是骓的孙子，实在拥有晋国’。卦辞说：‘一定要三次从周室请回君主。’周的品德又可以君临晋国，卦、梦、德三者相合。我听到《尚书·泰誓》的解释说：‘周武王的梦与占卜相合，又与吉祥的预兆相应，起兵灭商一定胜利。’周武王就是以梦、卜、征兆三者相合为依据。晋国屡次出现无道之君而公室后代稀少，而今在位的晋君恐怕要失国了。你一定要早一点善待晋周，预言恐怕要应验在他身上。”

顷公许诺。及厉公之乱，召周子而立之，是为悼公。

**【译文】**

单顷公答应了。等到发生晋厉公之乱，晋人召回周而立为国君，他就是晋悼公。

# 单穆公谏景王铸大钱

本篇记载东周王室卿士单穆公劝谏周景王铸大钱的言论。单穆公认为，铸币的轻重要适合商品价格水平，国家铸币的目的，应该解决“民患轻”或“不堪重”的问题，着眼点应该是以便民用；在货币轻重与商品价格之间，必须存在某种不轻不重的平衡状态，这一点实属不易。周景王“废轻而作重”，意味着民众手中原来的轻币全部作废。对此，单穆公提出“母权子”、“子权母”即轻重兼用的金融政策，铸重币不废旧的轻币，铸轻币不废旧的重币．以新铸币为标准去权衡旧币，使旧币按照一定比价与新币相协调，新币与旧币并行流通，这样可以保证民众经济利益不受损失。单穆公进一步指出，周景王“废轻而作重”的做法会导致民财匮乏，使国家税源陷入枯竭境地，人民就会用逃亡方法来摆脱暴政。单穆公关于铸币的言论，是中国最早的货币思想资料，在中国货币思想史上弥足珍贵。“权轻重”思想经过后人发展，成为中国后代重要的经济理论。

景王二十一年[①]，将铸大钱[②]。单穆公曰[③]：“不可。古者，天灾降戾[④]，于是乎量资币[⑤]，权轻重[⑥]，以振救民[⑦]。民患轻[⑧]，则为作重币以行之，于是乎有母权子而行[⑨]，民皆得焉。若不堪重[⑩]，则多作轻而行之，亦不废重，于是乎有子权母而行，小大利之[⑪]。

【注释】

①景王二十一年：周景王二十一年为公元前524年。

②大钱：面值大的钱币。

③单穆公：周王室卿士，单靖公的曾孙。

④戾：至。

⑤量：度量。资：资财。币：货币。

⑥权：权衡。轻重：轻币与重币。

⑦振救：拯救。

⑧轻：币轻而物贵。

⑨母权子：重币为母，轻币为子。

⑩重：币重而物轻。

⑪小：轻币。大：重币。

【译文】

周景王二十一年，周王室准备铸造面值大的钱币。单穆公劝谏说：“不可以。古时候，天灾降临，于是计算物资与钱币的数量，权衡轻重，来拯救民众。如果民众担心币轻而物贵，那么就铸造重币投入流通，于是有重币配合轻币流通，民众都感到从中获利。如果民众不能忍受币重而物轻，那么就多铸轻币投入流通，与此同时不废除重币，于是有轻币配合重币流通，小钱与大钱都有利于民众。

“今王废轻而作重①，民失其资，能无匮乎？若匮，王用将有所乏②，乏则将厚取于民③。民不给④，将有远志⑤，是离民也⑥。且夫备有未至而设之⑦，有至而后救之，是不相入也⑧。可先而不备，谓之怠；可后而先之，谓之召灾。周固羸国也⑨，天未厌祸焉⑩，而又离民以佐灾，无乃不可乎？将民之与处而离之，将灾是备御而召之，则何以经国？国无经，何以出令？令之不从，上之患也，故圣人树德于民以除之⑪。

**【注释】**

①废轻而作重：废除旧的轻币，铸造新的重币，这样民众手中旧的轻币全部作废。

②若匮，王用将有所乏：如果民众财用匮乏，无以缴纳赋税，那么周王也会因此匮乏。

③厚取：重敛。

④给：供给。

⑤远志：指逃亡。

⑥离民：离散民心。

⑦备：国家储备。

⑧不相入：不相为用。

⑨羸国：羸病之国。

⑩天未厌祸：指上天不断降灾。

⑪树：立。除：除去民众不从命令之患。

**【译文】**

“如今君王废除轻币而铸造重币，民众失去资财，能不匮乏吗？如果民众财用匮乏，那么君王也会因此匮乏，而君王一旦匮乏，就会厚敛于民。民众无法供给，就会产生逃离之心，这是离散民心啊。况且国家储备有时是灾难未至而事先设防，有时是灾难降临而后补救，这两者不相为用。可以先作防备而不防备，叫做懈怠；可以事后补救而先为设防，叫做召灾。东周本来就是一个羸病之国，上天不断降祸，而王室又离散民心以助长灾害，这恐怕不可以吧？本应与民众共同生活却要离散民心，本来是要防御灾难却要召祸，怎么治理国家呢？治国没有常道，凭什么发出号令？民众不听号令，是在上位者所担心的事，因此圣人立德于民，消除民众不从命令之患。

“《夏书》有之曰[①]：‘关石和钧[②]，王府则有[③]。’《诗》亦有之曰[④]：‘瞻彼旱麓，榛楛济济[⑤]。恺悌君子，干禄恺悌[⑥]。’夫旱麓之榛楛殖[⑦]，故君子得以易乐干禄焉。若夫山林匮竭，林麓散亡，薮泽肆既[⑧]，民力凋尽，田畴荒芜[⑨]，资用乏匮，君子将险哀之不暇[⑩]，而何易乐之有焉？

**【注释】**

①《夏书》：《尚书·夏书·五子之歌》，已逸。今本

《五子之歌》为伪书。

②关石：指赋税。和钧：平均。

③有：富有。

④《诗》：指《诗经·大雅·旱麓》。

⑤瞻：看。旱：山名。麓：山脚。榛、楛：两种树木。济济：茂盛的样子。

⑥恺悌（kǎitì）：和乐平易的样子。干禄：求俸禄。

⑦殖：生长。

⑧肆：极。既：尽。

⑨田畴：谷地为田，麻地为畴。

⑩险：危险。

**【译文】**

"《夏书》有这样的话：'赋税平均，王府就会富有。'《诗经·大雅·旱麓》也有这样的诗句："你看那旱山的山脚，榛树和楛树多么茂盛。和乐平易的君子，求俸禄多么快乐。'旱山脚下的榛树楛树繁茂生长，因此君子才得以和易快乐地求俸禄。如果山林枯竭，林麓败亡，湖泊沼泽干涸，民力凋敝，田畴荒芜，资用匮乏，君子连感到危险、悲哀的时间都没有，哪里有什么和易、快乐呢？

"且绝民用以实王府，犹塞川原而为潢汙也[①]，其竭也无日矣。若民离而财匮，灾至而备亡[②]，王其若之何？吾周官之于灾备也[③]，其所怠弃者多矣，而又夺之资，以益其灾，是去其藏而翳其人也[④]。王其图之！"

王弗听，卒铸大钱。

【注释】

①原：同“源”。潢（huáng）汙：静止的死水。

②备亡：国家储备缺少。

③周官：周王室六官。灾备：预防灾害。

④藏：库藏。翳（yì）：屏蔽。人：民众。

【译文】

“况且断绝民众财用来充实王府，如同堵塞河流源头而使它成为一潭死水，它的枯竭也就为期不远了。如果民众逃离而财用匮乏，灾难降临而防备全无，君王打算怎么办？我们周王室官员对于灾难防备，怠慢忽略的地方太多了，如今又剥夺民众资财，助长灾难，这等于抛弃了国家的库藏而赶走民众。君王请考虑吧！”

周景王不听劝谏，最终还是铸造了大钱。

# 鲁语上

## 曹刿问战

本篇记载鲁人曹刿关于君主凭什么号召人民作战的言论。齐鲁长勺之战由齐桓公小白与公子纠争位而引发，鲁国支持公子纠，齐桓公即位后便对鲁国大兴问罪之师，长勺之战由此爆发。战争前夕，鲁人曹刿询问庄公凭什么号召人民作战。鲁庄公回答说，他对民众不吝惜衣食，对神不吝惜牺牲圭璧。曹刿告诉庄公，对少数人施行小恩小惠，难以换取人民的普遍拥护；君主个人对神灵的独自恭敬，也不能奢望神灵赐福。鲁庄公又说，他在处理诉讼案件时，虽然不能遍察，但一定要按照情理断案。曹刿指出，如果君主心中真的能考虑到民众，那才是正确的治国之道，鲁国凭此可以与齐师作战。长勺之战以鲁国取胜而告终，这表明曹刿论断的正确性。战争胜负取决于民心，而民心得失又在于统治者能否做到“中心图民”，这是本篇文章所揭示的道理。

长勺之役[①]，曹刿问所以战于庄公[②]。公曰："余不爱衣食于民[③]，不爱牲玉于神[④]。"对曰："夫惠本而后民归之志[⑤]，民和而后神降之福。若布德于民而平均其政事，君子务治而小人务力，动不违时，财不过用[⑥]，财用不匮，莫不能使共祀[⑦]。是以用民无不听[⑧]，求福无不丰。今将惠以小赐[⑨]，祀以独恭[⑩]。小赐不咸[⑪]，独恭不优[⑫]。不咸，民不归也；不优，神弗福也。将何以战？夫民求不匮于财，而神求优裕于享者也[⑬]，故不可以不本。"公曰："余听狱虽不能察[⑭]，必以情断之。"对曰："是则可矣。知夫苟中心图民[⑮]，智虽弗及，必将至焉[⑯]。"

**【注释】**

①长勺之役：公元前 684 年，齐桓公因鲁人支持与他争位的公子纠而伐鲁，两军在长勺交战。长勺，鲁国地名，在今山东曲阜。

②曹刿：鲁国人。问所以战：询问鲁国凭什么来战斗。庄公：鲁桓公之子，姬姓，名同。

③不爱衣食于民：对民众不吝惜衣食。爱，吝惜。

④不爱牲玉于神：对神不吝惜牺牲圭璧。

⑤本：俞樾认为，"本"为"大"字之误。民归之志：民众志归于上。

⑥财：公序本作"器"。不过用：使用不超过礼的规定。

⑦莫不能使共祀：没有不能提供祭祀的。

⑧用：役使。听：听从。

⑨小赐：小恩小惠。

⑩独恭：个人的恭敬。

⑪咸：遍。

⑫优：裕。

⑬优裕：优厚丰裕，指民和年丰。享：食。

⑭狱：诉讼。察：遍察。

⑮知：此字为衍字。苟：诚。

⑯至：至于道。

**【译文】**

长勺之战，曹刿问鲁庄公凭什么与齐国作战。庄公说："我对民众不吝惜衣食，对神不吝惜牺牲圭璧。"曹刿说："君主恩惠大而后民众志归于上，民众和谐而后神降下福泽。如果能够施德于民而平均地安排政事，让君子致力于治国，小人致力于劳力，举动不违农时，器用不超过礼制规定，那么财用就不会匮乏，就没有人不能提供祭祀物品。因此君主在使用民众时没有人不听从，在求神赐福时没有不得到丰厚的回报。如今您准备对民众施行小恩小惠，祀神也只是限于个人独自的恭敬。小恩小惠不能遍及民众，个人的恭敬不能优裕地祀神。不能遍及民众，民心就不能归上；不能优裕地祀神，神就不会赐福。您拿什么与齐国作战呢？民众所追求的是财用不匮乏，神追求的是歆享优裕的祭品，所以君主恩惠是不可以不大的。"庄公说："我处理诉讼案件，虽然不能遍察，但一定要按照情理断案。"曹刿说："这样就可以作战了。您心中真的能考虑到民众，即使智慧达不到，那么也一定接近正确的治国之道了。"

## 展禽论祭爰居非政之宜

本篇记载鲁国大夫展禽对国家祀典的论述。鲁国东门之外飞来海鸟，执政卿士臧文仲以为是神鸟，于是派国人祭祀海鸟。展禽认为，臧文仲祭祀海鸟的做法十分荒唐。他指出，只有制定法则以施于民众者、以身殉国勤于民事者、身心劳顿安定国家者、能够抵御大灾大难者、能抗拒大祸大患者才能列入国家祀典，否则就不在祭典之中。展禽进一步分析，海鸟飞到鲁国东门之外，可能是为了逃避海上风暴，并不是什么神异之事。臧文仲在祭祀海鸟问题上虽然不能像展禽那样明辨是非，但他能够闻过则改，将展禽之语抄录三份，以此警示自己，这种态度是值得肯定的。从文献来看，臧文仲是一个集贤与不肖于一身的历史人物，但其主导方面应该是一个贤臣。《论语》载孔子对臧文仲多有批评之词，值得读者认真品味。

海鸟曰爰居[1]，止于鲁东门之外三日，臧文仲使国人祭之。展禽曰："越哉[2]，臧孙之为政也！夫祀，国之大节也[3]；而节，政之所成也。故慎制祀以为国典。今无故而加典，非政之宜也。

**【注释】**

①爰居：海鸟名。

②越：迂阔。

③大节：重大制度。

**【译文】**

海鸟名叫爰居，栖止于鲁国东门之外，达三日之久，臧文仲让国人祭祀海鸟。展禽说："真是迂阔啊，臧孙辰居然这样处理政事！祭祀，是国家重大制度；而制度，是成功处理政务的保证。因此要慎重地制定祭祀制度作为国家大典。如今无缘无故增加祭祀海鸟典礼，这不是处理政务的适宜办法。

"夫圣王之制祀也，法施于民则祀之[1]，以死勤事则祀之[2]，以劳定国则祀之[3]，能御大灾则祀之，能扞大患则祀之[4]。非是族也[5]，不在祀典。昔烈山氏之有天下也[6]，其子曰柱，能殖百谷百蔬[7]；夏之兴也，周弃继之，故祀以为稷[8]。共工氏之伯九有也[9]，其子曰后土，能平九土[10]，故祀以为社[11]。黄帝能成命百物[12]，以明民共财[12]，颛顼能修之[14]。帝喾能序三辰以固民[15]，尧能单均刑法以仪民[16]，舜勤民事而野死⑰，鲧鄣洪水而殛死⑱，禹能以德修鲧之功⑲，契为司徒而民辑⑳，冥勤其官而水死㉑，汤以宽治民而除其邪㉒，稷勤百谷而山死㉓，文王以文昭㉔，武王去民之秽㉕。故有虞氏禘黄帝而祖颛顼，郊尧而宗舜㉖；夏后氏禘黄帝而祖颛顼，郊鲧而宗禹；商人禘舜而祖契㉗，郊冥而宗汤；周人禘喾而郊稷，祖文王而宗武王；幕㉘，能帅颛顼者也㉙，有虞氏报焉㉚；杼㉛，能帅禹者也，夏后氏报焉；上甲微㉜，能帅契者也，商人报焉；高圉、大王㉝，能帅稷者也，周人报焉。凡禘、郊、祖、宗、报，此五者国之典祀也㉞。

**【注释】**

①法施于民：制定法则，施于民众。

②以死勤事：以身殉国，勤于民事。

③以劳定国：身心劳顿，安定国家。

④扞（hàn）：抵御。

⑤族：类。

⑥烈山氏：即炎帝神农氏。

⑦殖：种植。

⑧周弃继之，故祀以为稷：周弃，周人始祖，善于种植谷物，尧舜时代为农官，称为后稷，死后被尊为谷神。

⑨共工氏：传说中的古代帝王。九有：九州。

⑩九土：九州土地。

⑪社：土地神。

⑫黄帝：华夏始祖，号轩辕氏。成命百物：给百物命名。

⑬明民：使民众明理。共财：与民众共享山川财富。

⑭颛顼：传说为黄帝之孙，昌意之子，号高阳氏。修之：继承黄帝事业。

⑮帝喾（kù）：传说为黄帝曾孙，号高辛氏。序三辰：观察日月星辰的运行来制定历法。三辰，日、月、星。固：安。

⑯尧：传说为帝喾庶子，名放勋，号陶唐氏。单均刑法：尽力使刑法公平。单，尽。均，平。仪民：为民众制定准则。

⑰舜：颛顼之后，名重华，号有虞氏。勤：勤劳。野死：舜征有苗，死于苍梧之野。

⑱鲧：颛顼之后。鄣：同"障"，堵塞。殛（jí）：诛杀。

⑲禹：鲧之子，继承鲧的治水事业，终获成功。

⑳契（xiè）：商人始祖，尧时任司徒，掌管教化。辑：和。

㉑冥：契的六世孙，夏朝时任水官，死于任上。

㉒汤：商朝开国君主。邪：指夏桀暴政。

㉓山死：传说后稷死于黑水之山。

㉔文王：姬昌。文：文德。昭：彰显。

㉕武王：周文王之子姬发。去民之秽：指武王伐纣，废除殷纣王暴政。

㉖故有虞氏禘黄帝而祖颛顼，郊尧而宗舜：有虞氏以黄帝为始祖所自出之帝，祖祭以颛顼为祭主，郊祭以尧配祀，宗祭以舜为祭主。有虞氏，黄帝、颛

顼之后。禘，帝王祭祀始祖所出之帝的大典。《礼记·丧服小记》："王者禘其祖之所自出，以其祖配之。"祖，帝王祭祀始祖的大典。郊，冬至日帝王在南郊举行的祭天大典，以祖宗配祀。宗，帝王祭祀开国之君大典。

㉗舜：应为"喾"。

㉘幕：舜的后人虞思，为夏朝诸侯。

㉙帅：遵循。

㉚报：报德之祭。

㉛杼（zhù）：禹七世孙，少康之子。

㉜上甲微：契八世孙，商汤先祖。

㉝高圉（yǔ）：后稷十世孙，周人先祖。大王：古公亶父，周文王祖父。大，读为"太"。

㉞国之典祀：国家的法定祭祀。

**【译文】**

"圣王制定祭祀典法，制定法则以施于民众者则祭祀他，以身殉国勤于民事者则祭祀他，身心劳顿安定国家者则祭祀他，能够抵御大灾大难者则祭祀他，能抗拒大祸大患者则祭祀他。不在以上几类的人，就不在祭祀典法之中。从前烈山氏拥有天下的时候，他的儿子名叫柱，能够种植百谷百蔬；夏朝兴盛之后，周人始祖弃继承他的事业，因此将稷作为谷神来祭祀。共工氏称霸九州的时候，他的儿子叫后土，能够平治九州水土，因此把他作为土地神来祭祀。黄帝能给百物命名，使民众明理，与民众共享山川财富，颛顼能继承黄帝事业。帝喾能观察日月星辰的运行来制定历法使民众安定，尧能尽力使刑法公平，为民众制定准则，舜勤于民事而死于苍梧之野，鲧堵塞洪水而被杀死，禹能够以美德完成鲧的治水事业，契为唐尧司徒而使民和，冥勤于官职而死于水官任上，汤以宽治民而除去夏桀暴政，稷勤播百谷而死于黑水之山，文王以文德彰显，武王伐纣去民之恶。因此有虞氏禘祭黄帝而祖祭颛顼，郊祭以尧配天而宗祭帝舜；夏后氏禘祭黄帝而祖祭颛顼，郊祭以鲧配天而宗祭大禹；商人禘祭帝喾而祖祭契，郊祭以冥配天而宗祭成汤；周人禘祭帝喾而郊祭以稷配天，祖祭周文王而宗祭武王；幕，能够遵循颛顼事业，因此受到有虞氏报祭；杼，能够遵循禹的事业，因此受到夏后氏报祭；上甲微，能够遵循契的事业，因此受到商人报祭；高圉、大王，能够遵循稷的事业，因此受到周人报祭。凡禘、郊、祖、宗、报，这五大祭祀属于国家法定的祭祀。

“加之以社稷山川之神，皆有功烈于民者也[①]；及前哲令德之人，所以为明质也[②]；及天之三辰[③]，民所以瞻仰也；及地之五行[④]，所以生殖也；及九州名山川泽，所以出财用也。非是不在祀典。

**【注释】**

①功烈：功绩。

②质：信。

③三辰：日、月、星。

④五行：金、木、水、火、土。

【译文】

“加上土地神、谷神和山川之神，都是有功于民的神灵；以及前代圣哲美德之人，祭祀他们是用来取信于民；还有天上的日、月、星辰，它们是民众所瞻仰的对象；以及地上的金、木、水、火、土五行，它们是民众用来繁衍生息的事物；再加上九州名山大川大泽，它们是民众用来获得财用的来源。除此之外，就不在国家祀典之中。

“今海鸟至，己不知而祀之，以为国典，难以为仁且智矣。夫仁者讲功①，而智者处物②。无功而祀之，非仁也；不知而不能问，非智也。今兹海其有灾乎？夫广川之鸟兽③，恒知避其灾也④。”

【注释】

①讲功：讲论功过。

②处物：明察事理。

③广川：大江大海。

④恒：常。

【译文】

“如今海鸟飞来，臧文仲自己不知缘故而祭祀它，以此为国家祀典，这很难说是仁且智了。仁者讲论功过，智者明察事物。海鸟无功于鲁国而祭祀它，这不能说是仁；不知海鸟为何飞来而不能问，这不能说是智。今年这片大海可能有风暴灾害吧？大江大海上的鸟兽，总是知道逃避灾难的。”

是岁也，海多大风，冬暖。文仲闻柳下季之言[1]，曰：“信吾过也，季子之言不可不法也。”使书以为三策[2]。

**【注释】**

①柳下季：展禽。

②策：古代用以记事的竹、木片，编在一起的叫“策”。

**【译文】**

这一年，海上多刮大风，冬天暖和。臧文仲听到柳下季的话，说：“这确实是我的过错，柳下季的话不可不为法则。”派人将柳下季的话抄写了三份简策。

# 里革论君之过

公元前 573 年，晋厉公被晋卿栾书、中行偃杀死。消息传到鲁国，鲁成公要朝臣分析，这究竟是君主的过错还是臣子的罪恶。太史里革旗帜鲜明地指出，这是君主的过错。里革分三个层次对此作了阐述：首先，君主权威很大，君主失去权威以至于被杀，这说明君主的过错很多。其次，君主应该纠正邪恶，如果君主放纵私邪，那么就会助长邪恶势力。第三，如果君主以邪恶统治民众，不能任用善人，那么这个君主就是自取灭亡。里革历举夏桀、殷纣王、周厉王、周幽王为例，说明君主失去权威、以邪临民必遭毁灭。最后，里革将君主喻为民众的川泽，认为民众的美恶都是出于君主的引导。先秦时期经常发生以臣弑君事件，如何评价这些事件，是当时思想理论界的一个重要课题。里革之所以认为错在君主，是因为君主有“过”与“邪”，专制君主本身做尽坏事，他们被杀纯粹是咎由自取。

晋人杀厉公[①]，边人以告[②]，成公在朝[③]。公曰：“臣杀其君，谁之过也？”大夫莫对，里革曰：“君之过也。夫君人者，其威大矣。失威而至于杀，其过多矣。且夫君也者，将牧民而正其邪者也，若君纵私回而弃民事[④]，民旁有慝无由省之[⑤]，益邪多矣。若以邪临民，陷而不振[⑥]，用善不肯专，则不能使，至于殄灭而莫之恤也[⑦]，将安用之[⑧]？桀奔南巢[⑨]，纣踣于京[⑩]，厉流于彘，幽灭于戏[⑪]，皆是术也[⑫]。夫君也者，民之川泽也。行而从之，美恶皆君之由，民何能为焉。”

**【注释】**

①晋人杀厉公：公元前 573 年，晋卿栾书、中行偃杀死晋厉公。

②边人：鲁国边境官员。

③成公：鲁国君主，姬姓，名黑肱。

④回：邪。

⑤旁：遍。慝（tè）：邪恶。省：察。

⑥陷：坠。振：救。

⑦殄（tiǎn）灭：灭绝。

⑧安：何。之：指君主。

⑨南巢：地名，在今安徽巢湖。

⑩踣（bó）：倒毙。京：殷朝京都。

⑪戏：戏水，在陕西临潼东面。

⑫术：道，即失威多过之道。

**【译文】**

晋人杀死厉公，鲁国边境官员将此事汇报朝廷，鲁成公正好在朝廷。成公问："臣杀君主，这是谁的过错？"鲁国大夫没有人应对，里革说："这是君主的过错。做君主的人，权威是很大的。失去了君主权威以至于被杀，他的过错就很多了。况且做君主的人，应该是统治民众而纠正邪恶的人，如果君主放纵私邪而废弃民事，民众之中普遍存在邪恶，君主没有办法省察，那么助长邪恶就很多了。如果以邪恶统治民众，陷入其中而不能自拔，任用善人不肯专一，不能使唤，以至于被消灭而不能体恤，那么要这个君主有什么用？夏桀逃奔南巢，殷纣王毙于京师，周厉王被流放到彘地，周幽王被灭于戏水，都是失威多过之道啊。君主，是民众的川泽。君主在前走，民众跟在后，美恶都是出于君主的引导，民众能做什么呢？"

# 季文子论妾马

本篇记载鲁国执政正卿季文子关于妾衣马食的言论。季文子辅佐鲁宣公和鲁成公，身为两朝国相，但家中的侍妾不穿丝绸，马不吃粮食。年轻的仲孙它批评季文子为人吝啬，不能为鲁国增添荣光。季文子回答说，他也希望过奢华生活，但他看到鲁国父兄吃粗粮、穿破衣的人还很多，因此才不敢奢华。如果别人的父兄吃粗粮、穿破衣，而自己却拥有很多美妾肥马，那就没有做国相的资格。季文子进一步指出，应该以道德荣华为国家荣华，而不能以妾和马为国家荣华。仲孙它父亲孟献子听说此事之后，将儿子囚禁了七天。此后仲孙它学习季文子榜样，折节为俭，季文子于是举荐仲孙它做了上大夫。鲁国因此兴起俭朴之风，季文子“妾不衣帛，马不食粟”也作为美谈，世代传颂。

季文子相宣、成[①]，无衣帛之妾[②]，无食粟之马。仲孙它谏曰[③]："子为鲁上卿，相二君矣，妾不衣帛，马不食粟，人其以子为爱[④]，且不华国乎[⑤]！"文子曰："吾亦愿之。然吾观国人，其父兄之食粗而衣恶者犹多矣，吾是以不敢。人之父兄食粗衣恶，而我美妾与马，无乃非相人者乎！且吾闻以德荣为国华[⑥]，不闻以妾与马。"

【注释】

①季文子相宣、成：季文子辅佐了鲁宣公、鲁成公两朝国君。季文子，姬姓，季氏，名行父，又称季孙行父，"文"是他的谥号。相，辅助。

②衣（yì）：穿。帛：丝织品。

③仲孙它：鲁国大夫，孟献子之子，姬姓，孟孙氏，名它，字子服，又称子服它。

④爱：吝啬。

⑤不华国：不能荣华鲁国。

⑥德荣：以道德为荣华。国华：为国家光华。

【译文】

季文子为鲁宣公、鲁成公两朝国相，侍妾不穿丝绸，马不吃粮食。仲孙它劝谏说："您身为鲁国上卿，辅助两朝君主，妾不穿丝绸，马不吃粮食，别人大概会认为您吝啬，况且您不想为鲁国增添荣光吗？"季文子说："我也愿意奢华一些。但是我看到鲁国人，父兄吃粗粮、穿破衣的人还很多，因此我不敢奢华。别人的父兄吃粗粮、穿破衣，而我拥有很多美妾肥马，这恐怕不是做国相的人吧！而且我听说应该以道德荣华为国家荣华，没有听说以妾和马为国家荣华。”

文子以告孟献子，献子囚之七日[①]。自是，子服之妾衣不过七升之布[②]，马饩不过稂莠[③]。文子闻之，曰：“过而能改者，民之上也。”使为上大夫。

**【注释】**

①献子囚之七日：孟献子把儿子仲孙它囚禁了七天。之，指仲孙它。

②子服：仲孙它。七升之布：指极粗的布衣。升，八十缕为一升。

③马饩（xì）：马食。稂（láng）：狼尾草。莠（yǒu）：狗尾草。

**【译文】**

季文子将此事告诉孟献子，孟献子将儿子仲孙它囚禁了七天。从这以后，仲孙它的侍妾穿衣不超过七升之布，马料不过是狼尾草和狗尾草。季文子听到此事，说：“有过错而能改的人，应该做民众之上的人。”于是让仲孙它做了上大夫。

# 鲁语下

## 季冶致禄

本篇记载季氏家臣季冶辞去俸禄的言行。鲁国从宣公时代起，政权就落入“三桓”特别是季氏之手，公室与三家权臣之间存在着激烈的矛盾。本篇的背景是，鲁国执政正卿季武子趁襄公在楚国聘问之际，将公室的卞邑据为己有。季武子写了一封信，派家臣季冶送给鲁襄公，信上说，卞人反叛，季武子率兵征讨，已经拿下卞邑。大夫荣成子深知鲁襄公不是季武子的对手，于是抢先代襄公发言，认可季武子袭取卞邑，公室由此吃下哑巴亏。季冶在送信时尚被蒙在鼓里，直到此时他才知道季武子说了谎话，因为卞人其实并未反叛。季冶觉得自己协助季武子欺骗鲁襄公，严重地违反了君臣大义，因此他毅然辞去季武子赐予的俸禄。季冶并不是欺骗鲁襄公的主谋，他只是在不知情的情况之下帮助季武子欺骗鲁襄公，尽管如此，季冶仍然觉得此事不可为。富贵不能淫，宁可辞去俸禄也不做季武子欺君的帮凶，这就是季冶表现出来的正直品格。

襄公在楚，季武子取卞，使季冶逆[1]，追而予之玺书[2]，以告曰："卞人将畔，臣讨之，既得之矣[3]。"公未言，荣成子曰[4]："子股肱鲁国[5]，社稷之事，子实制之[6]。唯子所利[7]，何必卞？卞有罪而子征之，子之隶也[8]，又何谒焉[9]？"子冶归[10]，致禄而不出[11]，曰："使予欺君[12]，谓予能也[13]。能而欺其君，敢享其禄而立其朝乎？"

【注释】

①季冶：鲁国大夫，为季武子同族之子。《左传》作公冶，为季氏家臣。逆：迎。

②玺书：用大夫官印封缄的书信。玺，印章。

③"卞人将畔"三句：按，此是玺书中的话，季冶事先不知，故其后才能有致禄不出及"使予欺君"之类的愤恨言行。

④荣成子：鲁国大夫。

⑤子：指季武子。股肱：辅佐。

⑥制：掌控。

⑦利：便利。

⑧隶：役。

⑨谒：禀告。

⑩子冶：季冶。

⑪致禄：归还采邑给季武子。

⑫欺君：卞人并未反叛，而季武子让季冶对鲁襄公说卞人反叛，这是欺君行为。

⑬能：贤能。

**【译文】**

鲁襄公在楚国期间，季武子夺取了卞邑，他派季冶代表自己迎接鲁襄公回国，追上季冶，交给季冶一份用官玺封缄的文书，玺书中对鲁襄公说："卞人将要反叛，臣征讨卞邑，已经拿下卞邑了。"鲁襄公尚未开口说话，荣成子抢先说："您身为鲁国辅佐大臣，社稷的事，您尽可以掌控。只要您认为便利的事都可以做，何必只说一个卞邑？卞邑有罪，您发兵征讨，这是您权限内的事，又何必禀告呢？"子冶回国以后，归还采邑，闭门不出，说："教我欺君，说我贤能。有能力欺骗君主，谁还敢享受俸禄而立朝为官呢？"

# 叔孙穆子不以货私免

本篇记载叔孙穆子不愿意以贿赂方式为鲁国正卿季武子过错免罪的言行。叔孙穆子作为鲁国使者参加诸侯虢地会盟，会议期间，季武子伐取莒国郓邑，莒国到诸侯盟会上控诉鲁国，作为盟主的楚人将鲁国使者叔孙穆子抓起来，拟杀死穆子以惩罚鲁国。晋国大夫乐王鲋以帮助叔孙穆子说情为名，向其索取贿赂，穆子断然予以拒绝。叔孙穆子认为，他是奉鲁君之命参与诸侯会盟，而不是为了个人的私事。如果他以贿赂方式来免除死罪，这就为此后诸侯使者开创了行不由衷的恶例。况且伐莒取郓是季武子所为，并不是自己的过错。由于晋国赵孟出面说情，楚人赦免了叔孙穆子。回国之后，季武子前来慰劳，叔孙穆子因为季武子伐莒而差一点丧命，心中难免怨愤，所以到日中都不愿意出来接待季武子。在家臣劝说之下，穆子意识到自己不应该免大耻而不忍小忿，于是出来见季武子。宁愿被杀也不愿以贿赂方式求生，忍小忿以保持国家团结，这两件事充分体现出叔孙穆子识大体、顾大局的品格。《晋语八》“赵文子请免叔孙穆子章”亦载此事，可以与本篇参看。

虢之会，诸侯之大夫寻盟未退[①]。季武子伐莒取郓[②]，莒人告于会，楚人将以叔孙穆子为戮[③]。晋乐王鲋求货于穆子[④]，曰："吾为子请于楚。"穆子不予。梁其踁谓穆子曰[⑤]："有货，以卫身也。出货而可以免，子何爱焉[⑥]？"穆子曰："非女所知也。承君命以会大事[⑦]，而国有罪，我以货私免，是我会吾私也。苟如是，则又可以出货而成私欲乎？虽可以免，吾其若诸侯之事何？夫必将或循之[⑧]，曰：'诸侯之卿有然者故也。'则我求安身而为诸侯法矣。君子是以患作[⑨]。作而不衷[⑩]，将或道之[⑪]，是昭其不衷也。余非爱货，恶不衷也。且罪非我之由，为戮何害[⑫]？"楚人乃赦之[⑬]。

**【注释】**

①寻盟：追寻宋国之盟。未退：没有散会。

②莒：嬴姓诸侯国。郓（yùn）：莒邑，在今山东沂水县北。

③楚人：楚国令尹公子围。

④乐王鲋：晋国大夫乐桓子。求货：索取贿赂。

⑤梁其踁：叔孙穆子的家臣。

⑥爱：吝惜。

⑦大事：指参加诸侯盟会。

⑧或：有人。循：因循，效法。

⑨患作：担心自己成为始作俑者。

⑩作而不衷：虽然是始作俑者，但并非出自本心。衷，

中，指内心。

⑪将或道之：将会有人照我的方法去做。道，由。

⑫为戮何害：按,《左传》所记叔孙穆子所言与此不同："叔孙曰：'诸侯之会，卫社稷也。我以货免，鲁必受师。是祸之也，何卫之为？人之有墙，以蔽恶也。墙之隙坏，谁之咎也？卫而恶之，吾又甚焉。虽怨季孙，鲁国何罪？叔出季处，有自来矣，吾又谁怨？然鲋也贿，弗与，不已。'"

⑬楚人乃赦之：据《左传》，是晋国上卿赵孟极力为叔孙穆伯求情，楚人才赦免了叔孙穆子。

【译文】

在虢地盟会期间，来自各诸侯国的大夫们追寻宋国之盟，尚未散会。鲁国季武子征伐莒国郓邑，莒人告到诸侯大会。楚国令尹公子围拟将鲁国使者叔孙穆子杀死。晋国大夫乐王鲋向叔孙穆子索取贿赂，说："我替您向楚国求情。"叔孙穆子不给。家臣梁其踁对叔孙穆子说："家有财富，是用来保身的。付出财富可以免罪，您何必吝惜呢？"叔孙穆子说："这个道理不是你所知道的。我接受鲁君之命前来参加诸侯盟会，而鲁国有罪，我若用财富私下免罪，这样就变成了我为私事前来会盟。果真如此，那就可以用财富成就自己的私欲吗？即使我个人可以免罪，那对诸侯会盟大事又该怎么办呢？今后一定会有人效法我，说：'诸侯之卿有人就是这样做的呀！'这样，我虽求得一身之安，却为此后诸侯所效法。因此君子担心自己成为始作俑者。虽然我是始作俑者，但这并非出自本心，而此后将会有人照我的方法去做，这就是明白地教人行不由衷。我不是吝惜财富，我是厌恶行不由衷啊！何况鲁国之罪又不是出于我的缘故，即使被杀，又有何害？”楚人最终赦免了叔孙穆子。

穆子归，武子劳之，日中不出。其人曰[1]：“可以出矣[2]。”穆子曰：“吾不难为戮[3]，养吾栋也[4]。夫栋折而榱崩[5]，吾惧压焉。故曰虽死于外，而庇宗于内[6]，可也。今既免大耻，而不忍小忿，可以为能乎？”乃出见之[7]。

【注释】

①其人：据《左传》，此人是孙叔家臣曾阜。

②可以出矣：据《左传》，季孙家臣曾夭对曾阜说：“旦及日中，吾知罪矣。鲁以相忍为国也。忍其外，不忍其内，焉用之？”曾阜对曰：“数月于外，一旦于是，庸何伤？贾而欲赢，而恶嚣乎？”阜谓叔孙曰：“可以出矣！”则叔孙、季孙氏家臣均劝叔孙穆子以国事为重。

③不难：不怕。

④养吾栋：季武子是鲁国正卿，为国之栋梁。栋，栋梁。

⑤榱（cuī）：椽子。

⑥庇（bì）：庇护。

⑦乃出见之：据《左传》，叔孙穆子听其家臣之言后，指楹曰：“虽恶是，其可去乎？”乃出见之。叔孙穆

子对季武子虽有怨恨之意，但为国家利益仍保持内部团结。

【译文】

叔孙穆子回到鲁国，季武子前来慰劳，到了日中，叔孙穆子仍然不愿意出来接待季武子。家臣劝告穆子说：“您可以出来了。”叔孙穆子说：“我不怕被杀死，我是要保护国家的栋梁。栋梁折断了，椽子自然要崩坏，我怕被压在里面。所以说即使是死于国外，但只要能够庇护国内的宗族，也是可以的。如今既然免于被杀的大耻，而不能容忍小的忿恨，这可以称之为有能力么？”于是穆子出来见季武子。

# 子服惠伯从季平子如晋

本篇记载鲁国大夫子服惠伯处理与强晋关系的两段言论。鲁国伐莒取郠，莒人向霸主晋国申诉，晋人因此在平丘会盟诸侯，准备征伐鲁国，并不许鲁国参加会盟。子服惠伯对执政正卿季平子分析了当前情势，认为鲁国必须派一位上卿到晋国谢罪。子服惠伯自告奋勇，作为副手协助季平子赴晋。晋人果然将季平子囚禁起来，子服惠伯在关键时刻挺身而出，据理力争，他对晋国执政正卿韩宣子说，鲁国努力事奉晋国，在帮助晋国处理栾盈之乱中立有大功，不惜得罪齐国也要帮晋国打仗，晋国不应该听信蛮夷莒国而抛弃鲁国，否则就会失去华夏诸侯的支持。子服惠伯一番有理、有利、有节的辞令折服了晋人，他们放回季平子，鲁国因此免除一场大难。子服惠伯不仅对事件有犀利的洞察力，而且勇于担当，敢于抗争，善于辩白，堪称是一位智勇双全的人物。

平丘之会，晋昭公使叔向辞昭公，弗与盟①。子服惠伯曰②："晋信蛮夷而弃兄弟③，其执政贰也④。贰心必失诸侯，岂唯鲁然？夫失其政者，必毒于人⑤，鲁惧及焉，不可以不恭。必使上卿从之。"季平子曰⑥："然则意如乎！若我往，晋必患我⑦，谁为之贰⑧？"子服惠伯曰："椒既言之矣，敢逃难乎？椒请从。"

【注释】

①"平丘之会"三句：公元前532年，季平子伐莒取郠，莒人向晋国控诉。公元前529年，晋昭公在平丘会盟诸侯，准备征讨鲁国，派叔向通知鲁昭公，不许鲁国参加会盟。平丘，卫地名，在今河南长垣。晋昭公，姬姓，名夷。昭公，指鲁昭公，姬姓，名裯，鲁襄公之子。

②子服惠伯：鲁国大夫，名椒，孟献子之孙。

③蛮夷：指莒国。兄弟：指鲁国，晋国与鲁国都是姬姓诸侯国。

④其执政贰也：晋国执政大臣对莒国偏心。

⑤毒：毒害。

⑥季平子：名意如，鲁国上卿，季武子之孙。

⑦患：加害。

⑧贰：副手。

【译文】

平丘之会前夕，晋昭公派叔向拒绝鲁昭公，不让鲁国参加会盟。鲁大夫子服惠伯说："晋国信任蛮夷莒国而抛弃兄弟鲁国，这是晋国执政大臣对莒国偏心。偏心必然失去诸侯拥护，岂止是鲁国这样？执政失去公平的人，必定会毒害他人，鲁国害怕被毒害，对晋国态度不可以不恭敬。一定要派一位上卿到晋国谢罪。”季平子说：“既然这样我就去吧！如果我去晋国，晋国一定会加害于我，谁做我的副手？”子服惠伯说：“我既然已经说了，岂敢逃避危难？我请求随从您去。”

晋人执平子。子服惠伯见韩宣子曰[①]：“夫盟，信之要也[②]。晋为盟主，是主信也。若盟而弃鲁侯，信抑阙矣。昔栾氏之乱[③]，齐人间晋之祸[④]，伐取朝歌[⑤]。我先君襄公不敢宁处[⑥]，使叔孙豹悉帅敝赋[⑦]，踦跂毕行[⑧]，无有处人[⑨]，以从军吏，次于雍渝[⑩]，与邯郸胜击齐之左[⑪]，掎止晏莱焉[⑫]，齐师退而后敢还。非以求远也[⑬]，以鲁之密迩于齐[⑭]，而又小国也；齐朝驾则夕极于鲁国[⑮]，不敢惮其患，而与晋共其忧，亦曰：‘庶几有益于鲁国乎！’今信蛮夷而弃之，夫诸侯之勉于君者[⑯]，将安劝矣[⑰]？若弃鲁而苟固诸侯，群臣敢惮戮乎？诸侯之事晋者，鲁为勉矣。若以蛮夷之故弃之，其无乃得蛮夷而失诸侯之信乎？子计其利者，小国共命[⑱]。”宣子说，乃归平子。

**【注释】**

①韩宣子：晋国正卿韩起。

②要：要结，关键。

③栾氏之乱：公元前550年，栾盈被诬谋反，由晋奔齐，后潜回曲沃发动叛乱，失败被杀。

④齐人间晋之祸：齐趁晋国栾氏之乱伐晋。间，钻空子。

⑤朝歌：在今河南淇县。原是卫地，晋取之。

⑥宁处：安居。

⑦叔孙豹：叔孙穆子。赋：兵车与士兵。

⑧踦跂（cīqí）：行走困难的样子。踦，脚跛。跂，多出的脚趾。毕行：全部行动。

⑨处人：留在鲁国的人。

⑩次：驻扎。雍渝：晋国地名。

⑪邯郸胜：晋国大夫。左：左军。

⑫掎（jǐ）：牵制，抓住。止：俘虏。晏莱：齐国大夫。

⑬求远：追求远功，指入晋作战。

⑭密迩：靠近。

⑮极：到达。

⑯勉：努力，尽力。

⑰劝：鼓励。

⑱共：通“恭”。

**【译文】**

晋人将季平子拘捕起来。子服惠伯去见韩宣子说：“诸侯会盟，诚信是一个关键。晋国作为诸侯盟主，应该主持诚信。如果诸侯盟誓而抛弃鲁侯，诚信就缺失了。从前晋国发生栾盈之乱，齐人趁晋国发生祸乱，占领了晋国的朝歌。我们先君鲁襄公不敢安居，派叔孙豹率领鲁国全部军队，连行动困难的士卒都出动了，国内将士没有留在家中的，士卒们随从将军，驻扎在雍渝，与晋国大夫邯郸胜攻击齐国左军，牵制并俘虏了齐国大夫晏莱，齐军退兵之后鲁军才敢返回。鲁国军队并不想追求远功，而且鲁国靠近齐国，又是一个小国；齐军早晨驾车晚上就到达鲁国，但鲁国不敢担忧得罪齐国的祸患，而与晋国共忧患，我们说：'恐怕晋国会有益于鲁国吧！' 如今晋国相信蛮夷而抛弃鲁国，这对那些努力跟随晋国的诸侯，将如何鼓励他们呢？如果晋国抛弃鲁国而能够巩固与诸侯的关系，那么鲁国群臣怎么敢害怕诛戮？在事奉晋国的诸侯当中，鲁国是最为努力的了。如果晋国因为蛮夷的缘故而抛弃鲁国，大概会得到蛮夷的支持而失掉诸侯的信任吧？您考虑一下其中的利害，我们小国恭敬地听命。”韩宣子听了很高兴，就将季平子放回去了。

# 公父文伯之母论劳逸

公父文伯之母名叫敬姜，她在春秋后期的鲁国有着“圣母”般的地位。《国语·鲁语下》一共收录了八篇关于公父文伯之母的文章，这些文章有一个共同主题，就是记载公父文伯之母如何知礼。本书选录其中一篇。文中记载公父文伯退朝回家，看见母亲在亲手织布，便劝告母亲不要纺织，以免被季康子责怪自己不能奉养母亲。公父文伯之母告诉儿子，人们勤劳就会想到节俭，想到节俭就会有善心产生；人们安逸就会放纵，放纵就会忘记善心，忘记善心就会生出恶心。她历举天子、诸侯、卿大夫、士、庶人以及他们的配偶朝夕勤劳、劳心劳力的故事，教育儿子勤而勿惰，继承发扬先人的业绩。中国古代贵族家庭竞相以豪奢相标榜，而在本篇之中，公父文伯之母告诫儿子要勤劳向善，这说明她确实是一个识大义、明事理的贤明女性。孔子称赞她“不淫”，这是十分中肯的评价。

公父文伯退朝，朝其母，其母方绩[①]。文伯曰："以歜之家而主犹绩[②]，惧忓季孙之怒也[③]。其以歜为不能事主乎！"

**【注释】**

①绩：织布。

②主：敬姜为鲁大夫公父穆伯之妻，大夫之妻可称主。

③忓（gān）：触怒。季孙：指鲁国正卿季康子。

**【译文】**

公父文伯退朝回家，朝见母亲敬姜，他的母亲正在织布。公父文伯说："我们这样的家庭，您尚且亲自织布，我怕触怒季孙氏。他会认为我不能很好地事奉母亲呢！"

其母叹曰："鲁其亡乎！使僮子备官而未之闻耶[①]？居[②]，吾语女。昔圣王之处民也，择瘠土而处之，劳其民而用之，故长王天下。夫民劳则思[③]，思则善心生；逸则淫，淫则忘善，忘善则恶心生。沃土之民不材，逸也；瘠土之民莫不向义，劳也。是故天子大采朝日[④]，与三公、九卿祖识地德[⑤]；日中考政[⑥]，与百官之政事，师尹维旅、牧、相宣序民事[⑦]；少采夕月[⑧]，与大史、司载纠虔天刑[⑨]；日入监九御[⑩]，使洁奉禘、郊之粢盛[⑪]，而后即安[⑫]。诸侯朝修天子之业命[⑬]，昼考其国职[⑭]，夕省其典刑[⑮]，夜儆百工[⑯]，使无慆淫[⑰]，而后即安。卿大夫朝考其职，昼讲其庶政[⑱]，夕序其业，夜庀其家事，而后即安。士朝受业，昼而讲贯[19]，夕而习复[20]，夜而计过无憾，而后即安。自庶人以下，明而动，晦而休，无日以怠。

**【注释】**

①僮子：未成年的男子，指公父文伯。闻：闻道明理。

②居：坐。

③思：思节俭。

④大采朝日：春分时节穿着五彩礼服朝拜日神。大采，古代天子祭日所穿的礼服。《周礼》："王搢大圭，执镇圭，藻五采五就以朝日。"

⑤祖识地德：习知大地功德。

⑥日中考政：中午考察朝政。

⑦师尹：大夫。维：发语词。旅：众士。牧：州牧。相：国相。宣：普遍。序：次序。

⑧少采夕月：秋分时节穿着三彩礼服祭祀月神。少采，大采用五彩，少采用三彩。

⑨大史：太史。司载：俞樾认为是"司灾"，掌管天文灾异。纠：恭。虔：敬。天刑：天象所显示的吉凶。

⑩九御：九嫔女官，掌管粢盛、祭服等。

⑪禘：帝王祭祖大典。郊：帝王祭天大典。粢盛：盛在祭器中的谷物。

⑫即安：就寝。

⑬业命：王事命令。

⑭国职：诸侯国政务。

⑮省：考察。典刑：常法。

⑯儆：警戒。百工：百官。

⑰慆（tāo）淫：怠慢，放纵。

⑱讲：讲论，谋划。庶政：各种政务。

⑲讲贯：讲习，处理。

⑳习复：复习。

**【译文】**

公父文伯之母叹息说："鲁国恐怕要灭亡了吧！让你这样的小孩当官，怎么没有让你懂得为官的道理呢？坐下来，我告诉你。从前圣王安排民众居处，选择贫瘠的土地给民众居住，让民众勤劳，加以役使，因此能够长期统治天下。民众勤劳就会想到节俭，想到节俭就会有善心产生；民众安逸就会放纵，放纵就会忘记善心，忘记善心就会生出恶心。肥沃土地上的民众不会成材，就是因为他们安逸；贫瘠土地上的民众没有不向往道义，就是因为他们勤劳。因此天子在春分时节穿着五彩衣服朝拜日神，与三公、九卿习知大地功德；中午考察朝政，参与处理百官的政事，师尹和众士、州牧、国相全面地处理民众事务；每年秋分时期，天子穿着三彩衣服祭祀月神，与太史、司灾官员恭敬地观察天象吉凶；太阳下山以后天子回到内宫监察九嫔女官，让她们洁净地准备好天子祭祖宗天地的祭品，而后才就寝。诸侯早晨处理天子的王事命令，白天处理诸侯国政务，晚上省察国家的常法，夜里警戒百官，让他们不要怠慢放纵，而后才就寝。卿大夫早晨考察自身职责，白天讲论、谋划各种政务，晚上依次检查白天所处理的事务，夜里处理家事，而后才就寝。士早晨接受政务，白天讲习、处理，晚上复习检查，夜里反省过错而无憾，而后才就寝。自庶人以下，天亮就劳动，天黑就休息，没有一天可以懈怠。

“王后亲织玄纨[①]，公侯之夫人加之以纮、綖[②]，卿之内子为大带[③]，命妇成祭服[④]，列士之妻加之以朝服[⑤]，自庶士以下，皆衣其夫。社而赋事[⑥]，蒸而献功[⑦]，男女效绩[⑧]，愆则有辟[⑨]，古之制也。君子劳心，小人劳力，先王之训也。自上以下，谁敢淫心舍力[⑩]？今我，寡也，尔又在下位[⑪]，朝夕处事，犹恐忘先人之业，况有怠惰，其何以避辟！吾冀而朝夕修我曰[⑫]：‘必无废先人。’尔今曰：‘胡不自安。’以是承君之官，余惧穆伯之绝嗣也。”

【注释】

①玄纨（dǎn）：黑色的带子。纨，古代冠冕上用以系垂在冠冕两侧用以塞耳的玉坠的丝绳。

②纮（hóng）：古代冠冕上的带子，由颔下向上系于笄，垂余者为缨。綖（yán）：古代覆在冠冕上的装饰。

③卿之内子：卿的正妻。大带：古代贵族礼服用带，有革带、大带之分。革带以系佩韨，大带加于革带之上，用素或练制成。

④命妇：大夫之妻。祭服：玄衣裳。

⑤列士：元士。

⑥社：春分祭社。赋事：安排农桑之事。

⑦蒸：同“烝”，冬祭。献功：献上五谷布帛。

⑧效绩：献功。

⑨愆：过失。辟：罪责。

⑩淫心：放纵之心。

⑪下位：下大夫。

⑫冀：希望。而：尔，你。修：警戒。

**【译文】**

“王后亲自编织玄统，公侯夫人还要编织纮、綖，卿的正妻编织大带，大夫之妻命妇织祭祀礼服，上士之妻除此之外还要给丈夫织朝服，自下士以下的妻子，都要给丈夫织衣。春分祭社而安排农桑之事，冬祭献上五谷布帛，男女各献其功，有了过失便要治罪，这是自古以来的制度。君子劳心，小人劳力，是先王教训。自上以下，谁敢放纵其心不肯用力？如今的我，是一个寡妇，你又在下大夫之位，朝夕处理事务，尚且怕忘记先人之业，何况你有怠惰之心，又怎么能逃避罪责呢！我希望你早晚警戒我说：‘一定不要荒废先人事业。’可是你现在却说：‘为什么不自求安逸？’以这种想法担任国君之官，我怕穆伯要绝后了。”

仲尼闻之曰：“弟子志之①，季氏之妇不淫矣②。”

**【注释】**

①志：识记。

②淫：骄奢淫逸。

**【译文】**

仲尼听到这件事，说："弟子们记住，季氏之妇不是骄奢淫逸之人。"

# 孔丘论楛矢

本篇记载孔子鉴识肃慎氏楛矢的言论。此事发生在孔子周游列国期间。孔子来到陈国，有一只被楛矢贯穿的鹰隼坠落在陈侯庭院而死，陈侯于是派人向博学的孔子求教。孔子一眼就辨认出这是肃慎氏之楛矢。他对使者讲述了楛矢的来源：当年周武王克商之后通道蛮夷，九夷、百蛮纷纷入朝献贡，北方肃慎氏制作了楛矢作为贡物，周武王将楛矢赐予长女太姬，太姬嫁给陈国始封君胡公满，肃慎氏楛矢就作为王室嫁妆来到陈国。使者按照孔子所说，果然在陈国铜饰木盒中找到了同样的楛矢。《国语·鲁语下》还记载了孔子辨认土羊和防风氏之骨，这些故事显示了孔子的博学。孔子生前就被人称为“圣人”，而“圣”的义项之一就是指博学多识。史载孔子学而不厌，且学无常师，转益多师，故能成为他那个时代最为博学的人物。

仲尼在陈，有隼集于陈侯之庭而死①，楛矢贯之②，石砮其长尺有咫③。陈惠公使人以隼如仲尼之馆问之④。仲尼曰："隼之来也远矣！此肃慎氏之矢也⑤。昔武王克商，通道于九夷、百蛮⑥，使各以其方贿来贡⑦，使无忘职业。于是肃慎氏贡楛矢、石砮，其长尺有咫。先王欲昭其令德之致远也，以示后人，使永监焉⑧，故铭其栝曰'肃慎氏之贡矢'⑨，以分大姬⑩，配虞胡公而封诸陈⑪。古者，分同姓以珍玉，展亲也⑫；分异姓以远方之职贡⑬，使无忘服也⑭。故分陈以肃慎氏之贡。君若使有司求诸故府⑮，其可得也。"使求，得之金椟⑯，如之⑰。

【注释】

①隼（sǔn）：一种类似鹰的猛禽。集：栖止，此处意为坠落。

②楛（hù）矢：用楛木做箭杆的箭。贯：贯穿。

③石砮（nǔ）：石制的箭头。尺有咫：一尺八寸。咫，八寸。按，古代的一尺八寸约相当于现在的41厘米多。

④陈惠公：应为陈闵公，名越，春秋末期的陈国国君，公元前501—公元前479在位。陈国后被楚国所灭。

⑤肃慎氏：北方古代部落名，约在今吉林、黑龙江一带，为女真族祖先。

⑥九夷：东方少数民族，有犬夷、於夷、方夷、黄夷、白夷、赤夷、元夷、风夷、阳夷。百蛮：南方少数

民族。

⑦方贿：各地方特产。

⑧监：视，看到。

⑨铭：镌刻。栝（guā）：箭末扣弦处。

⑩大姬：周武王长女。

⑪虞胡公：名满，陈国始封君，传说为舜帝后裔。

⑫展亲：加深亲情。

⑬远方之职贡：远方部落进来的贡物。

⑭服：服事天子的职责。

⑮故府：旧仓库。

⑯金椟：铜饰的木盒。

⑰如之：如孔子所言。

**【译文】**

仲尼在陈国之时，有一只鹰隼坠落在陈侯庭院而死，一枝楛矢贯穿这只鹰隼，石制箭镞，长一尺八寸。陈惠公（应为陈闵公）派人带着这只鹰隼到仲尼客馆询问。仲尼说："这只鹰隼身上的箭矢由来很远啊！这是肃慎氏之矢。从前周武王克商，修筑通衢大道直通九夷、百蛮，使他们各自带着当地特产到周王室进贡，让九夷、百蛮不要忘记各自的职责。于是肃慎氏进贡楛矢、石砮，长一尺八寸。先王想彰显美德，招致远方异族来朝，用来明示后人，使后人永远都能看到，因此在箭的末端刻下'肃慎氏之贡矢'几个字，以此班赐给周武王长女太姬，后来太姬嫁给虞胡公，虞胡公被封在陈国。古时候，天子班赐珍宝玉器给同姓诸侯，以此重申亲情；班赐远方贡物给异姓诸侯，使他们不要忘记服事天子的职责。因此周王室将肃慎氏之矢班赐给陈国。君主如果派有关官员到国家旧仓库中寻找，就可以找到肃慎氏之矢。”陈侯派人寻找，在铜饰的木盒中找到肃慎氏之矢，如同仲尼之所言。

## 齐语

# 管仲对桓公以霸术

本篇记载齐国政治家管仲对齐桓公讲述称霸之道。齐桓公本想以鲍叔为相，鲍叔力荐齐桓公起用仇敌管仲，设计将管仲从鲁国索回。管仲对齐桓公系统地阐述了他的治国主张：首先是让士、农、工、商四类民众各聚一处，不要杂处，以免议论纷纭，见异思迁；其次是定民之居，将国都分为二十一乡，其中十五个士乡是国家依靠的基本力量；第三是修订旧法令，选择其中好的法令而加以叙用，慈爱民众，帮助穷人，敬重百姓，以此获得民心，使国家得到安定；第四是“作内政而寄军令”，寓兵于民，和平时期安心生产，有战事则平民可以迅速转变作战军队。管仲是公元前七世纪伟大的政治改革家，本篇重点记载管仲在社会组织方面的改革，据《史记·管晏列传》，管仲改革的内容还包括“通货积财，富国强兵，与俗同好恶”，“贵轻重，慎权衡”等。通过这些改革措施，齐国迅速崛起，齐桓公成为春秋时期第一个霸主。

桓公自莒反于齐[①]，使鲍叔为宰[②]，辞曰："臣，君之庸臣也。君加惠于臣，使不冻馁，则是君之赐也。若必治国家者，则非臣之所能也。若必治国家者，则其管夷吾乎[③]。臣之所不若夷吾者五：宽惠柔民[④]，弗若也；治国家不失其柄[⑤]，弗若也；忠信可结于百姓，弗若也；制礼义可法于四方，弗若也；执枹鼓立于军门[⑥]，使百姓皆加勇焉，弗若也。"桓公曰："夫管夷吾射寡人中钩[⑦]，是以滨于死[⑧]。"鲍叔对曰："夫为其君动也[⑨]。君若宥而反之[⑩]，夫犹是也[⑪]。"桓公曰："若何？"鲍子对曰："请诸鲁。"桓公曰："施伯[⑫]，鲁君之谋臣也，夫知吾将用之，必不予我矣。若之何？"鲍子对曰："使人请诸鲁，曰：'寡君有不令之臣在君之国[⑬]，欲以戮之于群臣，故请之。'则予我矣。"桓公使请诸鲁，如鲍叔之言。

【注释】

①桓公自莒反于齐：齐襄公无道，鲍叔牙奉公子小白奔莒，管仲奉公子纠奔鲁。公元前686年，齐襄公被公孙无知所杀，次年公子小白由莒返齐即位，史称齐桓公。桓公，齐国君主，姜姓，名小白，齐僖公之子，齐襄公之弟。

②鲍叔：齐国大夫鲍叔牙。齐桓公未继位前，鲍叔为其傅。宰：国相。

③管夷吾：管仲，名夷吾，字仲。

④柔民：安抚民众。

⑤柄：权柄。

⑥枹（fú）：鼓槌。军门：军营之门。

⑦管夷吾射寡人中钩：公元前685年，公子小白由莒返齐，鲁庄公也派人送公子纠回国，并派管仲率兵截击小白，管仲射中小白衣带钩，小白装死，暗自回国即位。

⑧滨：濒临。

⑨君：指公子纠。动：疑为“勤”字。

⑩宥（yòu）：赦免。

⑪犹是：管仲也像忠于公子纠那样忠于桓公。

⑫施伯：鲁国大夫。

⑬不令之臣：不听从命令之臣。

**【译文】**

桓公从莒国返回齐国即位，任命鲍叔牙为国相，鲍叔牙推辞说：“我是君主的一个平庸之臣。君主施惠于我，让我不冻不饿，这就是君主的恩赐了。如果一定要治理国家，那就不是我的能力所及了。如果您一定要治理国家，那么一定要用管夷吾。我在五个方面比不上管夷吾：宽大惠爱，安抚民众，我比不上他；治理国家不失权柄，我比不上他；忠信之心可以将百姓凝聚起来，我比不上他；制定礼义可以让四方效法，我比不上他；手执槌鼓立于军营之门，使百姓勇气倍增，我比不上他。”桓公说：“管夷吾射中我的衣带钩，我因此差一点死掉。”鲍叔牙说：“这是各为其君。君主您若赦免并重用他，管仲也会像忠于公子纠那样忠于您。”桓公问：“怎么能让他回国呢？”鲍叔牙说：“把他从鲁国请回来。”桓公说：“施伯是鲁君的谋臣，他知道我将重用管仲，必定不肯将管仲给我。怎么办？”鲍叔牙说：“您派人请求鲁国，说：‘齐君有不服从命令之臣在鲁国，想在群臣面前杀死他，因此特来请求。’这样鲁国就会将管仲交给我国了。”桓公派人请求鲁国，如同鲍叔牙所说的一样。

庄公以问施伯[①]，施伯对曰：“此非欲戮之也，欲用其政也。夫管子，天下之才也，所在之国，则必得志于天下。令彼在齐，则必长为鲁国忧矣。”庄公曰：“若何？”施伯对曰：“杀而以其尸授之。”庄公将杀管仲，齐使者请曰：“寡君欲亲以为戮，若不生得以戮于群臣，犹未得请也。请生之。”于是庄公使束缚以予齐使，齐使受之而退[②]。

**【注释】**

①庄公：鲁国君主，姬姓，名同。

②退：返回齐国。

**【译文】**

鲁庄公以此事咨询施伯，施伯说：“齐国此举并不是想杀管仲，而是想任用管仲为政。管子是天下之才，所在之国，一定会得志于天下。让管仲在齐国执政，一定会成为鲁国长久的忧患。”鲁庄公问：“那应该怎么办？”施伯说：“杀死管仲，将尸体交给齐国。”庄公准备杀管仲，齐国使者请求说："我们国君想亲自杀死他，如果不能生得管仲，在群臣面前杀死他，那么就如同我们没有提出请求。请让管仲活着。"于是鲁庄公让人将管仲捆绑起来，交给齐国使者，齐国使者接受管仲而归国。

比至[1]，三衅、三浴之[2]。桓公亲逆之于郊[3]，而与之坐而问焉，曰："昔吾先君襄公，筑台以为高位[4]，田、狩、罼、弋[5]，不听国政，卑圣侮士，而唯女是崇。九妃、六嫔，陈妾数百，食必粱肉，衣必文绣。戎士冻馁[6]，戎车待游车之裂[7]，戎士待陈妾之余。优笑在前[8]，贤材在后。是以国家不日引[9]，不月长[10]。恐宗庙之不扫除[11]，社稷之不血食[12]，敢问为此若何？"管子对曰："昔吾先王昭王、穆王，世法文、武远绩以成名[13]，合群叟[14]，比校民之有道者[15]，设象以为民纪[16]，式权以相应[17]，比缀以度[18]，竱本肇末[19]，劝之以赏赐[20]，纠之以刑罚，班序颠毛[21]，以为民纪统[22]。"桓公曰："为之若何？"管子对曰："昔者，圣王之治天下也，参其国而伍其鄙[23]，定民之居，成民之事，陵为之终[24]，而慎用其六柄焉[25]。"

【注释】

①比：及。

②衅：通"薰"，指用香薰身。

③逆：迎。郊：近郊。

④高位：崇高地位。

⑤田：打猎。狩：冬猎。罼（bì）：捕捉雉兔的长柄网。弋：用带丝绳的箭射猎。

⑥戎士：战士。

⑦戎车：兵车。游车：游戏之车。褭：残。

⑧优笑：俳优，演员。

⑨日引：每日进步。引，申。

⑩月长：每月增益。长，益。

⑪扫除：祭扫。

⑫血食：谓受享祭品。祭祀时要杀牲取血。

⑬绩：功绩。

⑭合：会集。叟：老人。

⑮比校：比较考核。

⑯设象：将法令悬挂在象魏之上。象，象魏，宫廷外的阙门。民纪：民众纪纲。

⑰式：用。权：平均。相应：适度，适当。

⑱比缀以度：比较人口多少，按法度将民众组织起来。比，比较多少。缀，连。度，法。

⑲竱（zhuǎn）本肇末：先均根本，以端正其末。竱，均等。肇，端正。

⑳劝：鼓励。

㉑班序颠毛：根据头顶毛发黑白程度确定长幼秩序。班序，次序。颠毛，头顶毛发。

㉒纪统：纲纪。

㉓参：三。国：国都。伍：五。鄙：郊区。

㉔陵：陵墓。终：送终之处。

㉕六柄：生、杀、贫、富、贵、贱六大权柄。

**【译文】**

等到管仲进入齐国，齐人安排他三次以香熏身，三次沐浴。齐桓公亲自到郊区迎接他，陪同管仲坐下来，向他咨询治国方略，说："以前我们先君齐襄公修筑台榭来抬高自己地位，沉溺于各种田猎之中，不去治理国政，看不起圣贤，侮辱士人，只崇尚女色。九妃六嫔，陈列侍妾数百人，吃的一定是粱肉美食，穿的一定是纹彩锦绣。战士冻饿，游乐车用坏了才改为战车，侍妾吃剩下的才给战士吃。俳优活跃在君主之前，贤才退避在演员之后。因此国家不能日新月异地进步。我怕齐国宗庙没有人祭扫，江山社稷不能享受祭祀，请问对此怎么办？"管子回答说："从前我们先王周昭王和周穆王，世代效法周文王和周武王，通过远征功绩而成名，他们聚合一群老年人，比较考校民众之中有道术的人，设立象魏悬挂法令作为民众纲纪，用民考虑到平均适度，比较人口多少，按法度将民众组织起来，先平均治国根本，以端正其末，用赏赐鼓励民众向善，用刑罚纠正民众邪恶，根据头顶毛发黑白程度确定长幼秩序，以此作为民众的纲纪。"齐桓公问："具体应该怎么做？"管子回答说："从前，圣王治理天下，将国都分为三个部分，将郊区分为五个部分，规定民众居住区域，使民众各成其事，陵墓作为送终之处，谨慎地运用生、杀、贫、富、贵、贱六大权柄。"

桓公曰："成民之事若何？"管子对曰："四民者[①]，

勿使杂处，杂处则其言哤[2]，其事易[3]。”公曰：“处士、农、工、商若何？”管子对曰：“昔圣王之处士也，使就闲燕[4]；处工，就官府；处商，就市井；处农，就田野。

【注释】

①四民：士、农、工、商。

②哤（máng）：纷乱。

③易：改变。

④闲燕：清静闲适。

【译文】

桓公曰：“怎样才能使民众各成其事呢？”管子回答说：“士、农、工、商四类民众，不要让他们混杂地住在一起，混杂地住在一起就会言论纷乱，四类民众就会改易他们的事业。”齐桓公问：“如何安排士、农、工、商的居住区域呢？”管子回答说：“从前圣王安排士的居处，让他们住在清静闲适的地方；安排工匠的住处，让他们住在靠近官府的地方；安排商人的住处，让他们住在接近市井的地方；安排农夫的住处，让他们住在接近田野的地方。

“令夫士，群萃而州处[1]，闲燕则父与父言义，子与子言孝，其事君者言敬，其幼者言弟[2]。少而习焉，其心安焉，不见异物而迁焉[3]。是故其父兄之教不肃而成[4]，其子弟之学不劳而能。夫是，故士之子恒为士。

【注释】

①萃：聚集。州处：聚居。

②弟：通“悌”，敬重兄长。

③异物：士之外的事物。

④肃：严厉。

【译文】

“命令士，聚居在一处，清静休闲之时，做父亲的人与做父亲的人谈论义，做子女的人与做子女的人讨论孝，在朝廷事奉君主的人探讨敬，年幼的人讨论悌。从小就习染士的生活，心灵安于士的职责，不会见异思迁。因此父兄对子弟的教导不用严厉而获得成功，子弟向父兄学习不疲劳而学成。这样，士的儿子永远是士。

“令夫工，群萃而州处，审其四时，辨其功苦[①]，权节其用[②]，论比协材[③]，旦暮从事，施于四方，以饬其子弟[④]，相语以事[⑤]，相示以巧，相陈以功[⑥]。少而习焉，其心安焉，不见异物而迁焉。是故其父兄之教不肃而成，其子弟之学不劳而能。夫是，故工之子恒为工。

【注释】

①辨：辨别。功：质量坚美。苦：质量滥恶。

②权节：权衡。用：用处。

③论比：讲论比较。协材：指材料协调配合。

④饬：教导。

⑤事：工匠之事。
⑥陈：示。功：功用。

**【译文】**

“命令工匠，聚居在一处，审察一年四季不同特点，辨别材质好坏，权衡材料用处，讲论比较协调用材，早晚努力工作，让产品满足四方需要，年长者教导子弟，工匠之间谈论的都是工匠的事，互相展示的是各自技巧，互相陈述的是产品功用。工匠的儿子从小就习染工匠的生活，心灵安于工匠的职责，不会见异思迁。因此父兄对子弟的教导不用严厉而获得成功，子弟向父兄学习不疲劳而学成。这样，工匠的儿子永远是工匠。

“令夫商，群萃而州处，察其四时，而监其乡之资[①]，以知其市之贾[②]，负、任、担、荷[③]，服牛、轺马[④]，以周四方[⑤]，以其所有，易其所无，市贱鬻贵[⑥]，旦暮从事于此，以饬其子弟，相语以利，相示以赖[⑦]，相陈以知贾[⑧]。少而习焉，其心安焉，不见异物而迁焉。是故其父兄之教不肃而成，其子弟之学不劳而能。夫是，故商之子恒为商。

**【注释】**

①监：视。资：商业资源。
②贾（jià）：通“价”。
③负：背负。任：抱。担：肩挑。荷：肩扛。
④服牛：驾着牛车。轺（yáo）马：用做动词，指赶着

马车。轺，古代一种轻便小车。

⑤周：周游。

⑥市：买。鬻：卖。

⑦赖：赢利。

⑧知贾：了解价格。

**【译文】**

“命令商人，聚居在一处，观察一年四季的气候变化，审视当地的商业资源，以此了解市价行情，或背负、或怀抱、或肩挑、或肩扛，驾着牛车或马车，将商品运到四面八方，以其所有，易其所无，买贱卖贵，早晚从事商业，以此教导子弟，商人之间互相谈论利润，互相展示各自的赢利，互相陈述各自所了解的物价行情。商人的儿子从小就习染商人的生活，心灵安于商人的职责，不会见异思迁。因此父兄对子弟的教导不用严厉而获得成功，子弟向父兄学习不疲劳而学成。这样，商人的儿子永远是商人。

“令夫农，群萃而州处，察其四时，权节其用，耒、耜、枷、芟[①]，及寒，击菒除田[②]，以待时耕；及耕，深耕而疾耰之[③]，以待时雨；时雨既至，挟其枪、刈、耨、镈[④]，以旦暮从事于田野。脱衣就功[⑤]，首戴茅蒲[⑥]，身衣袯襫[⑦]，沾体涂足[⑧]，暴其发肤[⑨]，尽其四支之敏[⑩]，以从事于田野。少而习焉，其心安焉，不见异物而迁焉。是故其父兄之教不肃而成，其子弟之学不劳而能。夫是，故农之子恒为农，野处而不暱[⑪]。其秀民之能为士者[⑫]，必足赖也[⑬]。有司见而不以告，其罪五[14]。有司已于事而竣[15]。”

【注释】

①耒（lěi）：一种形状似木叉的原始翻土农具。耜（sì）：一种形状似铲的翻土农具。枷（jiā）：连枷，一种手工脱谷农具。芟（shān）：镰刀。

②击菒（gǎo）：除去枯草。

③耰（yōu）：打碎土块的农具，状如木槌。

④枪：掘土除草的农具。刈（yì）：镰刀。耨（nòu）：古代一种类似锄头的除草工具。镈（bó）：类似锄头的除草农具。

⑤就功：干农活。

⑥茅蒲：斗笠。

⑦袯襫（bóshì）：古代一种蓑衣一类的雨具。

⑧沾：浸湿。涂足：泥巴糊满双足。

⑨暴：暴露。

⑩支：同“肢”。敏：敏捷。

⑪暱：通“慝”，奸恶。

⑫秀民：优秀之民。

⑬赖：依靠。

⑭其罪五：指墨、劓、刖、宫、大辟五种刑罚。

⑮已：做完。事：举荐人才。竣：完成。

【译文】

“命令农夫，聚居在一处，观察四时节令，检查农具情况，准备好耒、耜、枷、芟等农具，在大寒时节，就要除去枯草，清理平整田地，等待春耕；春耕一旦来到，就要深耕细作，尽快将土块打碎，等待春天的及时雨；一场春雨之后，农夫就要带着枪、刈、耨、镈等农具，早晚在田野耕作。农夫们脱掉上衣干活，他们头戴斗笠，身穿蓑衣，身上汗湿了，泥巴糊满双腿，身体发肤暴露在炎炎烈日之下，发挥四肢最大的作用，在田野中辛勤劳动。农夫的儿子从小就习染农夫的生活，心灵安于农夫的职责，不会见异思迁。因此父兄对子弟的教导不用严厉而获得成功，子弟向父兄学习不疲劳而学成。这样，农夫的儿子永远是农夫，他们生活在野外而不会作奸犯科。农夫中的优秀之民能够成为士的人，一定是值得信赖的。有关官员如果见到优秀农夫而不上报，就要按照墨、劓、刖、宫、大辟五种刑罚定罪。有关官员在举荐人才之后才算完成职责。”

桓公曰：“定民之居若何？”管子对曰：“制国以为二十一乡①。”桓公曰：“善。”管子于是制国以为二十一乡：工商之乡六②；士乡十五③。公帅五乡焉④，国子帅五乡焉，高子帅五乡焉⑤。参国起案⑥，以为三官⑦，臣立三宰⑧，工立三族⑨，市立三乡⑩，泽立三虞⑪，山立三衡⑫。

**【注释】**

①国：国都。乡：二千家为一乡。

②工商之乡六：工、商各设三乡。

③士乡十五：士乡有兵戎义务，十五乡组成三军。

④公帅五乡：齐桓公帅五乡之士，为中军。公，齐桓公。五乡，五乡之士。

⑤国子帅五乡焉，高子帅五乡焉：国子和高子各帅五乡之士，为左、右军。国子、高子，齐国上卿。

⑥参国：将国事分为三个部分。起案：划定界限。

⑦三官：设立士、工、商三官。

⑧臣立三宰：群臣设立三位卿士。

⑨工立三族：工匠设立三族之官。

⑩市立三乡：商人设立三乡之官。

⑪虞：掌管川泽之官。

⑫衡：掌管山林之官。

**【译文】**

齐桓公问："怎样划定百姓的居处呢？"管子回答说："将齐国国都划分为二十一乡。"齐桓公说："好。"管仲于是将齐国国都划分为二十一乡：其中六个工、商之乡；十五个士乡，齐桓公亲帅五乡之士，上卿国子帅五乡，上卿高子帅五乡。管仲将国事划分为三个部分，各自设立界限，设立士、工、商三官，设三卿主管群臣，设三族主管工匠，设三乡主管商人，设三虞主管川泽，设三衡主管山林。

桓公曰："吾欲从事于诸侯[①]，其可乎？"管子对曰："未可，国未安。"桓公曰："安国若何？"管子对曰："修旧法，择其善者而业用之[②]；遂滋民[③]，与无财[④]，而敬百姓，则国安矣。"桓公曰：

“诺。”遂修旧法，择其善者而业用之；遂滋民，与无财，而敬百姓。国既安矣，桓公曰：“国安矣，其可乎？”管子对曰：“未可。君若正卒伍⑤，修甲兵，则大国亦将正卒伍，修甲兵，则难以速得志矣。君有攻伐之器，小国诸侯有守御之备，则难以速得志矣。君若欲速得志于天下诸侯，则事可以隐令⑥，可以寄政⑦。”桓公曰：“为之若何？”管子对曰：“作内政而寄军令焉。”桓公曰：“善。”

**【注释】**

①从事于诸侯：指采取行动称霸诸侯。

②业：俞樾释为“绪”，叙。

③滋：通“慈”，慈爱。

④与无财：帮助穷人。

⑤卒伍：西周以五人为伍，百人为卒。管仲改为五人为伍，二百人为卒。

⑥事：军事。隐令：隐藏军令。

⑦寄政：在国政中寄寓军令。

**【译文】**

齐桓公问：“我想采取行动称霸诸侯，可以吗？”管子回答说：“不可以，国家尚未安定。”齐桓公问：“怎样才能安定国家？”管子回答说：“修订旧法令，选择其中好的法令而加以叙用；慈爱民众，帮助穷人，敬重百姓，那么国家就安定了。”齐桓公说：“好。”于是齐桓公修订旧法令，选择其中好的法令而加以叙用；慈爱民众，帮助穷人，敬重百姓。齐国由此得到安定。齐桓公问："国家安定了，可以行动了吗？"管子回答说："不可以。君主您如果整顿卒伍，修缮甲兵，那么其他大国也将整顿卒伍，修缮甲兵，这样您就难以迅速称霸了。君主您有攻伐武器，那么小国诸侯有守卫防御装备，这样您就难以迅速称霸了。君主您如果想迅速称霸于天下诸侯，那么在军事上可以采取隐藏命令的方法，可以采用在国政中寄寓军令的做法。"齐桓公问："怎样去做呢？"管子回答说："在处理内政时寄寓军令。"齐桓公说："好。"

管子于是制国[①]："五家为轨，轨为之长[②]；十轨为里，里有司[③]；四里为连，连为之长；十连为乡，乡有良人焉[④]。以为军令[⑤]：五家为轨，故五人为伍，轨长帅之；十轨为里，故五十人为小戎[⑥]，里有司帅之；四里为连，故二百人为卒，连长帅之；十连为乡，故二千人为旅，乡良人帅之；五乡一帅，故万人为一军，五乡之帅帅之[⑦]。三军，故有中军之鼓，有国子之鼓，有高子之鼓。春以蒐振旅[⑧]，秋以狝治兵[⑨]。是故卒伍整于里，军旅整于郊。内教既成，令勿使迁徙。伍之人祭祀同福[⑩]，死丧同恤，祸灾共之。人与人相畴[⑪]，家与家相畴，世同居，少同游。故夜战声相闻，足以不乖[⑫]；昼战目相见，足以相识。其欢欣足以相死[⑬]。居同乐，行同和，死同哀。是故守则同固，战则同强。君有此士也三万人，以方行于天下[⑭]，以诛无道，以屏周室[15]，天下大国之君莫之能御。”

【注释】

①制国：制定国家管理制度。

②轨为之长：在一轨之中，挑选一人为轨长。

③里有司：在一里之中，挑选一人为有司。

④良人：乡大夫。

⑤以为军令：将居民体制变为军事体制，对居民下达军令。

⑥小戎：兵车，为里有司所乘。

⑦五乡之帅：一军之长，即卿。

⑧蒐：春天打猎。振旅：训练军队。

⑨狝（xiǎn）：古代指秋天打猎。

⑩同福：共同祈福。

⑪畴：匹，处。

⑫乖：误会。

⑬相死：以死相救。

⑭方行：横行。

⑮屏：屏障，保卫。

【译文】

管仲于是制定国家管理制度：“五家为一轨，一轨之中，挑选一人为轨长；十轨为一里，一里之中，挑选一人为有司；四里为一连，一连之中，挑选一人为连长；十连为一乡，一乡之中，设立一位良人。同时对居民下达军令：五家为一轨，因此五人为一伍，由轨长统率；十轨为一里，因此五十人编为一小戎，由里有司统率；四里为一连，因此二百人为一卒，由连长统率；十连为一乡，因此二千人为一旅，由乡良人统率；五乡为一帅，因此万人为一军，由五乡之帅统率。全国组成三军，因此有中军之鼓，有国子之鼓，有高子之鼓。春天通过春猎来训练军队，秋天通过秋猎练兵。因此卒、伍一级的军队在里中就已经整编而成，军、旅一级的军队在城郊就已经整编而成。在内政中寄寓军令的教令形成以后，下令不让居民更改迁徙。同一伍之人在祭祀时共同祈福，有死丧之事则共同体恤，祸灾与共。人与人相处，家与家相处，世世代代聚居在一起，小时候在一起同游同乐。因此在夜战之时能够辨识彼此说话的声音，足可以不发生误杀；白天战斗时眼睛能够看见，足可以互相辨认。彼此欢欣之情足可以让他们互相以死相救。居则同乐，行则同和，死则同哀。因此防守则共同坚固，战斗则共同坚强。君主有这样三万人军队，就能横行于天下，诛讨无道之国，保卫周王室，天下大国之君没有人能够抵御。”

## 桓公帅诸侯而朝天子

本篇文章分为两个部分：前一部分记载管仲为齐桓公策划征伐：南边以鲁国作为东道主替齐师供应军需，西边以卫国作为东道主替齐师供应军需，北边以燕国作为东道主替齐师供应军需，归还齐国所侵占的土地，建立与鲁、卫、燕的军事同盟关系。第二部分是叙述文字，概括叙述齐桓公率师东征徐夷、南征荆楚、北伐山戎、西攘白狄的业绩，在征伐过程中举行六次诸侯军事盟会，又主持三次不带兵车的诸侯和平会盟。在武力攻伐取得胜利之后，齐桓公又推行文治教化，率领诸侯朝拜天子，最终开创了尊王攘夷的春秋霸主政治格局。“语”本是记载王侯卿相治国言论的文体，本篇主体文字却是概括叙述管仲辅佐齐桓公称霸业绩，这表明“语”这一文体本身也处于演变之中。在记叙齐桓公业绩时，作者间用夸饰、渲染文字，这在春秋文献中是很少见的。

桓公曰："吾欲南伐，何主[①]？"管子对曰："以鲁为主。反其侵地棠、潜[②]，使海于有蔽[③]，渠弭于有渚[④]，环山于有牢[⑤]。"桓公曰："吾欲西伐，何主？"管子对曰："以卫为主。反其侵地台、原、姑与漆里[⑥]，使海于有蔽，渠弭于有渚，环山于有牢。"桓公曰："吾欲北伐，何主？"管子对曰："以燕为主。反其侵地柴夫、吠狗[⑦]，使海于有蔽，渠弭于有渚，环山于有牢。"四邻大亲。既反侵地，正封疆，地南至于䊻阴[⑧]，西至于济[⑨]，北至于河[⑩]，东至于纪酅[⑪]，有革车八百乘。择天下之甚淫乱者而先征之。

**【注释】**

①主：东道主，指为齐师供应军需物资的诸侯国。

②棠、潜：鲁国二邑。棠，在今山东鱼台。潜，在今山东济宁西南。

③海：海滨。蔽：军事屏蔽。

④渠弭：浅海，海湾。渚：水中小洲。

⑤环山：环绕山峦。有牢：牢固。

⑥台、原、姑与漆里：卫国四邑。

⑦柴夫、吠狗：燕国二邑。

⑧䊻（táo）阴：齐国南面边界，在泰山之北。

⑨济：济水。

⑩河：黄河。

⑪纪酅（xī）：纪国酅邑，在今山东淄博东。

【译文】

齐桓公问："如果我想向南方征伐，那么谁可以作为供应军需的东道主？"管子回答说："鲁国可以作为东道主。我们返还所侵占的鲁国棠、潜二邑，这样我们在海滨就有了屏蔽之地，在海湾就有了可以驻扎军队的洲渚，环绕山峦会更加牢固。"齐桓公问："如果我想向西方征伐，那么谁可以作为供应军需的东道主？"管子回答说："卫国可以作为东道主。我们返还所侵占的卫国台、原、姑与漆里四邑，这样我们在海滨就有了屏蔽之地，在海湾就有了可以驻扎军队的洲渚，环绕山峦会更加牢固。"桓公曰："如果我想向北方征伐，那么谁可以作为供应军需的东道主？"管子回答说："燕国可以作为东道主。我们返还所侵占的燕国柴夫、吠狗二邑，这样我们在海滨就有了屏蔽之地，在海湾就有了可以驻扎军队的洲渚，环绕山峦会更加牢固。"四周邻国因此非常亲睦。齐国返还了所侵占的四周邻邦土地，划定边境封疆，齐国疆域南到泰山北面，西到济水，北至黄河，东至纪国鄐邑，拥有兵车八百乘。选择天下特别淫乱者作为首先征伐的对象。

即位数年，东南多有淫乱者，莱、莒、徐夷、吴、越，一战帅服三十一国①。遂南征伐楚，济汝②，逾方城③，望汶山④，使贡丝于周而反⑤。荆州诸侯莫敢不来服⑥。遂北伐山戎⑦，刜令支、斩孤竹而南归⑧。海滨诸侯莫敢不来服。与诸侯饰牲为载⑨，以约誓于上下庶神⑩，与诸侯戮力同心⑪。西征攘白狄之地[12]，至于西河[13]，方舟设泭[14]，乘桴济河[15]，至于石枕[16]。悬车束马[17]，逾太行与辟耳之谿拘夏[18]，西服流沙、西吴[19]。南城于周[20]，反胙于绛[21]，岳滨诸侯莫敢不来服[22]。而大朝诸侯于阳谷[23]，兵车之属六[24]，乘车之会三[25]，诸侯甲不解累[26]，兵不解翳[27]，弢无弓[28]，服无矢[29]。隐武事，行文道[30]，帅诸侯而朝天子。

【注释】

①一战帅服三十一国：帅服，顺服。《管子·小匡》载："于是乎桓公东救徐州，分吴半，存鲁蔡陵，割越地，南据宋郑。"此处说齐桓公一战征服三十一国，或为夸张之辞。

②济汝：渡过汝水。

③逾方城：越过方城山。方城，今河南叶县南有方城山，时为楚国北境。

④汶山：韦昭注："楚山也。"一本作"岷山"。

⑤使贡丝于周而反：此即公元前657年的召陵之盟。蔡姬摇晃小船，使齐桓公受惊，齐桓公怒遣蔡姬回国，但未正式弃绝。蔡人将蔡姬改嫁，齐桓公怒而征蔡。管仲感到齐桓公为泄私愤而征讨，实在不妥。因此以楚国不进贡周室为名，挥师伐楚。楚人承诺进贡周室，派屈完与齐师盟于召陵。贡丝于周，指楚国向东周王室进贡丝绸。

⑥荆州诸侯：指南方楚国及其附属小国。

⑦北伐山戎：山戎，北方少数民族，经常南下侵扰燕、

郑、齐等国。公元前663年冬天，山戎侵略燕国，燕庄公告急于齐，第二年齐桓公在管仲、隰朋辅佐下救燕伐山戎。

⑧刜（fú）：击，铲除。令支：山戎的盟国。孤竹：山戎的盟国。

⑨饰牲为载：陈列牺牲，将盟书放在牺牲之上而已，不歃血。

⑩约誓：订约盟誓。

⑪戮力：合力。

⑫西征攘白狄之地：攘，却。白狄，赤狄的别种，主要分布地在今陕北高原，少部分在山西西部。

⑬西河：白狄之西。

⑭方舟：将船并连在一起。泭（fú）：木筏。

⑮桴（fú）：小木筏。

⑯石枕：晋国地名。

⑰悬车束马：抬着战车，束紧马肚带。

⑱太行：太行山。辟耳：山名。拘夏：辟耳山的一个险要溪谷。

⑲流沙、西吴：地名，在今甘肃省。

⑳南城于周：公元前647年，周王室发生王子带之乱，齐桓公派大夫仲孙湫戍周筑城。

㉑反胙于绛：公元前651年，晋献公病逝，立骊姬之子奚齐为君，晋人皆怨骊姬谗杀太子申生，大夫里克杀奚齐，又杀继立者卓子，齐桓公率诸侯迎公子夷吾为君，是为晋惠公。胙，君位。绛，晋国国都。

㉒岳滨：吴岳。一说，指北岳恒山。

㉓大朝诸侯于阳谷：公元前657年，齐桓公主持阳谷诸侯盟会。阳谷，齐国地名，在今山东阳谷北。

㉔兵车之属六：齐桓公在征伐过程中举行六次军事盟会。韦昭注曰："兵车之会谓鲁庄十三年会于北杏、十四年会于鄄、十五年复会于鄄、鲁僖元年会于柽、十三年会于咸、十六年会于淮也。"

㉕乘车之会三：齐桓公主持三次不带兵车的和平会盟。韦昭注曰："乘车之会在僖三年会于阳谷、五年会于首止、九年会于葵丘。"乘车，安车。

㉖甲不解累（léi）：不需解开铠甲披挂在身。累，通"缧"，系甲的绳索。

㉗兵不解翳（yì）：不需要打开兵器袋。翳，兵器袋。

㉘弢（tāo）无弓：弓袋中没有弓。弢，弓袋。

㉙服无矢：箭袋中没有箭。服，通"箙"，盛箭之器。

㉚隐武事，行文道：平息武力攻伐，推行文治教化。

**【译文】**

齐桓公即位数年，东南多有淫乱之国，如莱、莒、徐夷、吴、越等国，齐桓公一战就征服了三十一国。齐桓公于是南征伐楚，渡过汝水，越过方城山，直指汶山，迫使楚国向周王室进贡丝绸而后返回。荆州一带诸侯没有人敢于不来臣服。齐桓公于是北伐山戎，进击令支国，打败孤竹国而后南归。海滨一带诸侯没有人敢于不来臣服。齐桓公与诸侯陈列牺牲，将盟书放在牺牲之上，订立盟约，向上下诸神起誓，要与诸侯合力同心。齐桓公于是西征，在白狄之地击退狄人，到达西河，将船并连在一起，编制木筏，乘筏渡河，直达晋国的石枕。齐军抬着战车，束紧马肚带，翻越太行山和辟耳的拘夏谿，向西征服流沙和西吴。然后向南为东周王室筑城，帮助晋惠公在绛城即位，吴岳一带诸侯没有人敢于不来臣服。齐桓公在阳谷大会诸侯，在征伐过程中举行六次诸侯军事盟会，又主持三次不带兵车的诸侯和平会盟。诸侯不需解开铠甲披挂在身，不需要打开兵器袋，弓袋中没有弓，箭袋中没有箭。齐桓公平息武力攻伐，推行文治教化，率领诸侯朝拜天子。

# 晋语一

## 史苏论献公伐骊戎胜而不吉

本篇记载晋国主管占卜的史官史苏和郭偃对晋献公征伐骊戎事件的预测。晋献公是既有雄才大略又荒淫凶残的一代枭雄。他让史苏占卜征伐骊戎，史苏根据卦兆而预测“胜而不吉”，认为晋国与骊戎将会交相冲突，而且可能会有口舌，在亲人之间挑拨离间，让国人离心离德。献公不听史苏劝阻，坚持征伐骊戎，结果得到宠妃骊姬。史苏根据妺喜亡夏、妲己灭商、褒姒亡周的历史经验，认为晋国之乱即将来临，如果晋国以男兵战胜骊戎，骊戎必定以女兵战胜晋国，这个女兵就是骊姬。晋国另一名史官郭偃则根据卦兆指出，晋国虽然将有骊姬之乱，但所涉及的不过三五位君主而已，晋国不会像夏、商、周那样亡国，而会在邻国支持与本国大臣努力之下渡过难关。中国封建时代的政权都属于一家一姓，因此与王侯密切相关的后妃成为影响政权的重要因素。后妃对王侯政治的消极影响体现在多方面：有些王侯沉溺于后妃美色而荒废朝政，有些王侯因为宠爱妃妾而废嫡立庶，有些王侯因后妃外戚干政而大权旁落。史苏和郭偃的预测虽然以卦兆为依据，但其中也融会了对历史经验的总结与对现实状况的剖析，他们的预测是综合天人古今各方面的条件而作出的，不能视为单纯的迷信之语。

献公卜伐骊戎[①]，史苏占之[②]，曰："胜而不吉。"公曰："何谓也？"对曰："遇兆[③]，挟以衔骨[④]，齿牙为猾[⑤]，戎、夏交捽[⑥]。交捽，是交胜也，臣故云。且惧有口[⑦]，携民[⑧]，国移心焉。"公曰："何口之有！口在寡人，寡人弗受，谁敢兴之？"对曰："苟可以携，其入也必甘受[⑨]，逞而不知[⑩]，胡可壅也[⑪]？"公弗听，遂伐骊戎，克之。获骊姬以归[⑫]，有宠，立以为夫人。公饮大夫酒，令司正实爵与史苏[⑬]，曰："饮而无肴[⑭]。夫骊戎之役，女曰'胜而不吉'，故赏女以爵，罚女以无肴。克国得妃[⑮]，其有吉孰大焉！"史苏卒爵[⑯]，再拜稽首曰："兆有之，臣不敢蔽[⑰]。蔽兆之纪[⑱]，失臣之官[⑲]，有二罪焉，何以事君？大罚将及[⑳]，不唯无肴。抑君亦乐其吉而备其凶，凶之无有，备之何害？若其有凶，备之为瘳[㉑]。臣之不信[㉒]，国之福也，何敢惮罚。"

【注释】

①献公：姬姓，名诡诸，曲沃武公之子。献公在位二十六年，对内翦灭桓叔、庄伯子孙，对外开疆拓土。由于宠信骊姬，杀害太子申生，导致晋国长期政局动荡。骊戎：西戎的一支，在骊山一带游牧。

②史苏：晋国主管占卜的史官。

③兆：卦兆。

④挟：会。衔骨：卦兆中有一条纵线，如同人口中衔了一根骨头。

⑤齿牙为猾：齿牙，卦兆上下出现坼裂的细纹，如同人的牙齿。猾，弄，象征将有谗言。

⑥戎、夏交捽（zuó）：龟兆有二画，外画象征戎，内画象征华夏。戎，骊戎。夏，指晋国。捽，抓住头发。交捽，交替冲突。

⑦有口：由于衔骨、齿牙都在口中，所以卦兆主有口舌。

⑧携民：离间百姓。

⑨入：指谗言被献公听进去。甘受：心甘情愿地接受。

⑩逞：快意。

⑪胡：何。壅：堵塞。

⑫骊姬：骊戎国君的女儿。

⑬司正：主管宴会宾主礼仪的官员。实：满。爵：酒杯。

⑭饮而无肴：只喝酒，不准吃菜肴。

⑮妃：配偶。

⑯卒爵：干杯。

⑰蔽：隐蔽。

⑱纪：准则，法则。

⑲失臣之官：失去我的占卜官守。

⑳及：至。

㉑瘳（chōu）：本指疾病痊愈，此处指祸患消失。

㉒不信：指占卜不准。

**【译文】**

晋献公占卜征伐骊戎的吉凶，史苏占了一卦，说："能获胜但不吉利。"献公问："这是什么意思呢？"史苏回答说："遇到的龟兆是，交会之处衔一根骨头，在齿牙之间搅弄，戎夏交相冲突。交相冲突，这意味着交叉取胜，我因此才说胜而不吉。况且怕有口舌，离间亲人关系，国人因此离心离德。”献公说：“哪里会有什么口舌！有没有口舌取决于寡人，寡人不听口舌，谁敢兴起口舌？”史苏说：“如果真要离间，那么您必定会心甘情愿听进去，乐意听而不知受蒙蔽，您又怎么能够防止口舌呢？”献公不听，于是起兵征伐骊戎，打败了骊戎。俘获骊姬归来，对骊姬宠爱有加，立骊姬为夫人。献公请大夫们饮酒，命令司正斟满一杯酒，给史苏喝，说：“只喝酒，不准吃菜。在征伐骊戎战役之前，你说‘胜而不吉’，所以要赏你一杯酒，罚你不吃菜。战胜骊戎国，得到配偶，哪里有比这更大的吉利！”史苏干杯之后，再拜稽首，说：“龟兆是这样显示的，我不敢隐瞒。隐瞒龟兆的准则，失去我的占卜官守，有这两条罪，我拿什么事奉君主？更大的惩罚将要到来，不止是没有菜吃。然而君主您可以从吉利中得到欢乐同时防备凶咎，如果没有凶咎，防备一下有什么害处呢？如果真有凶咎，加以防备是可以消失的。我的占卜不准，这是国家的福分，我怎敢怕被罚酒。”

饮酒出，史苏告大夫曰：“有男戎必有女戎[①]。若晋以男戎胜戎，而戎亦必以女戎胜晋，其若之何！”里克曰[②]：“何如？”史苏曰：“昔夏桀伐有施[③]，有施人以妹喜女焉[④]，妹喜有宠，于是乎与伊尹比而亡夏[⑤]。殷辛伐有苏[⑥]，有苏氏以妲己女焉[⑦]，妲己有宠，于是乎与胶鬲比而亡殷[⑧]。周幽王伐有褒[⑨]，褒人以褒姒女焉，褒姒有宠，生伯服，于是乎与虢石甫比[⑩]，逐太子宜臼而立伯服[⑪]。太子出奔申[⑫]，申人、鄫人召西戎以伐周[⑬]，周于是乎亡。今晋寡德而安俘女[⑭]，又增其宠，虽当三季之王[⑮]，不亦可乎？且其兆云：'挟以衔骨，齿牙为猾。'我卜伐骊，龟往离散以应我[⑯]。夫若是，贼之兆也[⑰]，非吾宅也[⑱]，离则有之[⑲]。不跨其国[⑳]，可谓挟乎？不得其君[㉑]，能衔骨乎？若跨其国而得其君，虽逢齿牙[㉒]，以猾其中，谁云不从？诸夏从戎，非败而何？从政者不可以不戒，亡无日矣！"

**【注释】**

①男戎：男兵。女戎：女兵。

②里克：晋国大夫。

③夏桀：夏朝末代君主，名癸，谥桀。有施：喜姓诸侯国。"有"为词头，无义。

④妹喜：有施国君之女。女：动词，将女子进献给人称为"女"。

⑤伊尹：商汤贤相伊挚。比：比功，指伊尹和妹喜从正反两方面推动灭夏。

⑥殷辛：即殷纣王。有苏：己姓诸侯国。

⑦妲己：有苏国君之女。

⑧胶鬲：原为殷臣，自殷适周，辅佐周武王灭殷。

⑨周幽王：周宣王之子，名宫湦。有褒：姒姓诸侯国。

⑩虢石甫：周幽王卿士，有名的奸臣。

⑪宜臼：周幽王太子，申后所生，幽王被杀之后，东迁为周平王。

⑫申：姜姓诸侯国，为太子宜臼母亲娘家。

⑬鄫：姒姓诸侯国。

⑭寡德：少德。安：心安。

⑮三季之王：夏桀、殷纣王、周幽王。季，末世。

⑯龟往离散以应我：龟兆给我的答复是离散。应，答。

⑰贼之兆：贼害国家的征兆。

⑱非吾宅：不是我们安居之地。

⑲离则有之：国家分离的情形是会有的。

⑳跨：据有。

㉑得其君：指骊姬得志于晋君。

㉒逢：遇到。

**【译文】**

饮酒出来以后，史苏告诉大夫们说："有男兵必有女兵。如果晋国以男兵战胜骊戎，骊戎必定以女兵战胜晋国，这该怎么办！"里克问："女兵怎样战胜晋国？"史苏说："从前夏桀征伐有施国，有施人向夏桀进献妹喜，妹喜受到夏桀宠爱，于是妹喜与伊尹比功而灭亡夏朝。殷纣王征伐有苏国，有苏氏向纣王进献妲己，妲己受到殷纣王宠爱，于是妲己与胶鬲比功而灭亡殷朝。周幽王征伐有褒国，褒国人向幽王进献褒姒，褒姒受到周幽王宠爱，生下伯服，于是褒姒与虢石甫比功，驱逐太子宜臼而改立伯服。太子宜臼出奔申国，申国人、鄫国人召来西戎讨伐西周。西周于是灭亡。如今晋国少德而安于俘虏的骊戎美女，又增加对她的宠爱，即使说晋君相当于夏桀、殷纣王、周幽王三个末代帝王，不是可以吗？况且龟兆显示说：‘交会之处衔一根骨头，在齿牙之间搅弄。’我占卜的是征伐骊戎，龟兆给我的答复却是离散。如果这样，这是贼害国家的征兆啊，晋国不是我们的安居之地，国家分离的情形是会有的。骊姬如果不据有晋国，能称之为内挟吗？她如果不能得志于晋君，能称之为衔骨吗？如果骊姬据有晋国而得到君主宠爱，即使遇到齿牙，以搅弄其中，谁敢说不服从？作为诸夏的晋国服从骊戎，这不是战败又是什么？从政的大夫不可不警戒，晋国灭亡没有多少时日了。”

郭偃曰[①]：“夫三季王之亡也宜。民之主也，纵惑不疚[②]，肆侈不违[③]，流志而行[④]，无所不疚[⑤]，是以及亡而不获追鉴[⑥]。今晋国之方[⑦]，偏侯也[⑧]。其土又小，大国在侧[⑨]，虽欲纵惑，未获专也[⑩]。大家、邻国将师保之[⑪]，多而骤立[⑫]，不其集亡[⑬]。虽骤立，不过五矣。且夫口，三五之门也[⑭]。是以谗口之乱，不过三五。且夫挟，小鲠也[⑮]。可以小戕[⑯]，而不能丧国，当之者戕焉，于晋何害？虽谓之挟，而猾以齿牙，口弗堪也[⑰]，其与几何？晋国惧则甚矣，亡犹未也。商之衰也，其铭有之曰[⑱]：‘嗛嗛之德[⑲]，不足就也[⑳]，不可以矜[㉑]，而只取忧也。嗛嗛之食，不足狃也[㉒]，不能为膏[㉓]，而只罹咎也[㉔]。’虽骊之乱，其罹咎而已，其何能服[㉕]？吾闻以乱得聚者[㉖]，非谋不卒时[㉗]，非人不免难[㉘]，非礼不终年[㉙]，非义不尽齿[30]，非德不及世[31]，非天不离数[32]。今不据其安[33]，不可谓能谋；行之以齿牙[34]，不可谓得人；废国而向己，不可谓礼；不度而迂求[35]，不可谓义；以宠贾怨[36]，不可谓德；少族而多敌[37]，不可谓天。德义不行，礼义不则[38]，弃人失谋，天亦不赞。吾观君夫人也，若为乱，其犹隶农也[39]。虽获沃田而勤易之[40]，将不克飨[41]，为人而已。”士蔿曰[42]：“诫莫如豫[43]，豫而后给[44]。夫子诫之[45]，抑二大夫之言其皆有焉[46]。”既，骊姬不克，晋正于秦，五立而后平[47]。

**【注释】**

①郭偃：晋大夫卜偃，主管占卜。

②纵惑：放纵淫惑。疚：病。

③肆侈：放肆奢侈。违：避。

④流：放。

⑤无所不疚：无一处不以为病。

⑥追鉴：追寻历史借鉴。

⑦方：国境。

⑧偏侯：偏方小侯。

⑨大国在侧：指齐、秦等国。

⑩未获专：尚未达到专擅的地步。

⑪大家：上卿。师保：师傅、保傅，此处用作动词。

⑫骤：数。

⑬集：至。

⑭且夫口，三五之门也：龟兆上的口，是三辰、五行的门户。三，日、月、星。五，金、木、水、火、土。

⑮鲠（gěng）：鱼骨卡在喉咙里。

⑯戕：伤害在内为戕。

⑰口弗堪：口不能胜。堪，胜。

⑱铭：镌刻在钟鼎碑石上的文字。

⑲嗛嗛（qiàn）之德：小小的德行。

⑳不足就：不足以归就。

㉑矜：夸大。

㉒狃（niǔ）：贪图。

㉓膏：肥。

㉔罹咎：遭到凶咎。

㉕服：服人。

㉖聚：聚财，聚众。

㉗卒：尽。时：三个月为一时。

㉘非人：非得人众。

㉙终年：终其十年。

㉚尽齿：尽其年寿。

㉛及世：及于世嗣。

㉜离数：历世长久。离，历。

㉝不据其安：不居于平安之地。

㉞行之以齿牙：施行齿牙之策，搅弄是非。

㉟不度而迂求：不测度利害而追求邪曲。度，测度。迂，邪。

㊱以宠贾（gǔ）怨：依仗受宠而构怨于国。

㊲少族而多敌：族类少而怨敌多。

㊳则：法。

㊴隶农：农民。

㊵易：治。

㊶飨：食用。

㊷士蔿：晋国大夫，祁姓，士氏，名蔿，字子舆，是辅助晋献公消灭桓叔、庄伯之族，对外开疆拓土的重要谋臣。

㊸诫：告诫。豫：预备。

㊹给：及，应对。

㊺夫子：郭偃。一说是指里克。

㊻二大夫：史苏、郭偃。

㊼五立而后平：晋献公死后，晋国先后立奚齐、卓子、惠公、怀公、文公，至文公时方才安定下来。平，平定。

**【译文】**

郭偃说："夏桀、殷纣王、周幽王三代末世帝王灭亡是适宜的。他们作为万民之主，放纵淫惑而不以为病，放肆奢侈而无所规避，任意而行，无一处不是毛病，因此直到灭亡之日还不知借鉴前人。如今晋国四境，只是偏方小侯。国土狭小，齐、秦大国在旁边，即使想放纵迷惑，也还没有达到专擅的地步。卿士大家和邻国，将会作为晋国的师傅和保傅，大家师保与邻国既多，即使晋国屡次立新君，也不至于亡国。纵然屡次立新君，最多也不会超过五位。况且龟兆上的口，是三辰、五行的门户。因此谗言口舌之乱，所涉及的不会超过三五位君主。况且龟兆交会之处，只是一根小鲠骨。这可以造成小的内伤，而不会丧失国家，仅当事者会受到伤害，对晋国又有什么害处呢？即使是兆纹交会，且用齿牙搅弄，但龟兆上的口是不能取胜的，纵有口舌对他们又能有多少帮助呢？晋国将会为此大为恐惧，但亡国倒未必。殷商衰落的时候，有一条铭文说：‘小小的德行，不足以依归，不可以夸大，否则适足以取忧而已。微薄的食禄，不足以贪得，不能用以自肥，否则适足以遭到凶咎而已。’即使有骊姬之乱，晋国也只是遭到凶咎而已，她如何能够服人？我听说通过挑起祸乱而聚财获众的人，如果不是有善谋就不能尽一时，如果不是得到民众就不能自免于难，如果不是有礼法就不能维持十年，如果不是有正义就不能尽其年寿，如果不是有德行就不能传位世嗣，如果不是得到天命就不能历世长久。如今骊姬不是居于平安之地，不可称之为善于谋划；以齿牙搬弄是非，不可称之为得到人心；废黜国家嗣君而为自己，不可称之为有礼；不测度利害而追求邪曲，不可称之为正义；依仗受宠而构怨于国，不可称之为有德；同盟少而怨敌多，不可称之为得到天助。德义不能施行，礼义不合法则，失掉人心，谋划失算，上天是不会帮助她的。我看这位君夫人，如果挑起祸乱，那就如同农民一样。即使是获得良田而辛勤耕作，自己也吃不到，为人耕作而已。”士蔿说：“告诫不如预备，有预备才能应对。大夫警戒啊，史苏、郭偃两位大夫的话都是有道理的。”不久之后，骊姬未能胜算，晋国受到秦国的辅正，立了五位国君而后才平定。

## 献公将黜太子申生而立奚齐

晋献公打算废黜太子申生而改立骊姬所生的奚齐，一场巨大的政治阴谋正在酝酿之中。在政治风暴即将到来的前夕，晋国诸大夫以及当事人申生纷纷登场表态：大夫荀息表示，君主立嗣，臣下只能听从，人臣对君命不能存有二心；丕郑则认为，人臣应该听从正义，不附和君主的迷惑，因为君主迷惑就会误民，误民就会失德，他坚持拥护申生为太子；里克则表示自己要保持沉默和中立。献公派奚齐主持祭祀，这等于向群臣暗示要更换太子。申生家臣猛足要申生早作打算，申生则表示要恪守孝、敬、忠、贞的品质，以此让君父心安。申生在中国历史上是孝子的典型，但从今天看来，他的忠是愚忠，他的孝是愚孝。他本来可以采取逃奔他国的方法来成全父亲心愿，使自己远离祸患。父亲没有叫他逃离，他就安心地等候在晋国挨宰。正是这种愚昧的观念，导致他成为献公与骊姬阴谋的毫无意义的牺牲品。

骊姬生奚齐，其娣生卓子。公将黜太子申生而立奚齐①。里克、丕郑、荀息相见②，里克曰："夫史苏之言将及矣！其若之何？"荀息曰："吾闻事君者，竭力以役事③，不闻违命。君立臣从，何贰之有④？"丕郑曰："吾闻事君者，从其义，不阿其惑⑤。惑则误民，民误失德，是弃民也。民之有君，以治义也。义以生利，利以丰民⑥，若之何其民之与处而弃之也？必立太子。"里克曰："我不佞⑦，虽不识义，亦不阿惑，吾其静也⑧。"三大夫乃别。

**【注释】**

①黜（chù）：废黜。

②里克：晋国大夫，里氏，名克，又称里季。丕郑：晋国大夫。荀息：晋国大夫，荀姓，名黯，字息。

③竭力：尽力。役事：做事。

④贰：二心。

⑤阿：附和。

⑥丰：厚。

⑦不佞：不才。

⑧静：沉默。

**【译文】**

骊姬生奚齐，骊姬妹妹生卓子。晋献公准备废黜太子申生而立奚齐。里克、丕郑、荀息三位大夫相见，里克说："史苏的话将要应验了！怎么办？"荀息说："我听说事奉君主的人，尽力去做事，没有听说违背君命的。君主立嗣臣下听从，哪能有什么二心？”丕郑说：“我听说事奉君主的人，听从正义，不附和君主的迷惑。君主迷惑就会误民，误民就会失德，这是抛弃民众。民众有君主，是要君主确立正义的举措。正义可以产生利益，利益可以丰厚民众生活，怎么能与民相处而抛弃他们呢？一定要拥立申生太子。”里克说：“我不才，虽然不识正义，但也不会附和君主的迷惑，我还是保持沉默吧！”三位大夫于是告别。

蒸于武公[①]，公称疾不与，使奚齐莅事[②]。猛足乃言于太子曰[③]：“伯氏不出[④]，奚齐在庙，子盍图乎！”太子曰：“吾闻之羊舌大夫曰[⑤]：‘事君以敬，事父以孝。’受命不迁为敬，敬顺所安为孝。弃命不敬，作令不孝[⑥]，又何图焉？且夫间父之爱而嘉其贶[⑦]，有不忠焉；废人以自成，有不贞焉。孝、敬、忠、贞，君父之所安也。弃安而图，远于孝矣，吾其止也。”

**【注释】**

①蒸：冬祭。武公：晋献公父庙，在曲沃。一本“武公”作“武官”。

②使奚齐莅事：只有太子才能代替君主主持祭祀。献公让奚齐主持祭祀是暗示群臣，自己欲立奚齐为太子。莅事，出席并主持祭祀。莅，临。

③猛足：申生之臣。

④伯氏：长子，指申生。一说，伯氏是指狐突。

⑤羊舌大夫：晋国大夫羊舌突，晋武公的后代，封邑在羊舌，即今山西洪洞，因以为姓。

⑥作令：擅自发令。

⑦间：离间。嘉：善。贶（kuàng）：赐。

【译文】

晋国在武公庙举行冬祭，献公称有病不能参与，派奚齐出席并主持祭祀。猛足对太子申生说："长子不出席，奚齐在祖庙，您何不早做打算呢？"太子说："我听羊舌大夫说过：'以恭敬事奉君主，以孝道事奉父亲。'接受君命始终不变叫做敬，恭敬地顺从父亲所安叫做孝。抛弃君命就是不敬，擅自发令叫做不孝，我又能打算什么呢？况且离间父亲所爱而又以得到父亲赏赐为嘉，这就有不忠之处了；废弃他人以成就自我，这就有不贞之处了。孝、敬、忠、贞，这是让君父心安的品质。抛弃了让君父心安的品质而为自己打算，这就远离孝道了，我还是不作什么打算吧。"

# 晋语二

## 骊姬谮杀太子申生

本篇记载骊姬谮杀太子申生的经过。她告诉献公，申生弑父的阴谋日益加深，如果不趁早动手，献公就会大难临头。献公表示他没有忘记除掉申生，只是尚未找到加罪申生的借口。骊姬担心大夫里克出面阻挠，于是派优施微讽里克，让其保持中立。待到一切部署就绪，骊姬正式实施其阴谋。她以献公名义让申生祭祀齐姜，然后将祭祀的酒肉送给献公。骊姬在酒肉中下毒，然后诬称申生毒杀其父。献公命令杀死太子师傅杜原款，杜原款在临死前夕嘱咐申生不去忠爱之情，不对谗言进行申辩。从中可以看出，申生之所以愚忠愚孝，与其师杜原款的愚昧教育密切相关。最后骊姬亲自出面，严辞谴责申生谋杀父亲，申生于是自缢而死。在害死申生之后，骊姬又进一步谗害公子重耳和夷吾，二公子采取奔逃策略。骊姬又让献公驱逐群公子，立奚齐为太子。本篇载骊姬与晋献公私房之语，以及骊姬与优施密谋，可能都是晋国史官事后根据传说写成。

反自稷桑[①]，处五年[②]，骊姬谓公曰："吾闻申生之谋愈深[③]。日，吾固告君曰得众，众不利[④]，焉能胜狄？今矜狄之善[⑤]，其志益广。狐突不顺[⑥]，故不出。吾闻之，申生甚好信而强[⑦]，又失言于众矣[⑧]，虽欲有退[⑨]，众将责焉。言不可食，众不可弭[⑩]，是以深谋。君若不图，难将至矣！"公曰："吾不忘也，抑未有以致罪焉。"

**【注释】**

①反自稷桑：从征伐东山皋落狄的稷桑之战回来。伐东山皋落狄事在晋献公十七年，即公元前 660 年。

②处五年：公元前 656 年。

③谋：指所谓申生弑父的阴谋。

④利：得利。

⑤矜：矜夸。善：善于用众。

⑥狐突：晋国大夫，重耳外祖父。不顺：不顺从太子之意。

⑦好信：好讲信用。强：强悍。

⑧失言于众：没有对民众兑现夺取晋国的话。

⑨退：退却，改悔。

⑩弭：止。

**【译文】**

申生从稷桑返回晋国以后，过了五年，骊姬对献公说："我听说申生弑父的阴谋更深了。往日，我本来就告诉您说申生获得民众拥护，众人如果不认为跟随太子有利，怎么能战胜狄人？如今申生矜夸他伐狄善于用兵，他的志向会更广的。狐突不顺从太子的意志，因此闭门不出。我听说，申生好讲信用，性格好强，他没有对民众兑现夺取晋国的话，即使他想退却，民众也将会责备他。申生说出去的话不可食言，而民众盼他夺权的愿望不可制止，因此申生只能进一步谋划。君主若不考虑如何对付，大难就要临头了。”献公说：“我没有忘记这件事，只是还没有找到惩治申生的罪名。”

骊姬告优施曰：“君既许我杀太子而立奚齐矣，吾难里克①，奈何！”优施曰：“吾来里克②，一日而已。子为我具特羊之飨③，吾以从之饮酒。我优也，言无邮④。”骊姬许诺，乃具，使优施饮里克酒。中饮，优施起舞，谓里克妻曰：“主孟啖我⑤，我教兹暇豫事君⑥。”乃歌曰：“暇豫之吾吾⑦，不如鸟乌。人皆集于苑⑧，己独集于枯。”里克笑曰：“何谓苑？何谓枯？”优施曰：“其母为夫人，其子为君⑨，可不谓苑乎？其母既死，其子又有谤⑩，可不谓枯乎？枯且有伤。”

**【注释】**

①难：害怕，担忧。

②来里克：使里克来到骊姬一方。

③特羊：一只羊。

④邮：通“尤”，过失，罪过。

⑤主：大夫之妻称“主”。孟：里克妻之字。啖（dàn）我：给我吃。

⑥兹：此，指里克。暇豫：轻闲快乐。

⑦吾吾（yúyū）：孤独的样子。

⑧集：栖止。苑：茂盛的树木。

⑨其母为夫人，其子为君：指骊姬与奚齐。

⑩其母既死，其子又有谤：指齐姜与太子申生。

**【译文】**

骊姬告诉优施说：“国君已经答应我杀太子而立奚齐了，我担心里克，怎么办？”优施说：“我让里克来到我们这一边，只需一天而已。您为我准备一只羊办宴席，我陪他喝酒。我是个俳优，言者无罪。”骊姬答应了，于是准备了一席酒宴，让优施请里克饮酒。饮到中间，优施起舞，对里克的妻子说：“夫人您请我吃饭，我教里克大夫如何轻闲快乐地事奉国君。”于是优施唱了一支歌，歌词说：“轻闲快乐而孤独，不如一只乌鸦儿。众鸟停在茂林上，自己却停在枯树枝。”里克笑问道：“什么叫茂林？什么叫枯枝？”优施说：“母亲为夫人，儿子为国君，这不是茂林么？母亲已去世，儿子被诽谤，这不是枯枝么？不但是枯枝，而且是一根受了伤的枯枝呢。”

优施出，里克辟奠[1]，不飧而寝[2]。夜半，召优施，曰：“曩而言戏乎[3]？抑有所闻之乎？”曰：“然。君既许骊姬杀太子而立奚齐，谋既成矣。”里克曰：“吾秉君以杀太子[4]，吾不忍。通复故交[5]，吾不敢。

中立其免乎？”优施曰：“免。”

【注释】

①辟奠：撤去。辟，除去。奠，置，指所置宴席。

②飧（sūn）：晚餐。

③曩（nǎng）：以前。而：你。

④秉：秉执。

⑤故交：与太子的旧交。

【译文】

优施出来以后，里克撤去宴席，没有吃晚饭就睡了。睡到半夜，他召来优施，问道：“刚才你是说笑话呢？还是有所耳闻呢？”优施说：“是有所耳闻。国君已经许诺骊姬杀太子而立奚齐，谋划已经成熟了。”里克说：“让我秉执君意来杀太子，我不忍心。让我给太子通风报信，保持与太子旧交，我不敢。我保持中立，可以免祸吗？”优施说：“可以免祸。”

旦而里克见丕郑，曰：“夫史苏之言将及矣！优施告我，君谋成矣，将立奚齐。”丕郑曰：“子谓何？”曰：“吾对以中立。”丕郑曰：“惜也！不如曰不信以疏之[①]，亦固太子以携之[②]，多为之故[③]，以变其志，志少疏[④]，乃可间也[⑤]。今子曰中立，况固其谋也[⑥]，彼有成矣，难以得间。”里克曰：“往言不可及也[⑦]，且人中心唯无忌之[⑧]，何可败也！子将何如？”丕郑曰：“我无心[⑨]。是故事君者，君为我心，制不在我[10]。”里克曰：“弑君以为廉[11]，长廉以骄心[12]，因骄以制人家，吾不敢。抑挠志以从君[13]，为废人以自利也[14]，利方以求成人[15]，吾不能。将伏也[16]！”明日，称疾不朝。三旬，难乃成。

【注释】

①不如曰不信以疏之：不如对优施说，不相信他的话，以减缓骊姬之谋。疏，迟缓。

②固太子以携之：稳固太子地位，离间骊姬之党。

③故：计谋。

④志少疏：骊姬谋害太子之志稍有迟缓。

⑤间：离间。

⑥况：益。

⑦往言不可及：过去说过的话追不回来了。及，追。

⑧人：指骊姬。无忌：肆无忌惮。

⑨无心：无成心。

⑩制：裁制。

⑪弑君以为廉：弑，徐元诰认为疑当作“𨦟”，𨦟，减也。𨦟君即减少献公杀太子而立奚齐的意愿。廉，直。

⑫长廉以骄心：助长廉直而有骄人之心。

⑬挠志：委屈己志。

⑭废人：废黜太子。

⑮利方以求成人：利用某种途径而成全奚齐当太子。方，道，引申为途径。

⑯伏：隐。

**【译文】**

第二天早晨，里克去见丕郑，说："史苏的话将要应验了！优施告诉我，国君的计谋已经形成，将立奚齐为君。"丕郑问："您对优施说了什么？"里克说："我对他说保持中立。"丕郑说："可惜呀！您不如对优施说，不相信他的话，这样可以减缓骊姬的阴谋，也可以稳固太子而离间骊姬之党，多用计谋，来改变骊姬谋害太子之志，她的志意稍有减缓，就可以对他们实施离间。如今您说保持中立，更加固了他们的阴谋，他们的阴谋已经形成，就难以离间了。"里克说："说错的话收不回来了，况且骊姬心中肆无忌惮，怎么能够摧败他们呢？您打算怎么办？"丕郑说："我无成心。因此事奉君主的人，以君心作为我心，决定权不在我。"里克说："减少献公杀太子而立奚齐的意愿以为廉直，进而助长廉直而有骄人之心，由于骄傲而裁制人家父子，我不敢这样做。或者委屈己志听从君主，废黜太子为自己谋利，利用某种途径而成全奚齐当太子，我不能这样做。我准备退隐。"第二天，里克称病不上朝。三十天后，祸难终于形成。

骊姬以君命命申生曰："今夕君梦齐姜[①]，必速祠而归福[②]。"申生许诺，乃祭于曲沃，归福于绛[③]。公田，骊姬受福，乃寘鸩于酒[④]，寘堇于肉[⑤]。公至，召申生献，公祭之地，地坟[⑥]。申生恐而出。骊姬与犬肉，犬毙；饮小臣酒[⑦]，亦毙。公命杀杜原款[⑧]。申生奔新城[⑨]。

【注释】

①齐姜：申生母亲，此时已死。

②祠：祭祀。归：通“馈”。福：祭祀的酒肉。

③绛：晋国都城。

④寘：通“置”，放置。鸩（zhèn）：一种羽毛有毒的鸟，以鸟羽泡酒，可以毒杀人。

⑤堇（jìn）：乌头，一种毒草。

⑥坟：地面凸起。

⑦小臣：官名，阉臣。

⑧杜原款：晋国大夫，申生的师傅。

⑨申生奔新城：新城，即曲沃，新筑为太子城。

【译文】

骊姬以国君的名义命令申生说：“今晚国君梦见齐姜，你一定要快一点祭祀她，将祭祀的酒肉送来。”申生答应了，于是他在曲沃祭祀齐姜，将祭祀酒肉送到首都绛城。献公打猎去了，骊姬收下酒肉，她将鸩羽放进酒中，将乌头草放进祭肉中。献公回来了，召申生进献酒肉，献公以酒祭地，地面上凸起一个小土包。申生惊恐退出。骊姬拿祭肉给狗吃，狗立即死去；拿酒给小臣喝，小臣也倒毙在地。献公下令杀死申生师傅杜原款。申生逃奔回曲沃新城。

杜原款将死，使小臣圉告于申生[①]，曰：“款也不才，寡智不敏，不能教导，以至于死。不能深知君之心度[②]，弃宠求广土而窜伏焉[③]；小心狷介[④]，不敢行也。是以言至而无所讼之也[⑤]，故陷于大难，乃逮于谗⑥。然款也不敢爱死，唯与谗人钧是恶也⑦。吾闻君子不去情⑧，不反谗⑨，谗行身死可也，犹有令名焉。死不迁情⑩，强也⑪。守情说父⑫，孝也。杀身以成志，仁也。死不忘君，敬也。孺子勉之！死必遗爱，死民之思⑬，不亦可乎？”申生许诺。

**【注释】**

①圉（yǔ）：申生的小臣。

②心度：心意。

③弃宠：让申生放弃太子地位。求广土：奔他国。窜伏：逃匿，隐藏。

④狷介：拘谨不敢为。

⑤言至：谗言到来。无所讼之：无法辩解。

⑥逮：及。

⑦谗人：指骊姬。钧：同。恶：罪恶。

⑧不去情：不去忠爱之情。

⑨不反谗：不对谗言进行申辩。

⑩迁：改变。

⑪强：坚强。

⑫说：同“悦”。

⑬死民之思：死后为民所思。

**【译文】**

杜原款在临死之前，派小臣圉告诉申生说：“我杜原款没有才能，缺少智慧，不够敏锐，不能教导您，以至于被杀死。我不能深知国君心意，没有让你放弃太子位，逃亡隐居他国；只是小心翼翼，拘谨不为，不敢行动。因此谗言临头而无法辩解，让你陷入大难，遭到谗害。但是我杜原款不敢爱惜一死，只是不甘心与进谗之人共同分担了陷害太子的罪恶。我听说君子不去忠爱之情，不对谗言进行申辩，遭谗身死是可以的，还会留下美名。至死不改变忠爱之情，这是坚强；坚守忠爱之情而取悦于父亲，这是孝道。杀身成就孝志，这是仁德。至死不忘君主，这是恭敬。太子你好自为之吧！你死后必定留下仁爱之名，死后为民众所思念，不是可以吗？”申生答应了。

人谓申生曰：“非子之罪，何不去乎？”申生曰：“不可。去而罪释①，必归于君②，是怨君也。章父之恶③，取笑诸侯④，吾谁乡而入⑤？内困于父母，外困于诸侯，是重困也⑥。弃君去罪，是逃死也。吾闻之：‘仁不怨君，智不重困，勇不逃死。’若罪不释，去而必重。去而罪重，不智。逃死而怨君，不仁。有罪不死，无勇。去而厚怨⑦，恶不可重，死不可避，吾将伏以俟命⑧。”

【注释】

①释：解。

②归于君：怨归于君。

③章：彰显。

④取笑诸侯：为诸侯所笑。

⑤谁乡而入：逃入哪一国。乡，向。

⑥重困：双重困境。

⑦厚怨：加重怨气。

⑧伏：居，处。

**【译文】**

有人对申生说：“这不是您的罪过，为什么不逃离晋国呢？”申生说：“不可以。逃离虽然可以解罪，但怨归于君主，这是怨君啊！彰显父亲的罪恶，被诸侯取笑，我能逃入哪一国呢？在国内受困于父母，在国外受困于诸侯，这是双重困境啊！抛弃君主，逃避罪责，这是逃死。我听说：‘仁者不怨君主，智者不陷入双重困境，勇者不逃避死亡。’如果罪名不能免除，那么逃离晋国必定加重罪恶。逃离晋国而加重罪恶，这是不智。逃避死亡而怨恨君主，这是不仁。有罪而不赴死，这是不勇。逃离晋国增加民众的怨君情绪，我的罪恶不可以再加重了，死亡是不可逃避的，我将留在这里等候君主的命令。”

骊姬见申生而哭之。曰：“有父忍之[①]，况国人乎？忍父而求好人[②]，人孰好之？杀父以求利人[③]，人孰利之？皆民之所恶也，难以长生！”骊姬退，申生乃雉经于新城之庙[④]。将死，乃使猛足言于狐突曰[⑤]：“申生有罪，不听伯氏[⑥]，以至于死。申生不敢爱其死，虽然，吾君老矣，国家多难，伯氏不出，奈吾君何？伯氏苟出而图吾君，申生受赐以至于死，虽死何悔！”是以谥为共君[⑦]。

【注释】

①忍之：忍心杀他。

②好人：取得国人的好感。

③利人：施利于国人。

④雉经：自缢。

⑤猛足：申生的臣子。

⑥伯氏：狐突。

⑦是以谥为共君：共，通“恭”，恭顺事上曰恭。

【译文】

骊姬到曲沃去见申生，哭着说：“自己的父亲尚且忍心杀死他，何况对国人呢？忍心杀父却想博得国人的好感，国人谁能对你有好感呢？谋杀父亲却追求有利于国人，国人谁会接受你的利益呢？你的作为都是民众所厌恶的，你这样的人很难活得长久！”骊姬从曲沃退回，申生在新城之庙自缢而死。临死之前，他派猛足对狐突说：“申生有罪，不听您的劝告，以至于遭谗而死。申生不敢爱惜一死，虽然这样，我们国君已经年老了，国家多灾多难，您闭门不出，那我们国君怎么办？您如果能够出来考虑我们国君的事，申生接受君主恩赐而死，即使是死了又有什么后悔！”因此申生被人们谥为“共君”。

骊姬既杀太子申生，又谮二公子曰[1]：“重耳、夷吾与知共君之事。”公令阉楚刺重耳[2]，重耳逃于狄[3]；令贾华制夷吾[4]，夷吾逃于梁[5]。尽逐群公子[6]，乃立奚齐焉。始为令，国无公族焉[7]。

【注释】

①谮（zèn）：诬陷。

②阉楚：阉臣披，字伯楚。

③狄：北狄，隗姓。

④贾华：晋国大夫。制：制裁，约束，控制。一作“刺”。

⑤梁：嬴姓诸侯国。

⑥群公子：指献公其他庶子和先君庶子。

⑦公族：晋国各任诸侯后代。

【译文】

骊姬已经谗杀了太子申生，又诬陷二公子说：“重耳、夷吾参与了申生谋害君父之事。”晋献公命令阉臣伯楚刺杀重耳，重耳逃奔到狄国；献公命令大夫贾华擒服夷吾，夷吾逃奔到梁国。献公驱逐了所有支庶之子，于是立奚齐为太子。从此时开始晋国颁布法令，国家不留公族。

# 宫之奇知虞将亡

公元前655年，晋国以屈产之乘、垂棘之璧来贿赂虞君以求借道伐虢。虞国大夫宫之奇以唇亡齿寒的道理劝谏虞君不要借道，否则就会引狼入室，招致灭亡。但是，虞君因为贪图晋国财宝，因而不顾虞、虢之间的宗亲关系与两国战略上的互相依存，拒绝了宫之奇的正确意见，同意借道给晋国。宫之奇审时度势，他对儿子断言虞将亡国。他的理由是，除去心中暗昧来应对外事叫做忠，安定心身之后处理事务叫做信。虞君对内不能除去心中暗昧，对外不能安心处理事务。既失去忠信，又容留外寇，外寇知道有机可乘，就会在灭虢返回途中图谋虞国。宫之奇率领妻子儿女到达西山，三个月之后，虞国被晋人灭亡。古人云:“智者见于未萌，愚者暗于成事。”宫之奇就是这样一位具有先见之明的智者。

伐虢之役，师出于虞[①]。宫之奇谏而不听[②]，出，谓其子曰："虞将亡矣！唯忠信者能留外寇而不害[③]。除暗以应外谓之忠[④]，定身以行事谓之信[⑤]。今君施其所恶于人[⑥]，暗不除矣；以贿灭亲[⑦]，身不定矣。夫国非忠不立，非信不固。既不忠信，而留外寇，寇知其衅而归图焉[⑧]。已自拔其本矣[⑨]，何以能久？吾不去，惧及焉。"以其孥适西山[⑩]，三月，虞乃亡。

【注释】

①伐虢之役，师出于虞：晋献公伐虢，向虞国借道。虞，姬姓诸侯国，虞仲之后，处于晋、虢之间。

②宫之奇谏而不听：宫之奇以唇亡齿寒的道理劝谏虞君不要借道给晋国，虞君不听。宫之奇，虞国大夫。

③留外寇：容留晋国军队。

④除暗以应外：除去心中暗昧来应对外事。

⑤定身以行事：安定心身之后处理事务。

⑥施其所恶于人：指虞君借道给晋国伐虢。

⑦贿：财物，晋国以屈产之乘、垂棘之璧来贿赂虞君以求借道。亲：虞国与虢国有宗法血亲关系，虞国为太王之后，虢国为王季之后。

⑧衅：间隙。图：谋。

⑨自拔其本：指虞君自动放弃忠信这一立国根本。

⑩孥（nú）：妻子儿女。西山：虞国西界。

【译文】

在晋国征伐虢国的战役中，晋军从虞国经过。宫之奇劝谏虞君不要借道给晋国，虞君不听，宫之奇出来以后，对儿子说："虞国将要灭亡了！只有忠信之人才能容留外寇而不遭其害。除去心中暗昧来应对外事叫做忠，安定心身之后处理事务叫做信。如今国君将自己所厌恶的施之于他人，这说明他没有除去心中暗昧；因为贪财而全然不顾宗亲，这说明他的心身没有安定。国家没有忠就不能立足，没有信就不能稳固。既不能做到忠信，又容留外寇，外寇知道有机可乘，就会在返回途中图谋虞国。国君已经自己拔掉立国的根本了，国家怎么能够长久？我要是不离开，怕祸及自身。"他率领妻子儿女到达西山，三个月之后，虞国被晋人灭亡。

## 里克杀奚齐而秦立惠公

公元前651年，晋献公病逝，晋国陷入动乱之中。大夫里克先后杀死奚齐、卓子和骊姬。荀息为之殉死，践行了他的承诺。丕郑打算用阻止重耳、夷吾归国的方法来控制晋国，里克强调杀奚齐是为了定民止忧，而不是杀君求富。里克和吕甥分别联络逃亡在外的公子重耳和夷吾。重耳听从子犯关于不要趁丧乱谋取利益的忠告，谢绝了使者的邀请。夷吾的谋臣冀芮则主张夷吾应该趁“国乱民扰，大夫无常”机会归国即位，他建议夷吾贿赂秦国和国内大夫，不惜国库空虚也要求得回国。吕甥又建议晋国群臣让秦穆公为晋国选择嗣君。秦穆公派大夫公子絷分别接触重耳与夷吾，最终听从公子絷“置立一个不仁的晋君以扰乱晋国”的计谋，选择夷吾为晋国嗣君。而公子絷之所以力主拥立夷吾，可能与夷吾对他的收买不无关系。文中重耳与夷吾、子犯与冀芮面对同一事件的不同态度，构成鲜明的对比，读者可以从中见出他们思想境界、谋略及品格的高低。

二十六年[①]，献公卒。里克将杀奚齐，先告荀息曰[②]：“三公子之徒将杀孺子[③]，子将如何？”荀息曰：“死吾君而杀其孤[④]，吾有死而已，吾蔑从之矣[⑤]！”里克曰：“子死，孺子立，不亦可乎？子死，孺子废，焉用死？”荀息曰：“昔君问臣事君于我，我对以忠贞。君曰：‘何谓也？’我对曰：‘可以利公室，力有所能，无不为，忠也。葬死者，养生者，死人复生不悔，生人不愧，贞也。’吾言既往矣，岂能欲行吾言而又爱吾身乎？虽死，焉避之？”

**【注释】**

①二十六年：晋献公二十六年为公元前651年。

②荀息：晋国大夫，奚齐的师傅。

③三公子之徒：申生、重耳、夷吾三位公子的徒党。孺子：指奚齐。

④吾君：晋献公。孤：奚齐。

⑤蔑从：无所从，意谓只有一死。

**【译文】**

二十六年，晋献公去世。里克将要杀奚齐，先告诉荀息说：“申生、重耳、夷吾三公子的徒党将要杀死奚齐这小子，您打算怎么办？”荀息说：“我们的君主刚去世，你们就要杀他的遗孤，我只有一死而已，再也没有其他路可走了。”里克说：“如果您死了，奚齐立为晋君，不是可以吗？而今您死了，奚齐被废黜，哪里值得去死？”荀息说：“从前献公问我，臣下应该如何事奉君主？我用忠贞二字回答他。献公问：‘这是什么意思？’我回答说：‘只要是对公室有利的事，只要是力所能及的，都要去做，这就是忠。礼葬死去的人，奉养活着的人，即使是死者复生，也不会后悔当初任用了我，不愧对活着的人，这就是贞。’我的话已经说出口了，怎么能既要实践诺言而又爱惜生命呢？即使是死，又怎能逃避呢？”

里克告丕郑曰：“三公子之徒将杀孺子，子将何如？”丕郑曰：“荀息谓何？”对曰：“荀息曰‘死之。’”丕郑曰：“子勉之。夫二国士之所图[①]，无不遂也[②]。我为子行之[③]。子帅七舆大夫以待我[④]。我使狄以动之，援秦以摇之[⑤]。立其薄者可以得重赂，厚者可使无入[⑥]。国，谁之国也！”里克曰：“不可。克闻之，夫义者，利之足也[⑦]；贪者，怨之本也。废义则利不立，厚贪则怨生。夫孺子岂获罪于民？将以骊姬之惑蛊君而诬国人[⑧]，谗群公子而夺之利，使君迷乱，信而亡之[⑨]，杀无罪以为诸侯笑[⑩]，使百姓莫不有藏恶于其心中，恐其如壅大川，溃而不可救御也[⑪]。是故将杀奚齐而立公子之在外者，以定民弭忧[⑫]，于诸侯且为援，庶几曰诸侯义而抚之，百姓欣而奉之，国可以固[⑬]。今杀君而赖其富[⑭]，贪且反义。贪则民怨，反义则富不为赖。赖富而民怨，乱国而身殆，惧为诸侯载[⑮]，不可常也。”丕郑许诺。于是杀奚齐、卓子及骊姬，而请君于秦。

【注释】

①二国士：里克、丕郑。图：谋划。

②遂：成功。

③行之：助里克行其事。

④七舆大夫：指申生所帅下军的七位大夫：共华、贾华、叔坚、骓歂、累虎、特宫、山祁。

⑤使狄以动之，援秦以摇之：出使重耳所在的狄国，求援于秦国，以动摇奚齐的地位。

⑥立其薄者可以得重赂，厚者可使无入：拥立与晋献公关系疏远的人可以得到丰厚的回报，不让与晋献公关系亲近的重耳、夷吾回到晋国。薄、厚，指与晋献公血缘关系的远近。

⑦足：立足点。

⑧惑蛊（gǔ）：蛊惑。诬：欺骗。

⑨信而亡之：献公听信骊姬谗言而令群公子流亡。

⑩无罪：指申生。

⑪御：止。

⑫弭忧：消除忧患。弭，止息。

⑬固：安。

⑭赖：利。

⑮载：指为史书所记载。

【译文】

里克告诉丕郑说：“申生、重耳、夷吾三公子徒党要杀奚齐，您准备怎么办？”丕郑问：“荀息说了什么？”里克说：“荀息说他要为奚齐而死。”丕郑说：“您好自为之吧。

您和我两位国士所谋划的事，没有不成功的。我帮助您成其事。您率领七舆大夫等待我的消息。我们派人出使重耳所在的狄国，求援于秦国，以动摇奚齐的地位。拥立血亲关系疏远的公子，我们可以得到丰厚的回报，可以不让血亲关系亲近的公子重耳和夷吾进入晋国。这样，晋国还能是谁的晋国呢！”里克说：“不可以。我听说，义是利的立足点，贪是招怨的祸根。废除了义，利就不能立足，贪心太重，就会生怨。难道是奚齐得罪了民众吗？只不过是骊姬蛊惑国君而欺骗国人，谗害群公子而夺去他们的利益，使君主迷乱，听信骊姬谗言而令群公子流亡，杀死无罪的申生，为诸侯所耻笑，使百姓人人心中隐藏着悖逆的恶念，恐怕就像堵塞了的大河一样，一旦溃决就不可救了。因此我们要杀掉奚齐，拥立在国外流亡的公子，来安定民众消除忧患，权且向各国诸侯求援，诸侯差不多会肯定我们的义举而给予安抚，百姓也会欣然尊奉新君，这样国家就可以安全了。如果杀君来求富利，那就是贪心而且违反道义。贪心就会招致民怨，违反道义就会富而不利。以富为利，百姓怨恨，就会扰乱国家，自身也会危险，怕为各诸侯国史书所记载，您的话不可作为常法。”丕郑答应了。于是里克、丕郑杀死奚齐、卓子和骊姬，请求秦国帮助择立新君。

既杀奚齐，荀息将死之。人曰：“不如立其弟而辅之。”荀息立卓子。里克又杀卓子，荀息死之。君子曰：“不食其言矣。”

【译文】

奚齐已经被杀，荀息准备为之殉死。有人劝他说："不如立奚齐弟弟为君而辅佐他。"荀息立卓子为国君。里克又杀死卓子，荀息为之殉死。君子说："荀息没有食言。"

既杀奚齐、卓子，里克及丕郑使屠岸夷告公子重耳于狄[1]，曰："国乱民扰，得国在乱，治民在扰，子盍入乎？吾请为子鉥[2]。"重耳告舅犯曰："里克欲纳我。"舅犯曰："不可。夫坚树在始[3]，始不固本，终必槁落。夫长国者，唯知哀乐喜怒之节，是以导民。不哀丧而求国，难；因乱以入，殆。以丧得国，则必乐丧，乐丧必哀生[4]。因乱以入，则必喜乱，喜乱必怠德。是哀乐喜怒之节易也[5]，何以导民？民不我导，谁长？"重耳曰："非丧谁代？非乱谁纳我？"舅犯曰："偃也闻之，丧乱有小大。大丧大乱之剡也[6]，不可犯也。父母死为大丧，谗在兄弟为大乱。今适当之[7]，是故难。"公子重耳出见使者，曰："子惠顾亡人重耳，父生不得供备洒扫之臣，死又不敢莅丧以重其罪[8]，且辱大夫，敢辞。夫固国者[9]，在亲众而善邻，在因民而顺之。苟众所利，邻国所立，大夫其从之。重耳不敢违。"

【注释】

①屠岸夷：晋国大夫。

②鉥（xù）：通"訹"，引导。

③坚树：坚固的树木。始：根本。

④乐丧：以丧为乐。

⑤易：反。

⑥焱（yàn）：通“焰”，势头。

⑦适：正好。

⑧莅：临。

⑨固国：安定国家。

**【译文】**

杀了奚齐、卓子以后，里克和丕郑派大夫屠岸夷到狄国告诉公子重耳，说：“国家混乱，民众纷扰，得到国家在于趁乱，治民在于抓住纷纷攘攘的时机，您何不进入晋国呢？我请求为您引导。”重耳告诉舅舅子犯说：“里克想让我回国。”舅犯说：“不可以。坚固的树木在于树根，树根不坚固，最终树叶会枯槁凋落。做国君的人，只有知道哀乐喜怒的节度，才可以训导民众。不以丧父为哀而求回国，难以立足；趁乱以求入晋，非常危险。由于父丧而得到国家，就必定以丧父为乐，以丧父为乐必定导致哀事发生。趁着混乱入晋，就必定会喜欢混乱，喜欢混乱就必定会懈怠德行。这样，哀乐喜怒的节度就弄反了，拿什么去训导民众？民众不服从训导，你当谁的国君？”重耳说：“如果不是丧父，我代替谁为君？如果不是混乱，谁肯接纳我回国？”舅犯说：“我听说，丧事和混乱有小有大。大丧大乱的势头，是不可以冒犯的。父母死为大丧，兄弟间有谗言为大乱。如今你正好都遇上了，因此难获成功。”公子重耳出来会见使者，说：“您肯惠顾流亡人重耳，父亲生时我不能当一名洒扫之臣。父亲死后我又不敢亲临丧所而加重了我的罪孽，而且屈辱大夫出使，我只有冒昧地辞谢。安定国家的关键，在于亲善民众和睦邻邦，在于顺应民心。只要是众人认为有利的人选，是邻国拥立的人选，大夫都可以听从。重耳不敢违背众意。”

吕甥及郤称亦使蒲城午告公子夷吾于梁①，曰：“子厚赂秦人以求入，吾主子②。”夷吾告冀芮曰③：“吕甥欲纳我。”冀芮曰：“子勉之。国乱民扰，大夫无常④，不可失也。非乱何入？非危何安？幸苟君之子，唯其索之也⑤。方乱以扰，孰适御我⑥？大夫无常，苟众所置，孰能勿从？子盍尽国以赂外内⑦，无爱虚以求入⑧，既入而后图聚⑨。”公子夷吾出见使者，再拜稽首许诺。

**【注释】**

①吕甥、郤称：晋国大夫，夷吾的支持者。蒲城午：晋国大夫。

②主子：做您的内主，即在国内策应。

③冀芮：晋国大夫郤芮，随从夷吾流亡。

④无常：无常心，易变化。

⑤索：求。

⑥御：抵御，拒绝。

⑦尽国：尽国家之所有。外内：外指诸侯，内指晋国大夫。

⑧爱：吝惜。虚：指国库空虚。

⑨聚：指蓄积财富。

【译文】

吕甥和郤称也派蒲城午到梁国告诉公子夷吾，说："您重重地贿赂秦国人以求归国，我们在国内策应。"夷吾告诉冀芮说："吕甥想接纳我回国。"冀芮说："您好好努力吧。国家混乱，民众纷扰，大夫们变化无常，机不可失啊。如果不是混乱如何回国？如果不是危险何来安全转机？幸而只要是国君的公子，他们求到谁就是谁。目前国内正在混乱扰攘，谁能在此时抵挡我们？大夫们并无定见，只要是众人所拥立，谁能不服从？您何不倾晋国之所有，以贿赂国外诸侯和国内大夫，不惜国库空虚也要求得回国，回国后再想办法聚敛财富。"公子夷吾出来会见使者，再拜磕头许诺回国。

吕甥出告大夫曰："君死，自立则不敢[①]，久则恐诸侯之谋[②]，径召君于外也，则民各有心[③]，恐厚乱[④]，盍请君于秦乎[⑤]？"大夫许诺。乃使梁由靡告于秦穆公曰[⑥]："天降祸于晋国，谗言繁兴，延及寡君之绍续昆裔[⑦]，隐悼播越[⑧]，讬在草莽[⑨]，未有所依。又重之以寡君之不禄[⑩]，丧乱并臻[⑪]。以君之灵，鬼神降衷[⑫]，罪人克伏其辜[⑬]，群臣莫敢宁处，将待君命。君若惠顾社稷，不忘先君之好，辱收其逋迁裔胄而建立之[⑭]，以主其祭祀，且镇抚其国家及其民人，虽四邻诸侯之闻之也，其谁不儆惧于君之威[15]，而欣喜于君之德？终君之重爱[16]，受君之重贶，而群臣受其大德，晋国其谁非君之群隶臣也[17]？”

【注释】

①自立则不敢：不敢径自立一位国君。

②久则恐诸侯之谋：拖久了就怕诸侯图谋晋国。

③民各有心：人们所爱不同。

④厚乱：增添新乱。

⑤请君于秦：意谓请秦国为晋国择立新君。

⑥梁由靡：晋国大夫。秦穆公：秦国君主，嬴姓，名任好，谥“穆”。其夫人为晋献公之女。

⑦绍续昆裔：继嗣后裔。昆，后裔。

⑧隐悼：沉痛悼念。隐，忧。悼，惧。播越：逃亡，流离失所。播，散。越，远。

⑨讬在草莽：寄身山野。

⑩重：加上。寡君之不禄：士死叫做不禄，君死赴告他国也称寡君不禄。

⑪臻：至。

⑫衷：善。

⑬罪人：指骊姬。克伏其辜：能够服罪。

⑭逋（bū）：流亡。迁：迁徙。裔胄：后裔，指在国外流亡的晋国群公子。

⑮儆惧：敬畏。

⑯终君：晋献公，一说是指秦穆公。

⑰隶：役。

【译文】

吕甥出来告诉大夫们说："国君去世，大夫不敢径自立一新君，拖久了就怕诸侯图谋晋国，如果直接从国外召回一位公子为君，那么由于人们所爱不同，恐怕又添新乱，何不请秦国为晋国择立新君呢？"大夫们答应了。于是晋国派梁由靡赴告秦穆公说："上天给晋国降下大祸，谗言四起，影响到君主的公子们，忧患流亡国外，寄身山野之中，无依无靠。再加上寡君去世，丧乱一齐到来。托您的福，鬼神降下善心，有罪之人得以服罪，晋国群臣不敢安居，正在等待您的命令。您若能够惠顾晋国，不忘记我们先君与您的友好关系，屈辱地收留晋国流亡公子，择立新君，让他来主持晋国祭祀，镇抚晋国和民众，即使是四邻诸侯听到此事，那么谁能不敬畏您的声威，而欣喜于您的美德？去世的献公蒙受您的厚爱，晋国受到您的重赐，群臣也蒙受您的大德，晋国还有哪一个人不是您的役隶臣民呢？"

秦穆公许诺，反使者，乃召大夫子明及公孙枝[①]，曰："夫晋国之乱，吾谁使先[②]，若夫二公子而立之[③]？以为朝夕之急。"大夫子明曰："君使絷也[④]。絷敏且知礼，敬以知微。敏能窜谋[⑤]，知礼可使；敬不坠命[⑥]，微知可否。君其使之。"

【注释】

①子明：秦国大夫百里孟明视。公孙枝：秦国大夫公

孙子桑。

②吾谁使先：我应当先立谁为晋君。

③二公子：重耳、夷吾。

④縶：秦国大夫公子子显。

⑤窜谋：暗中谋划。窜，精微。

⑥坠命：有辱使命。

**【译文】**

秦穆公答应了晋国的请求，他让使者梁由靡先回晋国复命，然后召来大夫子明和公孙枝，说："晋国之乱，我应当先立谁为晋君——如果在重耳、夷吾二公子之间择立君主的话？以解救晋国的早晚危急。"大夫子明说："君主可以派公子縶出使。公子縶敏捷而且知礼，恭敬而能识别精微。敏捷就能密谋，知礼就可出使；恭敬就不辱使命，识别精微就知道二公子谁可胜任。君主可以派他出使。"

乃使公子縶吊公子重耳于狄[①]，曰："寡君使縶吊公子之忧[②]，又重之以丧[③]。寡人闻之，得国常于丧，失国常于丧。时不可失，丧不可久，公子其图之！"重耳告舅犯。舅犯曰："不可。亡人无亲，信仁以为亲，是故置之者不殆[④]。父死在堂而求利，人孰仁我？人实有之[⑤]，我以徼幸[⑥]，人孰信我？不仁不信，将何以长利？"公子重耳出见使者，曰："君惠吊亡臣，又重有命[⑦]。重耳身亡，父死不得与于哭泣之位，又何敢有他志以辱君义[⑧]？"再拜不稽首，起而哭，退而不私[⑨]。

【注释】

①吊：吊唁。

②公子之忧：指重耳流亡。

③重之以丧：加上重耳父丧。

④置之者不殆：立为国君者才没有危险。

⑤人实有之：每个晋国流亡公子都有做国君的资格。

⑥徼幸：侥幸。徼，通“侥”。

⑦又重有命：又加上命我回国为君。

⑧他志：指回国为君。

⑨私：私访。

【译文】

秦穆公于是派公子絷到狄国吊唁重耳，说：“君主派我来吊唁公子出亡之忧，再加上吊唁您君父之丧。我听说，得到国家常常是由于丧事，失掉国家也常常是由于丧事。时不可失，国丧时间也不会拖得太久，公子您好好考虑吧！”重耳将此事告诉舅犯。舅犯说：“不可以。流亡者无人可以亲近，只有亲近诚信和仁爱，因此立为国君才不会有危险。父亲灵柩尚在厅堂而自己就从中求利，这样谁会认为我们有仁德？每个晋国流亡公子都有做国君的资格，我们以侥幸求得君位，谁会认为我们有诚信？不仁不信，拿什么来维持长久的利益？”公子重耳出来会见秦国使者公子絷，说：“秦君恩惠吊唁流亡之臣，又加上命我回国为君。重耳其身在外流亡，父亲死后不能站在儿子的位置上哭泣，又怎么敢有其他意图来侮辱秦君的义举呢？”再拜而不磕头，起身后哭泣，退回后不再私访。

公子縶退，吊公子夷吾于梁，如吊公子重耳之命。夷吾告冀芮曰："秦人勤我矣[①]！"冀芮曰："公子勉之。亡人无狷洁[②]，狷洁不行[③]，重赂配德[④]，公子尽之[⑤]，无爱财！人实有之，我以徼幸，不亦可乎？"公子夷吾出见使者，再拜稽首，起而不哭，退而私于公子縶曰："中大夫里克与我矣[⑥]，吾命之以汾阳之田百万[⑦]。丕郑与我矣，吾命之以负蔡之田七十万[⑧]。君苟辅我，蔑天命矣[⑨]！亡人苟入扫宗庙，定社稷，亡人何国之与有[⑩]？君实有郡县[⑪]，且入河外列城五[⑫]。岂谓君无有，亦为君之东游津梁之上[⑬]，无有难急也。亡人之所怀挟缨纕[⑭]，以望君之尘垢者。黄金四十镒[⑮]，白玉之珩六双[⑯]，不敢当公子，请纳之左右。"

**【注释】**

①勤：帮助。

②狷洁：洁身自好。

③不行：不能成事。

④重赂配德：用重礼回馈恩德。

⑤尽之：尽力为之。

⑥与：帮助。

⑦汾阳：晋国地名，在汾水之北。百万：百万亩。

⑧负蔡：晋国地名。七十万：七十万亩。

⑨蔑天命：无须天命。蔑，无。

⑩亡人何国之与有：意谓自己可以不要国土。

⑪君实有郡县：意谓晋国如同秦君的郡县。

⑫入：奉送。河外列城五：黄河以西以南的五座城。据《左传》烛之武所说，其地东边直到虢国边界，南到华山，还包括河内解梁城。河外，指河西与河南。黄河自龙门至华阴，自北而南，晋都于绛，故以河西与河南为外。

⑬津：渡口。梁：桥梁。

⑭挟：持有。缨：马缨。纕（xiāng）：马腹带。

⑮镒（yì）：古代重量单位，一镒合二十两。一说，一镒合二十四两。

⑯珩（héng）：玉佩顶端的横玉。

**【译文】**

公子絷从狄国退回，又到梁国去吊唁公子夷吾，如同吊唁重耳一样转达了秦君之命。夷吾告诉冀芮说：“秦国人帮助我了！”冀芮说：“公子努力吧。流亡者不要洁身自好，洁身自好办不成事，要用重礼回馈恩德，公子尽力为之，不要吝惜财物。每个晋国流亡公子都有做国君的资格，我们以侥幸求得君位，不是可以吗？”公子夷吾出来会见使者，再拜磕头，起身后不哭，退回之后又私访公子絷，说：“中大夫里克答应帮助我了，我答应赐他百万汾阳之田。丕郑也答应帮助我了，我答应赐给他七十万负蔡之田。秦君只要辅佐我，我就无须天命了！我这个流亡公子如果真能入主宗庙，安定社稷，我还要国土做什么？秦君等于增加了一些郡县，况且我还要奉送黄河以西以南五座城邑给秦国。难道说秦君没有土地吗？只不过是为了在秦君东游时有渡口桥梁，不用为难着急。我这个流亡者愿执鞭牵马，以追随秦君车尘。四十镒黄金，六双白玉之珩，不敢奉送公子，请献给您的左右之人。”

公子絷反，致命穆公。穆公曰：“吾与公子重耳[1]，重耳仁。再拜不稽首，不没为后也[2]。起而哭，爱其父也。退而不私，不没于利也。”公子絷曰：“君之言过矣。君若求置晋君而载之[3]，置仁不亦可乎？君若求置晋君以成名于天下，则不如置不仁以猾其中[4]，且可以进退[5]。臣闻之曰：‘仁有置，武有置。仁置德，武置服。’”是故先置公子夷吾，实为惠公。

【注释】

①与：赞成。

②没：贪。后：嗣君。

③载：成。

④猾：弄，扰乱。

⑤进退：指改易晋君。

【译文】

公子絷返回秦国，向秦穆公复命。秦穆公说：“我赞成公子重耳，重耳有仁德。再拜不磕头，表明他不贪得后嗣地位。起身后哭泣，这是爱他的父亲。退回之后不私访，这是不贪私利。”公子絷说：“君主的话错了。君主如果追求安置晋君而成就晋国，那么置立一个仁爱的君主不是可以吗？君主如果追求通过置立晋君来成名天下，那么就不如置立一个不仁的晋君以扰乱晋国，这样我们就可进可退改立他人。我听说：‘有为仁爱而帮助他国置立国君，有为武威而帮助他国置立国君。为了仁爱就要置立有德者，为了武威就要置立臣服者。’”因此秦穆公先立公子夷吾为晋君，这就是晋惠公。

# 晋语三

## 惠公入而背外内之赂

本篇记载晋国民谣以及史官郭偃的评论。晋惠公夷吾是一个不讲信用、忘恩负义、翻脸不认人的历史人物，颇有几分政治无赖的意味。他在归国即位之后，对秦国背弃割让五城的承诺，对国内大夫里克、丕郑也采取翻脸不认账的态度，拒绝先前许下的贿赂。晋人为此创作了一首民谣，讽刺秦穆公、里克、丕郑等人被晋惠公所欺骗，预言晋惠公将会遭到凶咎。郭偃对晋国民谣发表评论，认为民众之口是祸福的门户，因此君子省察民意而后行动，监察鉴戒而后谋划，谋事揣度道义而后施行，这样做事才会取得成功。民谣是本篇看点所在，中国古代民谣往往出现于政局动荡不安之际，它们不仅反映民意民情，而且对事件和人物命运具有预言性质，在艺术上形式短小，语含讥刺。本篇中的民谣就深刻地体现了民意，对晋惠公、秦穆公、里克、丕郑等人给予了辛辣的讽刺。

惠公入而背外内之赂[1]。舆人诵之曰[2]："佞之见佞[3]，果丧其田[4]。诈之见诈[5]，果丧其赂[6]。得国而狃[7]，终逢其咎[8]。丧田不惩[9]，祸乱其兴[10]。"既里、丕死[11]，祸，公陨于韩[12]。郭偃曰："善哉！夫众口祸福之门。是以君子省众而动[13]，监戒而谋[14]，谋度而行[15]，故无不济。内谋外度，考省不倦，日考而习[16]，戒备毕矣[17]。"

【注释】

①背：背弃。外：指秦国。惠公曾许诺赠送河外五城给秦国。内：指里克、丕郑。惠公曾许诺赐里克百万汾阳之田，赐丕郑七十万负蔡之田。

②舆人：众人。诵：不歌曰诵。

③佞：伪善，指里克、丕郑同意接受惠公贿赂而接纳其回国。见佞：指惠公回国之后背弃承诺。

④果丧其田：终究失去惠公所许诺的良田。果，竟，终究。

⑤诈：欺诈，指秦国以诈立惠公。

⑥果丧其赂：指秦国终究没有得到贿赂。

⑦狃：贪。

⑧终逢其咎：最终一定会遭到灾祸。指秦晋韩原之战，惠公战败被俘。

⑨惩：惩艾，警惕。

⑩祸乱其兴：指丕郑欲与秦纳重耳，被惠公所杀。

⑪里、丕死：晋惠公回国后先后杀死了里克、丕郑。

⑫公陨于韩：公元前645年，晋惠公败于秦晋韩原之战。陨，坠落。韩，韩原，在今山西河津、万泉之间。

⑬省众而动：省察民意后行动。

⑭监戒而谋：监察鉴戒之后谋划。

⑮谋度而行：某事揣度道义而行。

⑯日考而习：每日考省而温习。

⑰毕：完毕。

**【译文】**

惠公入晋后背弃先前承诺的对国内外的贿赂。众人讽诵说："伪善者反被伪善者欺骗，最终丧失良田。欺诈者反被欺诈，最终丧失贿赂。当上国君就贪心，最终要遭受凶咎。失去良田还不知惩艾，祸乱由此兴起。"不久里克、丕郑被惠公杀死，由于失信之祸，惠公在韩原栽了大跟头。大夫郭偃说："好啊！众人之口，是祸福的门户。因此君子省察民意而后行动，监察鉴戒而后谋划，谋事揣度道义而后施行，因此事情没有不成功的。内作谋划，外度民心，不倦地考察反省，每日考省温习，戒备之道全在于此。"

# 秦荐晋饥晋不予秦籴

本篇记载秦晋两国在遭遇饥荒之际对卖粮所采取的不同策略。晋国发生饥荒，要求向秦国买粮。秦国大夫丕豹认为，晋惠公背弃对秦国的贿赂，往年有里克、丕郑之难，如今又再次饥荒，正是秦国伐晋的大好时机。秦穆公和大夫公孙枝则认为，背弃贿赂是晋君的过错，与晋国民众没有关系。每个国家都会遭遇天灾，救灾是人间正道。秦国如果卖粮给晋国，会使晋国民众站在秦国一边批评晋君。秦国于是决定通过黄河水运卖粮给晋国。后来秦国也发生饥荒，晋惠公原本打算通过黄河卖粮给秦国，但晋国大夫虢射却认为，晋国背弃贿赂而卖给秦国粮食，这样做无损于仇怨而使敌人强大，不如不卖粮给秦国。虽有庆郑出来反对虢射意见，但晋惠公最终决定不卖粮给秦国。晋国此举激怒了秦人，导致秦晋韩原之战爆发。秦穆公关于“天殃流行，国家代有。补乏荐饥，道也”的言论，体现了深厚的人道主义精神。

晋饥，乞籴于秦[1]。丕豹曰："晋君无礼于君[2]，众莫不知。往年有难[3]，今又荐饥[4]。已失人，又失天，其有殃也多矣。君其伐之，勿予籴！"公曰："寡人其君是恶，其民何罪？天殃流行，国家代有[5]。补乏荐饥[6]，道也，不可以废道于天下。"谓公孙枝曰："予之乎？"公孙枝曰："君有施于晋君，晋君无施于其众。今旱而听于君，其天道也。君若弗予，而天予之。苟众不说，其君之不报也则有辞矣。不若予之，以说其众。众说，必咎于其君。其君不听，然后诛焉。虽欲御我，谁与？"是故泛舟于河[7]，归籴于晋。

【注释】

①籴（dí）：买粮。

②晋君无礼于君：指惠公背弃对秦国的贿赂。

③往年有难：指惠公杀里克、丕郑。

④荐饥：连续饥荒。

⑤代：更替。

⑥荐：进。

⑦泛舟于河：《左传》载："自雍及绛相继，命之曰泛舟之役。"从秦国都城雍，即今陕西凤翔南，至晋国都城翼，即今山西翼城东南，大约是沿渭河而东，至华阴转黄河，又东入汾河转浍河。泛，浮。

【译文】

晋国饥荒，请求向秦国买粮。丕豹说："晋君对秦君无礼，众人没有不知道的。晋国往年有里克、丕郑之难，如今又再次饥荒。晋君既失去人心，又失去天意，他将会遭到很多祸殃。君主讨伐晋国吧，不要卖粮给晋国！”秦穆公说：“我厌恶的是晋君，晋国民众有什么罪？上天祸殃流行，每个国家都会交替遇到灾荒。补充困乏，救助饥荒，这是人间正道，不能向天下展示秦国失道。”说罢问公孙枝：“秦国卖粮给晋国吗？”公孙枝说：“君主对晋君有恩惠，而晋君对民众无恩惠。如今由于天旱而使晋君听命于您，这大概是天道吧。君主如果不卖粮给晋国，那么上天也要您卖粮。如果晋国民众不满于秦不卖粮，那么晋君不报答秦国恩惠就有话可说了。不如卖粮给晋国，以取悦于晋国民众。晋国民众对秦国感到高兴，那么必然会批评国君。如果晋君不听秦国命令，那么秦国就可以诛讨。即使晋君想抵抗秦国，那么谁来帮助他呢？”所以秦国通过黄河水运，将粮食卖给晋国。

秦饥，公令河上输之粟①。虢射曰②：“弗予赂地而予之籴，无损于怨而厚于寇，不若勿予。”公曰：“然。”庆郑曰③：“不可。已赖其地，而又爱其实④，忘善而背德，虽我必击之。弗予，必击我。”公曰：“非郑之所知也。”遂不予。

**【注释】**

①河上：通过黄河水运。

②虢射：晋国大夫。

③庆郑：晋国大夫。

④实：谷。

**【译文】**

秦国发生饥荒，晋惠公命令从黄河将粮食运到秦国。虢射说："您不将承诺的五城交给秦国而卖给他们粮食，这无损于仇怨而使敌人强大，不如不卖粮给他们。"惠公说："确实如此。"庆郑说："不可以。我们已经赖掉了土地，而又吝惜粮食，忘记别人好处，背弃恩德，即使是我们处在秦国的地位也一定会出击。不卖给粮食，秦国一定会攻击晋国。"惠公说："这个道理不是庆郑所知道的。"于是决定不卖给秦国粮食。

# 秦侵晋止惠公于秦

晋惠公依靠秦国力量归国即位，但他回国之后立即背弃了对秦国的贿赂承诺。秦国以德报怨，在晋国饥荒之际卖粮给晋人，而在秦国遇到饥荒时，晋国却恩将仇报不救秦国。因此秦国在年成安定之后便征讨晋国。晋国内部君臣之间存在矛盾，庆郑因为惠公拒绝正确建议而怨恨惠公。秦晋两军对垒，韩简发现秦兵虽少但斗志旺盛，他分析这是由于秦国对晋人有三大恩惠而无报答。晋惠公表示不能被人轻侮，驱兵与秦人决战。由于晋人理屈，因此双方交手晋师便陷入溃败。庆郑不愿意救惠公，导致惠公成为秦人俘虏。在如何处置晋惠公问题上，秦国大夫存在两种意见：公子絷主张杀掉惠公；公孙枝则认为放惠公归国比较有利。秦穆公采纳了公孙枝意见，让惠公太子子圉到秦国做人质，换回其父惠公。秦国还索回晋惠公曾经许诺的河东五城。秦晋韩原之战，实质上是理直与理曲之争，战争尚未开始，就已经定出胜负，晋惠公其实是败在道义之上。

六年[1]，秦岁定[2]，帅师侵晋，至于韩[3]。公谓庆郑曰："秦寇深矣，奈何？"庆郑曰："君深其怨，能浅其寇乎？非郑之所知也，君其讯射也[4]。"公曰："舅所病也[5]？"卜右[6]，庆郑吉。公曰："郑也不逊。"以家仆徒为右[7]，步扬御戎[8]；梁由靡御韩简[9]，虢射为右，以承公[10]。

【注释】

①六年：晋惠公六年为公元前645年。

②岁定：年成安定。

③韩：韩原，晋国地名，在今山西河津、万泉之间。

④讯：讯问。射：虢射。

⑤舅：诸侯称异姓大夫为舅。病：诟病。

⑥右：车右武士。

⑦家仆徒：晋国大夫。家，姓。仆徒，名。

⑧步扬：晋国大夫。御戎：驾驭晋惠公所乘兵车。

⑨梁由靡：晋国大夫。韩简：晋国正卿。

⑩承：接应。

【译文】

晋惠公六年，秦国年成安定，秦穆公帅军侵犯晋国，到达晋国韩原。惠公对庆郑说："秦国敌寇深入我国了，怎么办？"庆郑说："君主加深两国仇怨，您还能让秦寇浅入我国吗？这不是我庆郑所知道的，君主还是询问虢射吧。"惠公说："舅氏对我有所诟病吗？"占卜车右武士，卦象表明庆郑吉利。惠公说："庆郑出言不逊。"他让家仆徒为车右，让步扬驾驭自己所乘的兵车。梁由靡驾驭韩简的兵车，虢射为车右武士，此车接应晋惠公。

公御秦师，令韩简视师[1]，曰："师少于我，斗士众[2]。"公曰："何故？"简曰："以君之出也处己[3]，入也烦己[4]，饥食其籴，三施而无报，故来。今又击之，秦莫不愠[5]，晋莫不怠，斗士是故众。"公曰："然今我不击，归必狃[6]。一夫不可狃，而况国乎！"公令韩简挑战，曰："昔君之惠也，寡人未之敢忘。寡人有众，能合之弗能离也。君若还，寡人之愿也。君若不还，寡人将无所避。"穆公衡雕戈出见使者[7]，曰："昔君之未入，寡人之忧也。君入而列未成[8]，寡人未敢忘。今君既定而列成，君其整列，寡人将亲见。"

**【注释】**

①视师：探视秦军情况。

②斗士：欲斗者。

③出也处己：在出亡时依靠秦国。己，指秦国。

④入也烦己：进入晋国时麻烦秦国。

⑤愠（yùn）：怒。

⑥狃（niǔ）：轻侮。

⑦衡：横。雕：镂。戈：戟。

⑧列：位。

【译文】

惠公抵御秦军，派韩简去探视秦军情况，韩简回来报告说："秦军人数比我们少，但欲斗者众多。"惠公问："这是什么缘故？"韩简说："这是因为您在出亡时期依靠秦国，进入晋国时又麻烦秦国，饥荒时吃秦国粮食，秦国有三大恩惠而没有报答，所以他们才来入侵。如今您又率兵出击，秦国没有人不愤怒，晋国没有人不懈怠，所以秦国欲斗者众多。"惠公说："但是如今我不出击，回去以后必定受到轻侮。一介匹夫尚且不可轻侮，何况一个国家呢？"惠公派韩简挑战，说："从前秦君的恩惠，我不敢忘记。我有兵众，能够把他们集合起来却无法让他们解散。秦君如果自动退回，这是我的愿望。秦君如果不退回，我将会无所逃避。"秦穆公横执一支镂刻的长戈出见晋国使者，说："从前晋君没有归国，这是我所担忧的事。晋君归国而未即君位，我也不敢忘记。如今晋君已经安定，君位已稳，请晋君整理军列，我将要亲自见他。"

客还[①]，公孙枝进谏曰："昔君之不纳公子重耳而纳晋君，是君之不置德而置服也。置而不遂[②]，击而不胜，其若为诸侯笑何？君盍待之乎？"穆公曰："然。昔吾之不纳公子重耳而纳晋君，是吾不置德而置服也。然公子重耳实不肯，吾又奚言哉？杀其内主[③]，背其外赂，彼塞我施，若无天乎[④]？若有天，吾必胜之。"君揖大夫就车[⑤]，君鼓而进之。晋师溃，戎马泞而止[⑥]。公号庆郑曰[⑦]："载我！"庆郑曰："忘善而背德，又废吉卜，何我之载？郑之车不足以辱君避也！"梁由靡御韩简，辂秦公[8]，将止之，庆郑曰："释来救君！"亦不克救，遂止于秦[9]。

【注释】

①客：指晋军使者韩简。

②遂：成。

③内主：指里克、丕郑等。

④天：天理。

⑤揖：拱手作揖。

⑥戎马：驾战车的马。据《左传》，晋惠公的戎马名叫小驷，是郑国进贡来的。庆郑曾劝谏说别国的马不习水土，遇到紧急情况容易出问题，惠公不听，果因马陷遇险。泞：陷入泥泞。

⑦号：呼叫。

⑧辂（yà）：通"迓"，迎战。

⑨止：留，指被俘虏。

【译文】

韩简回去后，公孙枝进谏说："从前君主不送公子重耳归国而送夷吾，这是君主不立有德者而立臣服者。立晋君而不成功，攻击而不能取胜，将如何面对诸侯的取笑？君主何不等待晋国内乱呢？"秦穆公说："是的。以前我不送公子重耳归国而送夷吾，这是我不立有德者而立臣服者。但公子重耳实在不肯归国，我又说什么好呢？晋君杀死内部策应者里克和丕郑，背弃对秦承诺的贿赂，他把内外之路堵死了，而我施惠于他，难道就没有天理吗？如果有天理，我一定会取胜。”秦穆公作揖请大夫们上战车，他击鼓指挥进攻。晋军溃败，晋侯驾车的马陷入泥泞而不能行进。惠公呼叫庆郑说：“用你的车载我。”庆郑说：“忘记友善，背弃恩德，又废弃吉利的占卜，哪有什么‘我’可载的？庆郑的车不足以辱没君主避难！”梁由靡为韩简驾车，迎战秦穆公，将要擒获秦穆公，庆郑说：“放开他来救君主！”韩简也未能救惠公，于是惠公被秦军俘虏。

穆公归，至于王城①，合大夫而谋曰：“杀晋君与逐出之，与以归之，与复之，孰利？”公子絷曰：“杀之利。逐之恐构诸侯②，以归则国家多慝③，复之则君臣合作，恐为君忧，不若杀之。”公孙枝曰：“不可。耻大国之士于中原④，又杀其君以重之，子思报父之仇，臣思报君之雠，虽微秦国⑤，天下孰弗患？”公子絷曰：“吾岂将徒杀之⑥？吾将以公子重耳代之。晋君之无道莫不闻，公子重耳之仁莫不知。战胜大国，武也。杀无道而立有道，仁也。胜无后害，智也。”公孙枝曰：“耻一国之士，又曰余纳有道以临女，无乃不可乎？若不可，必为诸侯笑。战而取笑诸侯，不可谓武。杀其弟而立其兄，兄德我而忘其亲，不可谓仁。若弗忘，是再施不遂也，不可谓智。”君曰：“然则若何？”公孙枝曰：“不若以归，以要晋国之成⑦，复其君而质其嫡子⑧，使子父代处秦⑨，国可以无害。”是故归惠公而质子圉[⑩]，秦始知河东之政[⑪]。

**【注释】**

①王城：秦国地名。

②构：构怨。

③慝（tè）：邪恶。

④中原：指战场。

⑤虽：惟，发语词。微：非。

⑥徒：空。

⑦要：缔结。成：和约。

⑧质：做人质。

⑨代：交替。

⑩子圉：惠公之子，后归国即位，为怀公。

⑪秦始知河东之政：知，管理。河东，指夷吾许诺送给秦国的五座城邑。按，晋惠公被俘后，《左传》尚记有惠公的姐姐秦穆夫人携太子、儿子弘和女儿简璧登上堆着柴草的高台，做出准备自焚的姿态要胁秦穆公，不让他杀晋惠公。

**【译文】**

秦穆公班师回国，到达王城，召集大夫谋划，说："杀死晋君，与将晋君驱逐出晋国，与把他带回秦国，与放他回国，哪一个处理方法对秦国更有利？"公子絷说："杀死他对秦国有利。驱逐他恐怕与诸侯构怨，把他带回秦国则怕国家多有邪恶，放他回国就怕晋国君臣合作，恐成君主的忧患。不如杀死他。"公孙枝说："不可以。我们已经让大国的卿士大夫在战场战败蒙耻，又杀死他们的君主来加重怨仇，这样晋君的儿子就会想着要为父亲复仇，晋国的臣民就会想着要为君主复仇，这样岂非秦国感到忧患，天下哪一个诸侯国不以此为患？”公子絷说：“我们难道是白白地杀死他？我们将以公子重耳来代替他。晋君夷吾的无道，无人不知，公子重耳的仁爱，无人不晓。战胜大国，这是武。杀无道之君立有道之君，这是仁。战胜之后没有后遗症，这是智。”公孙枝说：“羞辱一国的卿士大夫，又说我给你们送一个有道之君来统治你们，恐怕不可以吧？如果行不通，必定被诸侯取笑。战胜而被诸侯取笑，不能称武。杀死弟弟立哥哥，让哥哥感激我们而忘记兄弟之情，不能称仁。如果大家没有忘记的话，这是秦国第二次施恩惠而没有成功，这不能称智。”秦穆公问：“如此该怎么办？”公孙枝说：“不如放他回去，我们与他们缔结和约，放君主回去，让他的嫡子来秦国做人质，使儿子与父亲交替住在秦国，这样秦国就可以不受害了。”因此秦国放回惠公，惠公儿子子圉到秦国做人质，秦国开始管理河东五城的政务。

# 晋语四

## 重耳自狄适齐

晋文公重耳是春秋时期的一位传奇人物，他因遭遇骊姬之难，在国外度过十九年颠沛流离的流浪生涯，备尝险阻艰难，看尽人情冷暖世态炎凉，最终得以归国即位。他施展雄才大略，挫败楚人的称霸企图，成为继齐桓公之后的第二位春秋霸主。重耳的一生波澜壮阔，如同一首辉煌壮丽的史诗，形象地说明了“艰难困苦，玉汝于成”的道理，《左传》作者甚至打破编年体例，将重耳生平集中放到僖公二十三、二十四年去写。本篇记载重耳离开狄国之际子犯的谋划以及周游途中子犯的妙解屈辱。公元前 645 年秦晋韩原之战爆发，晋惠公做了秦国俘虏。居狄 12 年的重耳从中看到了希望，开始为归国执政做筹划。子犯提出，不能长期滞留狄国，应该去投奔处于暮年而希望有所作为的齐桓公。他的意见得到众人的赞同。在路过卫国五鹿的时候，饥肠辘辘的重耳向农夫乞食，农夫递给重耳一个土块。受到侮辱的重耳满腔怒火，挥鞭想抽打农夫。子犯从天命神意的角度对农夫授土作了解释，他说农夫授土是重耳得到封土的象征，并预言 12 年之后，重耳一定会得到五鹿这片土地。子犯的妙解给处于艰难困顿之中的重耳打了一剂强心针，使他重振信心，踏上继续求索的征途。文章表明，重耳之所以能够度过重重难关，是由于他的随从人员给他出谋画策，替他加油打气，而在随从人员之中，他的舅舅子犯堪称是关键谋主。没有子犯这些优秀人才帮助重耳，他的成功是不可想象的。

文公在狄十二年[1]，狐偃曰："日[2]，吾来此也，非以狄为荣[3]，可以成事也[4]。吾曰：'奔而易达[5]，困而有资[6]，休以择利[7]，可以戾也[8]。'今戾久矣，戾久将底[9]。底著滞淫[10]，谁能兴之[11]？盍速行乎！吾不适齐、楚，避其远也。蓄力一纪[12]，可以远矣。齐侯长矣[13]，而欲亲晋。管仲殁矣[14]，多谗在侧[15]。谋而无正[16]，衷而思始[17]。夫必追择前言，求善以终，餍迩逐远[18]，远人入服[19]，不为邮矣[20]。会其季年可也[21]，兹可以亲[22]。"皆以为然。

**【注释】**

①文公在狄十二年：公元前655年重耳奔狄，据后文，此年岁在寿星，则此年是公元前644年，首尾十二年。

②日：当日，指十二年前奔狄之日。

③荣：荣乐。

④成事：成大事。

⑤奔而易达：狄离晋国较近，出奔易于到达。

⑥困而有资：在困窘之中可以得到狄人资助。

⑦休以择利：在狄暂作休整，再选择有利时机。

⑧戾：定居。

⑨底：中止。

⑩著：附带。滞淫：怠惰。

⑪兴：起，振作。

⑫蓄力：积蓄力量。一纪：十二年。

⑬齐侯长矣：是年为齐桓公四十二年，下一年齐桓公

即去世。齐侯，齐桓公。长，年老。

⑭殁：死亡。

⑮多谗在侧：管仲死后，齐桓公被竖刁、易牙等谗臣包围。

⑯谋而无正：虽欲谋划，苦无就正之人。

⑰衷而思始：齐桓公苦无谋臣，心中便会想起当初管仲辅政情景。衷，内心。

⑱餍迩逐远：齐桓公近邻已经安定，便会追求与远邻交往。餍，安。迩，近。逐，求。

⑲远人：指重耳等人。入服：归服。

⑳邮：通"尤"，过错。

㉑会：值。其：指齐桓公。季年：暮年。

㉒兹：此，指齐桓公。亲：亲近。

**【译文】**

晋文公重耳在狄国住了十二年，狐偃说："当初，我们来到这里，并不是以狄国为荣乐之所，不是因为狄国能成就大事。我说过：'出奔易于到达，在困窘之中可以得到狄人资助，在狄暂作休整，再选择有利时机，可以定居下来。'如今安居已久，住久了志向将会中止。志向中止再加上怠惰，谁能帮你振作起来呢？何不赶快走呢！当初我们不到齐、楚大国，是为了避免路途遥远。如今我们积蓄力量十二年，可以远行了。齐桓公年老了，他想亲近晋国。管仲已经去世了，许多谗佞之臣聚集在齐桓公身边。齐桓公虽想谋划却苦无就正之人，心中便会想起当初管仲辅政情景。他一定会追思、选择管仲以前对他说过的话，以求得善终，齐国近邻已经安定，他便会追求与远邻交往。我们这些远道之人归附齐桓公，这是不会错的。赶上齐桓公暮年是可以的，这个人可以亲近。”大家都觉得狐偃说得对。

乃行，过五鹿[①]，乞食于野人[②]。野人举块以与之[③]，公子怒，将鞭之。子犯曰：“天赐也。民以土服[④]，又何求焉！天事必象[⑤]，十有二年，必获此土[⑥]。二三子志之[⑦]。岁在寿星及鹑尾，其有此土乎[⑧]！天以命矣，复于寿星[⑨]，必获诸侯[⑩]。天之道也，由是始之[⑪]。有此，其以戊申乎[⑫]！所以申土也[⑬]。”再拜稽首，受而载之。遂适齐。

**【注释】**

①五鹿：卫地，在今河南濮阳东北莎鹿城。

②野人：农夫。

③块：土块。

④民以土服：民众奉土以服事重耳。

⑤天事：天下之事。必象：必先有瑞象。

⑥十有二年，必获此土：此为公元前632年晋文公伐卫取五鹿张本。有，通“又”。

⑦志：记住。

⑧岁在寿星及鹑尾，其有此土乎：此年岁在寿星，公元前633年岁在鹑尾，公元前632年岁复在寿星，晋文公伐卫，正月六日戊申取五鹿，正在寿星、鹑

尾之际。岁，岁星。寿星，十二星次之一。在十二支为辰，在二十八宿则起于轸宿十二度，跨角、亢二宿而至氐宿四度。鹑尾，星次名。韦昭注："自张十七度至轸十一度为鹑尾之次。"

⑨复于寿星：当岁星再次运行到寿星星次。指公元前632年。

⑩必获诸侯：指称霸诸侯。公元前632年四月，文公败楚师于城濮，合诸侯于践土，五月献楚俘于周襄王，周襄王策命晋文公为侯伯，故曰获诸侯。

⑪由是始之：从这里开始。

⑫戊申：戊申之日。

⑬申土：扩张土地。

**【译文】**

于是重耳启程，路过五鹿，向村野农夫讨饭吃。农夫拿起一个土块递给重耳，公子大怒，想鞭打农夫。子犯说："这是天赐啊！民众奉土来服事公子，公子还想求什么呢？天下之事必先有瑞象，十二年以后，我们一定会获得这片土地。各位记住这个日子。岁星在寿星、鹑尾之际，大概就是我们获得这片土地的时候吧！天命注定了，当岁星再次运行到寿星星次之时，我们一定能称霸诸侯。上天之道，就是从今天这里开始。我们拥有这片土地，大概在戊申之日吧！戊申寓意是扩张土地。"重耳对农夫再拜稽首，接受土块而载于车上。于是重耳一行到了齐国。

## 曹共公不礼重耳而观其骿胁

本篇记载重耳一行在曹国的遭遇。重耳从卫国来到曹国，曹共公同样不予礼遇。更有甚者，曹共公听说重耳肋骨连成一片，于是便趁着重耳洗澡之际，设置便于偷窥的门帘，观看重耳的骿肋。身为一国君主，曹共公竟然做出偷窥他人生理特征的非礼举动，实在令人非夷所思。倒是曹国大夫僖负羁之妻深明大义，她认为重耳随从都是国相之材，重耳一定能够归国即位。如果重耳得志而诛讨无礼，曹国一定会成为晋人首先征讨的对象。因此她建议僖负羁对重耳一行早作感情投资，自觉地与曹国君臣无礼行为区别开来。僖负羁听从妻子建议，送给重耳熟食，将玉璧放在熟食之下。重耳收下熟食以示接受僖负羁善意，而退回玉璧，表示自己不贪财。僖负羁劝谏曹共公礼遇重耳，他说，晋、卫是文、武的后代，世世代代不废宗亲之情。他批评曹共公的无礼举动毁掉了政之干、礼之宗、国之常。但是，曹共公听不进僖负羁的忠告，这为日后曹国被晋人讨伐埋下了祸根。

自卫过曹，曹共公亦不礼焉①，闻其骿胁②，欲观其状，止其舍，谍其将浴③，设微薄而观之④。僖负羁之妻言于负羁曰⑤："吾观晋公子贤人也，其从者皆国相也⑥，以相一人⑦，必得晋国。得晋国而讨无礼，曹其首诛也。子盍蚤自贰焉⑧？"僖负羁馈飧⑨，置璧焉。公子受飧反璧。

【注释】

①曹共公：曹国君主，姬姓，名襄。

②骿（pián）胁：肋骨并成一片。

③谍：用做动词，探知。

④微薄：同"帷簿"，门帘。

⑤僖负羁：曹国大夫。

⑥国相：为一国辅相。

⑦一人：指重耳。

⑧贰：不一样。

⑨飧（sūn）：熟食。

【译文】

重耳从卫国经过曹国，曹共公也不予礼遇，他听说重耳肋骨连成一片，想看一看究竟是什么样子，便留重耳住进馆舍，探听到重耳洗澡的时间，便设下帷簿，在帘后偷窥。僖负羁的妻子对丈夫说："我看晋公子是一个贤人，他的随从都是国相之材，众多贤才辅助重耳一人，重耳必定得到晋国政权。得到晋国之后，他就会征讨无礼之国，曹国首当其冲。您何不早一点表示自己与国君不一样呢？"

僖负羁馈赠熟食给重耳一行，将玉璧放在食物之下。公子收下熟食，而将玉璧奉还。

负羁言于曹伯曰："夫晋公子在此，君之匹也①，不亦礼焉？"曹伯曰："诸侯之亡公子其多矣，谁不过此！亡者皆无礼者也，余焉能尽礼焉！"对曰："臣闻之：爱亲明贤②，政之干也③。礼宾矜穷④，礼之宗也⑤。礼以纪政⑥，国之常也⑦。失常不立，君所知也。国君无亲，以国为亲。先君叔振⑧，出自文王，晋祖唐叔，出自武王，文、武之功，实建诸姬。故二王之嗣，世不废亲。今君弃之，不爱亲也。晋公子生十七年而亡，卿材三人从之⑨，可谓贤矣，而君蔑之，是不明贤也。谓晋公子之亡，不可不怜也。比之宾客，不可不礼也。失此二者，是不礼宾，不怜穷也。守天之聚⑩，将施于宜。宜而不施，聚必有阙⑪。玉帛酒食，犹粪土也，爱粪土以毁三常⑫，失位而阙聚，是之不难，无乃不可乎？君其图之。"公弗听。

**【注释】**

①匹：匹配，对等。

②明：尊。

③干：主干。

④礼宾：礼遇宾客。矜穷：怜悯窘困者。

⑤宗：宗主，根本。

⑥纪：治理。

⑦常：常道。

⑧叔振：曹国始封君叔振铎，为文王之子，武王之弟，与晋国同姓。

⑨卿材三人：指狐偃、赵衰、贾佗。

⑩天之聚：指财富和民众。

⑪阙：缺失。

⑫三常：政之干、礼之宗、国之常。

**【译文】**

僖负羁对曹伯说："晋公子重耳正在曹国，他的地位与您对等，您不给他以礼遇吗？"曹伯说："诸侯的流亡公子多着呢，谁不路过这里！流亡者都是无礼之人，我哪能一一对他们尽礼？"僖负羁说："我听说，敬爱宗亲尊重贤人，是政治的主干。礼遇宾客怜悯窘困，是礼的根本。用礼作为政治的纲纪，这是治国的常道。失去常道就不能立国，这是君主您所知道的。国君无所私亲，他只是以国家为亲人。曹国先君叔振铎，出自文王，而晋国始祖唐叔，出自武王，文、武的功业，奠定了诸姬分封天下的基础。因此文王、武王的后代，世世代代不废亲情。如今君主抛弃了亲情，这是不爱宗亲。晋公子重耳十七岁就流亡，有三位卿相之材随从，可以说是贤人了，而君主蔑视他们，这是不尊重贤人。按理说晋公子流亡，不可不怜悯。即使将他们视为普通宾客，也不可不予以礼遇。失掉了这两点，就是不礼遇宾客，不怜悯窘困。君主看守上天所赐的财富与民众，应该施予适宜的对象。遇到适宜的对象而不施予，这样所聚的财富和民众必定有所缺失。玉帛酒食这些东西，如同粪土一般，吝啬粪土一般的东西而毁灭政之干、礼之宗、国之常，既失君位又失财富民众，而您却肯定这些做法，不把它看成是灾难，这恐怕不可以吧？君主您考虑吧。”曹伯不听。

## 楚成王以周礼享重耳

本篇记载重耳在楚国的经历。重耳在卫、曹、郑等国受到冷遇，处于蛮夷的南楚却清楚地认识到重耳的政治价值。重耳与楚成王的会晤，堪称是春秋时期两大英雄的相遇，也是未来两大争霸对手的会见。楚成王用九献之君礼宴飨重耳，重耳准备谢绝，子犯认为这是天意，要求重耳接受楚王大礼款待。楚王询问重耳，如何将来重耳归国即位，打算如何报答楚国。重耳回答说，如果将来晋楚在战场相遇，晋国愿意退避三舍来报答楚国。如果楚国仍不退兵，那就要与楚国周旋到底。这个答辞有理有节，显示重耳在政治上已经趋于成熟老练。令尹子玉建议杀死重耳，或者扣下子犯作为人质，以免晋国成为楚国争霸的劲敌。楚成王认为，楚国所恐惧的是自己不修德，而不是他人强大。重耳敏捷有礼，子犯等人是杰出人才，这说明重耳将会得到上天赐福。正好此时晋怀公子圉从秦国逃归，秦穆公准备重新物色晋君，派人到楚国迎接重耳，楚成王用厚礼将公子重耳送到秦国。楚国已经看到重耳的政治前景及其对楚国的威胁，但楚成王却只是以大礼示好而不杀重耳，展示了楚成王对重耳惺惺相惜的英雄情怀。

遂如楚，楚成王以周礼享之[①]，九献[②]，庭实旅百[③]。公子欲辞，子犯曰："天命也，君其飨之。亡人而国荐之[④]，非敌而君设之[⑤]，非天，谁启之心！"既飨，楚子问于公子曰："子若克复晋国，何以报我？"公子再拜稽首对曰："子女玉帛[⑥]，则君有之。羽旄齿革[⑦]，则君地生焉。其波及晋国者，君之余也，又何以报？"王曰："虽然，不穀愿闻之[⑧]。"对曰："若以君之灵[⑨]，得复晋国，晋、楚治兵，会于中原，其避君三舍[⑩]，若不获命[⑪]，其左执鞭弭[⑫]，右属櫜鞬[⑬]，以与君周旋[⑭]。"

**【注释】**

①楚成王：楚国君主，芈姓，熊氏，名頵（yūn）。周礼：俞樾认为是"君礼"，即楚子以款待国君的礼仪接待重耳。享：设宴款待。

②九献：接待上公之礼。主人敬酒为献，客还敬为酢，主再敬为酬，三者称一献之礼。重复九次为九献之礼。

③庭实：诸侯聘问，将礼物陈列于宫庭，称为庭实。旅百：陈列上百件礼物。旅，陈列。

④国荐：以国君之礼进献。

⑤非敌：不是匹敌。君设之：设之以君礼。

⑥子女：美女。

⑦羽旄齿革：翡翠、孔雀之类鸟羽、旄牛尾、象牙、牛皮。

⑧不穀：不善。古代王侯自称的谦词。

⑨以君之灵：托您的福。

⑩三舍：九十里。舍，三十里为一舍。

⑪命：楚国退兵的命令。

⑫鞭：马鞭。弭：末端无缴束，仅饰以角、骨的弓。

⑬属：用手摸。櫜（gāo）：盛箭之器。鞬（jiān）：马上装弓箭的器具。

⑭周旋：较量。

**【译文】**

重耳一行于是到了楚国，楚成王用周礼款待重耳，宴会上献礼九次，庭上陈列的礼物上百件。公子准备推辞，子犯说："这是天命啊，您还是享受此礼吧。流亡者却享受国君的礼节，地位不对等而设之以君礼，如果不是上天旨意，谁能开启楚王之心呢！"飨礼之后，楚成王问公子重耳说："您若能够回晋国为君，拿什么来报答我？"公子再拜磕头回答说："美女玉帛，您已拥有。鸟羽、旄牛尾、象牙、牛皮，出产于楚国。其余波及晋国的东西，已经是楚王剩下来的了，我又拿什么来报答呢？"楚成王说："虽然这样，我还是想听听您怎样报答我。"重耳说："如果托您的福，我得以返回晋国，那么晋、楚两国交兵，在中原相遇，我愿意退避九十里，如果还得不到楚国退兵的命令，那么我就会左手执马鞭弓箭，右手抚箭囊弓套，来与您较量。"

令尹子玉曰[①]："请杀晋公子。弗杀，而反晋国，必惧楚师。"王曰："不可。楚师之惧，我不修也[②]。

我之不德，杀之何为！天之祚楚[3]，谁能惧之？楚不可祚，冀州之土[4]，其无令君乎？且晋公子敏而有文[5]，约而不谄[6]，三材侍之[7]，天祚之矣。天之所兴，谁能废之？”子玉曰：“然则请止狐偃[8]。”王曰：“不可。《曹诗》曰[9]：‘彼己之子[10]，不遂其媾[11]。’邮之也[12]。夫邮而效之，邮又甚焉。效邮，非礼也。”于是怀公自秦逃归[13]。秦伯召公子于楚[14]，楚子厚币以送公子于秦[15]。

【注释】

①令尹：楚国官名，相当于国相。子玉：成得臣，楚若敖的曾孙。

②不修：不修德。

③祚（zuò）：赐福，佑助。

④冀州：九州之一，在今河北、山西一带，晋国属于古冀州。

⑤敏而有文：敏捷有礼文。

⑥约而不谄：困窘而不谄媚。

⑦三材：三位杰出人才，指狐偃、赵衰、贾佗。

⑧止狐偃：扣留狐偃作为人质。

⑨《曹诗》：此指《诗经·曹风·候人》。

⑩己：今本作“其”。

⑪遂：称意。媾（gòu）：厚爱。

⑫邮：通“尤”，过错。

⑬怀公：惠公之子圉。公元前643年圉到秦国做人质，

听说惠公病重，公元前638年从秦国逃回。子圉逃归之举激怒了秦穆公，因此他从楚国召重耳，准备送他回晋国即位。

⑭秦伯：秦穆公。

⑮楚子：楚成王。厚币：重礼。

**【译文】**

令尹子玉说："我请求杀死晋公子重耳。如果不杀，让他返回晋国，必定会成为楚军的劲敌。"楚成王说："不可以。楚军恐惧的事，是我们不修德。我们没有美德，为什么要杀晋公子！上天如果赐福楚国，谁能让楚国为之恐惧？如果上天不赐福于楚，那么冀州土地上，难道就没有明君？况且晋公子重耳敏捷有礼文，困窘而不谄媚，三位杰出人才事奉他，这是上天赐福于他啊。上天要让他兴旺发达，谁能废弃他呢？"子玉说："那么我请求把狐偃扣留下来作人质。"楚成王说："不可以。《诗经·曹风·候人》说：'那个人啊，不能让人称心厚爱。'这是指出他人的过错啊。知错而又效法，那么过错就更大了。效法过错，这是非礼的。"此时晋怀公子圉从秦国逃回晋国。秦穆公派人到楚国召公子重耳，楚成王用厚礼将公子重耳送到秦国。

# 秦伯纳重耳于晋

本篇记载重耳在秦穆公护送下归国即位的经过。公元前637年十月，晋惠公病逝，从秦国逃归的子圉即位，秦穆公看到时机成熟，于是派兵护送重耳归国即位。重耳归国途中有一个小插曲：子犯在重耳流浪途中多次犯颜谏争，他害怕重耳回国后加害自己，于是表示要就此流亡。重耳投璧于河，表示要与子犯戮力同心，终于打消了子犯的疑虑。晋国太史董因到黄河边上迎接重耳回国。重耳问自己此次能够成功，董因分别从占星和卜筮角度说明，重耳归国正好应验了吉星，做事没有不成功的。董因还预言重耳必定能够称霸诸侯，子孙都依托他的洪福。这些预言坚定了重耳归国的信念。重耳渡过黄河之后，晋人纷纷向重耳投降。吕甥、冀芮帅兵试图抵抗，但慑于秦兵的威力，只好同意接纳重耳，重耳派人刺死怀公子圉。在经过十九年流浪之后，重耳终于归国即位。

十月[①]，惠公卒。十二月，秦伯纳公子。及河，子犯授公子载璧[②]，曰："臣从君还轸[③]，巡于天下，怨其多矣。臣犹知之，而况君乎？不忍其死，请由此亡[④]。"公子曰："所不与舅氏同心者，有如河水[⑤]。"沉璧以质[⑥]。

**【注释】**

①十月：公元前637年十月。

②载璧：祭祀所用的玉璧。

③还轸：周游列国。

④亡：流亡。

⑤所不与舅氏同心者，有如河水：这是重耳面对河神的誓词，"所……者"是假设出现的情况，后一句是请河神为证的意思。

⑥质：凭信。

**【译文】**

十月，晋惠公去世。十二月，秦穆公派兵护送公子重耳回国。到达黄河边上，子犯将祭祀玉璧交给公子重耳，说："我跟随您周游列国，巡行天下，结怨甚多。我自己都知道，何况是您呢？如果您不忍心看到我被处死，那么就请让我从这里流亡吧。"公子重耳说："如果我不与舅舅同心的话，请河神为证。"将玉璧投入黄河作为凭信。

董因迎公于河[①]，公问焉，曰："吾其济乎[②]？"对曰："岁在大梁[③]，将集天行[④]。元年始受[⑤]，实沈之星也[6]。实沈之墟[7]，晋人是居，所以兴也。今君当之，无不济矣。君之行也，岁在大火[8]。大火，阏伯之星也[9]，是谓大辰[10]。辰以成善[11]，后稷是相[12]，唐叔以封[13]。《瞽史记》曰[14]：'嗣续其祖[15]，如谷之滋[16]，必有晋国。'臣筮之，得《泰》之八[17]。曰：是谓天地配亨，小往大来[18]。今及之矣，何不济之有？且以辰出而以参入[19]，皆晋祥也，而天之大纪也[20]。济且秉成[21]，必霸诸侯。子孙赖之，君无惧矣。"

**【注释】**

①董因：晋国史官，周太史辛有之后。

②济：成功。

③大梁：星次名。在十二支中为酉，在二十八宿为胃、昴、毕三星。

④将集天行：将成天道。

⑤元年：重耳即位的第一年。始受：开始接受天命。

⑥实沈：星次名。大致相当于二十八宿的觜、参和毕、井的一部分，在十二辰为申。古时为晋之分野。

⑦实沈之墟：实沈在地上的分野。

⑧君之行也，岁在大火：重耳于公元前655年出奔，这一年岁星位于大火星次。

⑨阏（è）伯：尧时火正，主持祭祀大火星。

⑩大辰：即大火。

⑪辰以成善：辰表示农事吉祥，成就善道。

⑫后稷是相：后稷视农祥以成农事。相，视。

⑬唐叔以封：唐叔在大火之年得以封晋。唐叔，晋国始封君。

⑭《瞽史记》:《瞽史之纪》，史书名。

⑮嗣续其祖：继承先祖。

⑯如谷之滋：如同五谷滋生。

⑰得《泰》之八："八"是指卦象中的不动爻。《泰》卦之八，是指《泰》卦中的阴爻为不动爻。

⑱是谓天地配亨，小往大来:《泰》卦乾下坤上，乾为天，坤为地，天地交配亨通。坤在外为小往，喻子圉；乾在内为大来，喻重耳。

⑲辰出：重耳于岁在大辰之年出奔。参入：重耳归国时参星在实沈星次。

⑳天之大纪：上天大的命数。

㉑秉：执。

**【译文】**

董因到黄河边上迎接重耳，重耳问："我能成功吗？"董因回答说："岁星在大梁星次，将成天道。您即位第一年接受天命，这一年岁星运行到实沈星次。实沈的分野，正对应着晋国，所以您能够兴旺发达。如今您正好应验了吉星，做事没有不成功的。当年您出奔的时候，岁星在大火星次。大火是阏伯之星，被称为大辰。辰表示成就善道，后稷就是视农祥以成农事的，唐叔也是在大火之年得以封晋。《瞽史记》上说：'继承先祖，如同五谷滋生，必定会得到晋国。'我占筮过，所得到的是《泰》卦中八这个不动爻。卦象表明，天地交配亨通，小人失势，大人成功。如今正赶上好时辰，哪里有不成功的道理？况且您是在大辰之年出奔，在参星之年回国，这都是晋国的吉祥星次，正好是上天大的命数。渡过黄河，便可稳操胜券，必定能够称霸诸侯。子孙都依托您的洪福，您不必害怕。”

公子济河，召令狐、臼衰、桑泉[①]，皆降。晋人惧，怀公奔高梁[②]。吕甥、冀芮帅师，甲午[③]，军于庐柳[④]。秦伯使公子絷如师[⑤]，师退，次于郇[⑥]。辛丑[⑦]，狐偃及秦、晋大夫盟于郇。壬寅[⑧]，公入于晋师[⑨]。甲辰[⑩]，秦伯还。丙午[⑪]，入于曲沃。丁未[⑫]，入绛，即位于武宫[⑬]。戊申[⑭]，刺怀公于高梁。

【注释】

①召令狐、臼衰（cuī）、桑泉：召集三邑长官。令狐、臼衰、桑泉，晋国城邑。令狐在今山西临猗西，桑泉在临猗东北，臼衰在今山西解县西北。

②高梁：地名，在今山西临猗。

③甲午：公元前636年2月6日。

④庐柳：晋国地名，在今山西临猗。

⑤如师：到吕甥、冀芮所率领的晋师，与之谈判。

⑥郇（xún）：晋国地名。在今山西省临猗西南。

⑦辛丑：公元前636年2月13日。

⑧壬寅：公元前636年2月14日。

⑨公入于晋师：晋军转向重耳，所以重耳能进入晋军中。

⑩甲辰：公元前636年2月16日。

⑪丙午：公元前 636 年 2 月 18 日。

⑫丁未：公元前 636 年 2 月 19 日。

⑬武宫：晋武公宗庙。晋侯每即位，必朝之。

⑭戊申：公元前 636 年 2 月 20 日。

**【译文】**

公子重耳渡过黄河，宣召令狐、臼衰、桑泉三邑邑宰，他们都向重耳投降。晋人害怕了，怀公逃奔到高梁。吕甥、冀芮帅晋国军队试图抵抗，甲午日，晋军驻扎在庐柳。秦穆公派公子縶到晋军谈判，晋军退却，驻扎在郇地。辛丑日，狐偃与秦、晋大夫在郇地会盟。壬寅日，公子重耳入主晋军。甲辰日，秦穆公回国。丙午日，重耳进入曲沃。丁未日，重耳进入绛都，在武公宗庙即君位。戊申日，派人到高梁刺杀了晋怀公。

# 文公救宋败楚于城濮

公元前632年，晋楚在城濮爆发争霸大战。战争的导火索是宋国叛楚即晋，楚兵随即围宋。由于楚成王对重耳有礼遇之恩，晋国采取避开正面与楚国交锋、征伐楚国同盟国曹、卫的策略来救宋，但是楚国并未撤除对宋国的包围。晋国大夫先轸提出“让宋国用财物贿赂齐、秦，让齐、秦两国求楚退兵；晋国将曹、卫土地赐给宋人”的策略，以此达到既使楚人拒绝齐、秦又刺激楚人与晋作战的目的。楚国派使者宛春向晋国提出“晋国恢复卫侯君位和曹国封疆，楚国撤去宋国之围”的交换条件，晋国大夫先轸提出“私下允许曹、卫要求，离间曹、卫与楚国的关系，拘留宛春以激怒楚国”的对策，一步步将楚国引向与晋决战的战场。晋楚两军对垒之后，晋军退避三舍，以兑现重耳对楚成王的承诺。但楚帅子玉仍然不愿退兵，晋楚双方在城濮大战，战役以楚师战败而告终。城濮之战有效地遏止了南楚北向争霸的战略野心，周襄王策命晋文公为侯伯，晋文公由此登上春秋霸主的政治顶峰。孔子说：“晋文公谲而不正。”纵观晋楚大战前后晋国所用的一系列谋略，可知孔子对晋文公的评价是中肯的。

文公立四年[①]，楚成王伐宋[②]，公率齐、秦伐曹、卫以救宋[③]。宋人使门尹班告急于晋[④]，公告大夫曰："宋人告急，舍之则宋绝[⑤]。告楚则不许我[⑥]。我欲击楚，齐、秦不欲，其若之何？"先轸曰[⑦]："不若使齐、秦主楚怨[⑧]。"公曰："可乎？"先轸曰："使宋舍我而赂齐、秦，藉之告楚[⑨]。我分曹、卫之地以赐宋人。楚爱曹、卫，必不许齐、秦。齐、秦不得其请，必属怨焉[⑩]，然后用之[⑪]，蔑不欲矣[⑫]。"公说，是故以曹田、卫田赐宋人。

**【注释】**

①文公立四年：公元前633年。

②楚成王伐宋：《左传·僖公二十六年》载："宋以其善于晋侯也，叛楚即晋。冬，楚令尹子玉、司马子西帅师伐宋，围缗。"

③公率齐、秦伐曹、卫以救宋：曹、卫是楚国同盟国，晋文公伐曹、卫以救宋，是采用迂回战术，避免与楚国正面交锋。

④门尹班：宋国大夫。《左传》作"门尹般"。门尹，相当于楚之大阍，为宋重臣。

⑤舍之：放弃宋国不救。

⑥告楚：请楚国退兵。

⑦先轸：晋国中军帅，上卿。食邑于原，又称原轸。

⑧主楚怨：成为怨楚的主要国家。

⑨使宋舍我而赂齐、秦，藉之告楚：让宋国不向晋国

求救，而去用财物贿赂齐、秦两国，让齐、秦两国求楚退兵。

⑩属：结。

⑪用：用齐、秦。

⑫蔑不欲：无不从心所欲。

**【译文】**

晋文公即位四年，楚成王讨伐宋国，晋文公率领齐、秦之兵讨伐曹、卫两国，以此解救宋国。宋人派门尹班向晋国告急，文公对大夫们说："宋人向我告急，如果放弃不救，那么宋国就会与我国断交。如果请楚国退兵，那么楚国又不会同意。我想攻击楚国，但齐、秦两国又不会同意，怎么办？"先轸说："不如让齐、秦成为怨楚的主要国家。"文公问："可以吗？"先轸说："让宋国不向晋国求救，而去用财物贿赂齐、秦两国，让齐、秦两国求楚退兵。我们将曹、卫土地赐给宋人。楚国爱曹、卫，必定不会同意齐、秦两国退兵的请求。齐、秦达不到要求，必定会与楚国结怨，然后我们再用齐、秦之兵讨伐楚国，这样就会如愿以偿了。"晋文公听了很高兴，因此将曹、卫土地赐给宋人。

令尹子玉使宛春来告曰[①]："请复卫侯而封曹，臣亦释宋之围。"舅犯愠曰[②]："子玉无礼哉！君取一[③]，臣取二[④]，必击之。"先轸曰："子与之[⑤]。我不许曹、卫之请，是不许释宋也。宋众无乃强乎[⑥]！是楚一言而有三施[⑦]，子一言而有三怨。怨已多矣，难以击人。不若私许复曹、卫以携之[⑧]，执宛春以怒楚，既战而后图之⑨。”公说，是故拘宛春于卫。

【注释】

①宛春：楚国大夫。

②舅犯：重耳舅舅子犯。愠：怒。

③君取一：晋文公只向楚国提出一项从宋国退兵要求。

④臣取二：子玉身为人臣，却向晋文公提出“复卫侯”和“封曹”两项要求。

⑤与：允许，答应。

⑥强：王念孙说，“强”读为“僵”。僵，毙。

⑦三：指曹、卫、宋。

⑧携：离间。

⑨既战而后图之：等到分出战斗胜负之后，再考虑对曹、卫等国的政策。

【译文】

楚国令尹子玉派大夫宛春到晋国，告诉晋文公说：“请您恢复卫侯的君位和曹国的封疆，我也会撤去宋国之围。”子犯愤怒地说：“子玉无礼呀！晋君只提一个要求，楚臣却提两个要求，一定要攻击他们。”先轸说：“您还是答应楚国要求吧。如果我们不答应曹、卫的要求，就等于不让楚国撤去对宋国的包围。宋国民众恐怕要被围死吧！这样，楚国一句话就对曹、卫、宋三国有恩惠，您一句话就与三国结下怨仇。晋国怨仇多了，就难以攻击别人。不如私下允许曹、卫要求来离间他们与楚国的关系，再拘留宛春以激怒楚国，战后再考虑对曹、卫等国的政策。”晋文公听后很高兴，因此将楚国使者拘留在卫国。

子玉释宋围，从晋师[①]。楚既陈，晋师退舍[②]，军吏请曰："以君避臣[③]，辱也。且楚师老矣[④]，必败。何故退？"子犯曰："二三子忘在楚乎[⑤]？偃也闻之：战斗，直为壮，曲为老。未报楚惠而抗宋[⑥]，我曲楚直，其众莫不生气，不可谓老。若我以君避臣，而不去，彼亦曲矣。"退三舍避楚。楚众欲止，子玉不肯，至于城濮[⑦]，果战，楚众大败。君子曰："善以德劝。"

**【注释】**

①从：追逐。

②退舍：退避三十里，以兑现当初重耳承诺。

③以君避臣：指晋文公躲避楚臣子玉。

④老：疲惫。

⑤二三子忘在楚乎：当年公子重耳得到楚成王款待，重耳承诺以退避三舍报答楚成王。

⑥抗：救。

⑦城濮：卫国地名，在今山东鄄城临濮集。

**【译文】**

子玉撤去对宋国的包围，转而追逐晋军。楚军已经列好阵势，晋军退避三十里，晋军军官请求说："君主逃避人臣，这是耻辱。况且楚军疲惫，一定会战败。为什么要退兵呢？"子犯说："诸位难道忘记君主在楚国的承诺吗？我听说，两军作战，理直为壮，理曲为疲。我们尚未报答楚国恩惠就出兵救宋，这是我们理曲而楚国理直，楚国将士无不为此气愤，不能说楚军已经疲惫。如果我们以君躲避人臣，他们还不肯撤退，那么他们就理曲了。”晋军退避九十里以躲避楚军。楚国将士想停止进攻，但子玉不肯，到达城濮，两军终于展开大战，楚军大败。君子说：“子犯、先轸善于用道德进行规劝。”

# 晋语五

## 宁嬴氏论貌与言

本篇记载旅馆老板宁嬴氏对阳处父的评价。阳处父是晋国文、襄两朝的名臣，他在出使卫国途中宿于宁嬴氏旅馆，以其君子风采博得宁嬴氏的仰慕与追随。阳处父与宁嬴氏边走边谈，不久宁嬴氏便放弃追随阳处父回到家中。其妻问其故，宁嬴氏说，阳处父情感、语言、容貌三者分离，表里不一，貌似善于辩察，其实是以容貌掩盖短处，而且他的性格刚直，过高地估计自己之能，行为不以仁义为本，爱好冒犯别人，这会导致他聚集怨仇。宁嬴氏害怕跟随阳处父没有得到好处，因此决定离开他。一年之后，阳处父便死于贾季之难。能够从他人言行中迅速判断其性格和命运，这说明宁嬴氏善于知人识人。本篇载宁嬴氏与妻子的对话，可能是晋国史官在阳处父死后据传说写成，目的是揭示阳处父的性格缺陷，因为宁嬴氏作为社会下层人士，他们夫妇之间的交谈不可能作为记载的内容。

阳处父如卫，反，过宁[①]，舍于逆旅宁嬴氏[②]。嬴谓其妻曰："吾求君子久矣，今乃得之。"举而从之[③]，阳子道与之语，及山而还[④]。其妻曰："子得所求而不从之，何其怀也[⑤]！"曰："吾见其貌而欲之，闻其言而恶之。夫貌，情之华也[⑥]；言，貌之机也[⑦]。身为情，成于中[⑧]。言，身之文也。言文而发之，合而后行[⑨]，离则有衅[⑩]。今阳子之貌济[⑪]，其言匮，非其实也。若中不济，而外强之[⑫]，其卒将复[⑬]，中以外易矣[⑭]。若内外类[⑮]，而言反之，渎其信也[⑯]。夫言以昭信[⑰]，奉之如机[⑱]，历时而发之[⑲]，胡可渎也！今阳子之情譓矣[⑳]，以济盖也[㉑]，且刚而主能[㉒]，不本而犯[㉓]，怨之所聚也。吾惧未获其利而及其难，是故去之。"期年[㉔]，乃有贾季之难[㉕]，阳子死之。

【注释】

①宁：晋国邑名。在今河南获嘉西北。

②逆旅：客舍。

③举：起。

④山：温山。

⑤怀：思，恋家。

⑥华：华采。

⑦机：枢机。

⑧身为情，成于中：情生于身体之中。

⑨合而后行：情、言、貌三者合而后行之。

⑩衅：瑕疵。

⑪济：成。俞樾释“济”为“齐”，意为端庄恭敬。

⑫中不济，而外强之：内情不足，外貌强而为之。

⑬其卒将复：最终与内情相反。复，反。

⑭中：内。以：与。易：异。

⑮类：善。

⑯渎其信：亵渎了诚信。渎，轻。

⑰昭信：昭示诚信。

⑱奉之如机：如枢机之相应。

⑲历时：相时。

⑳譓（huì）：辩察。

㉑以济盖：成其容貌，以盖其短。

㉒刚而主能：性格刚直，过高估计自己才能。

㉓不本而犯：行为不以仁义为本，爱好冒犯别人。

㉔期年：一年。

㉕贾季之难：公元前621年，晋蒐于夷，贾季将中军，赵盾佐之。阳处父与赵氏为党，且认为赵衰之子赵盾贤能，故主张让赵盾代贾季将中军。贾季怨，使人刺杀阳处父。贾季，狐偃之子狐射姑，食邑于贾，字季佗。

【译文】

阳处父到卫国聘问，返回途中，路过宁邑，在宁嬴氏客舍住宿。宁嬴对妻子说：“我寻求君子已经很久了，如今才看到一个君子。”于是他起身随阳处父而去，阳子在路上与他边走边说，到达温山后，宁嬴便返回家。他的妻子说：

"你遇到了所追求的人而不跟他走，这是多么恋家啊！"宁嬴说："我看到他的容貌而想跟他走，但听他说话后又厌恶他。容貌是情感的华采，语言是容貌的枢机。情感产生于身体之中。语言是身体的文采。语言作为文采而发表出来，情感、语言、容貌三者合而后行之，三者分离就会有瑕疵。如今阳子虽然容貌庄敬，但语言匮乏，这说明他的容貌与内情并不相符。如果他内情不足，外貌强而为之，最终外貌与内情相反，这样内与外就相异了。如果内情与外貌都是好的，但语言与之相悖，这就是亵渎诚信了。语言是用来昭示诚信的，如枢机之相应，看到时机成熟才发表言谈，怎么能够亵渎呢！如今阳子之情似乎善于辩察，这是他以容貌掩盖短处，而且他的性格刚直，过高地估计自己才能，行为不以仁义为本，爱好冒犯别人，这会导致聚集怨仇。我怕跟随他没有得到好处，反而赶上灾难，因此离开了他。"一年之后，发生贾季之难，阳子死于此难。

# 灵公使鉏麑杀赵宣子

本文记载晋国力士鉏麑宁愿自杀也不愿不忠不信的言行。晋灵公是晋国历史上一个有名的暴君，身为正卿的赵盾多次向他进谏，灵公深以为患，于是派力士鉏麑前去刺杀赵盾。鉏麑亲眼看到赵盾早朝之前身穿朝服打盹的恭敬严肃情景，内心甚为感动，认为赵盾是镇守国家的重臣。他陷入两难选择之中：如果杀死国家重臣，那就是不忠；如果违抗君命，那就是不信。在忠信难以两全的情况下，他最后选择了触槐自杀，用自己的生命去践行他所信奉的伦理信念，彰显了春秋士大夫重义轻生的精神，体现了可歌可泣的人格力量。晋灵公多行不义必自毙，最终被赵穿所杀。鉏麑临死之前的言论应该是史官在事后据情揣测而写，因为史官不可能跟在刺客身后进行记载。鉏麑触槐自杀的情节感动了后世作家，京剧《铡美案》中家将韩琪放走秦香莲母子而自杀的情节，应该是以鉏麑自杀故事为原型。

灵公虐，赵宣子骤谏[1]，公患之，使鉏麑贼之[2]。晨往，则寝门辟矣[3]，盛服将朝，早而假寐[4]。麑退，叹而言曰："赵孟敬哉[5]！夫不忘恭敬，社稷之镇也[6]。贼国之镇不忠，受命而废之不信，享一名于此[7]，不如死。"触庭之槐而死[8]。灵公将杀赵盾，不克[9]。赵穿攻公于桃园[10]，逆公子黑臀而立之[11]，实为成公。

**【注释】**

①骤谏：屡次进谏。

②鉏麑（chúní）：晋国力士。贼：杀。

③寝门：古礼天子五门，诸侯三门，大夫二门。最内之门曰寝门，即路门。后泛指内室之门。辟：开。

④假寐：不脱衣冠而睡。

⑤敬：恭敬严肃。

⑥镇：重臣。

⑦享：背负。

⑧庭：外朝之庭。

⑨不克：灵公想借宴请赵宣子之机将其袭杀，结果被赵宣子发觉而逃走。

⑩赵穿：晋国大夫，赵宣子族弟。

⑪逆：迎。公子黑臀：晋文公之子，晋襄公之弟。

**【译文】**

晋灵公暴虐，赵宣子屡次进谏，晋灵公对此深以为患，于是派力士鉏麑刺杀赵宣子。鉏麑清晨赶到赵宣子宅第，看到内室门已经打开，赵宣子穿了朝服准备上朝，因为时间尚早，赵宣子在和衣打盹。鉏麑退出来，慨叹说："赵孟真是恭敬啊！不忘记恭敬，堪称国家的重臣。杀了国家重臣，不忠；接受国君之命却半途而废，不信；背负不忠、不信两者之中一个名声，都生不如死。"于是他一头撞在外朝庭院槐树上而死去。灵公准备杀赵宣子，未能得逞。赵穿在桃园攻杀灵公，迎接公子黑臀，立为国君，这就是晋成公。

# 张侯御郤献子

本篇记载晋国大夫解张在靡笄战役中鼓励郤克带伤作战的言行。公元前 589 年，齐晋之间爆发了靡笄大战。郤克本人在战斗中被箭射伤，就在他快要支持不住的时候，解张告诉郤克，三军将士之心，都集中在主帅车上，大家的耳目都在关注帅车的指挥旗和战鼓。出征将士从祖庙接受命令，从神社接受祭肉，披甲戴胄，应该效力至死，这是将士应尽的职责。解张不仅鼓励郤克，而且帮助郤克指挥战斗，他将所有缰绳并到左手，右手拿起鼓槌擂起战鼓，战马失控而奔逸不止，晋国三军紧随主帅战车奋勇向前，齐军大败。这篇文章说明，在战斗的关键时刻，将帅的意志对战斗的胜负起到关键作用。晋国能够在靡笄战役中取胜，很大程度上归功于解张的卓绝意志。

靡笄之役，郤献子伤[1]，曰："余病喙[2]。"张侯御[3]，曰："三军之心，在此车也。其耳目在于旗鼓[4]。车无退表[5]，鼓无退声，军事集焉[6]。吾子忍之，不可以言病[7]。受命于庙[8]，受脤于社[9]，甲胄而效死[10]，戎之政也[11]。病未若死，祗以解志[12]。"乃左并辔，右援枹而鼓之[13]，马逸不能止[14]，三军从之。齐师大败，逐之，三周华不注之山[15]。

【注释】

①郤献子伤：《左传》载："郤克伤于矢，流血及屦，未绝鼓音。"

②病喙（huì）：因伤病而喘息困难。喙，疲困气短的样子。

③张侯：晋国大夫解张。御：为郤克驾车。

④其耳目在于旗鼓：三军之目看主帅指挥旗，三军之耳听主帅鼓音。

⑤表：旌旗。

⑥集：成功。

⑦不可以言病：《荀子·议兵篇》："将死鼓，御死辔。"故解张如此说。

⑧受命于庙：古代大军出征，告于祖庙，接受戒命。

⑨受脤（shèn）于社：在土地神庙内接受祭肉。脤，古代祭祀社稷之神所用的生肉。

⑩甲胄：披甲戴胄。效死：效力至死。

⑪戎：兵戎。政：大政。

⑫衹以解志：衹，通"祇"，适，恰。解，通"懈"。
⑬枹（fú）：鼓槌。
⑭逸：失去控制。
⑮华（huà）不（fū）注：山名，在山东历城东北。

**【译文】**

在靡笄战役中，郤献子中箭受伤，说："我伤重连气都喘不过来了。"张侯为他驾驭兵车，说："三军将士之心，都集中在我们这辆主帅车上。大家的耳目都在关注我们的指挥旗和战鼓。我们车上没有退兵的旗号，没有退兵的鼓声，军队大事就成功了。您忍着吧，不能说自己伤重。我们从祖庙接受命令，从神社接受祭肉，披甲戴胄，效力至死，这是兵戎的大政。如果没有伤重而死，那么说伤重只能懈怠斗志。"于是张侯将所有缰绳并到左手，右手拿起鼓槌擂起来，战马失控而奔逸不止，晋国三军紧随主帅战车，齐军大败，晋军追赶齐军，绕着华不注山追了三圈。

## 郤献子等各推功于上

本篇记载在靡笄之役获胜之后郤克、士燮、栾书各自推功于上的言行。晋君将战胜之功归于主帅郤克，郤克将此归功于君命和三军将士的英勇作战；晋君将战胜之功归于上军副帅士燮，士燮将此归功于中军主帅的命令和上军将士的英勇作战；晋君将战胜之功归于下军主帅栾书，范燮将此归功于上军统帅的命令和下军将士的英勇作战。晋师三帅在战胜之后不是彼此争功，而是各自推功于上，互相礼让，颇具君子之风。

靡笄之役，郤献子见，公曰："子之力也夫[①]！"对曰："克也以君命命三军之士，三军之士用命，克也何力之有焉？"范文子见，公曰："子之力也夫！"对曰："燮也受命于中军，以命上军之士[②]，上军之士用命，燮也何力之有焉？"栾武子见[③]，公曰："子之力也夫！"对曰："书也受命于上军，以命下军之士，下军之士用命，书也何力之有焉？"

**【注释】**

①力：功。

②以命上军之士：靡笄之役中，晋国上军主帅荀庚未出，副帅范文子代行主帅之职。

③栾武子：姬姓，栾氏，名书，谥"武"。此役栾书为下军主将。

**【译文】**

靡笄战役之后，郤献子见晋景公，景公说："这是您的功劳啊！"郤献子回答说："郤克根据君主命令指挥三军将士，三军将士听从将令，我郤克何功之有？"范文子见晋景公，景公说："这是您的功劳啊！"范文子回答说："士燮接受中军主帅命令，来指挥上军将士，上军将士听从将令，我士燮何功之有？"栾武子见晋景公，景公说："这是您的功劳啊！"栾武子回答说："栾书接受上军主帅命令，来指挥下军将士，下军将士听从将令，我栾书何功之有？"

# 晋语六

## 赵文子冠

本文记载赵文子行冠礼之际栾书、荀庚、士燮、郤锜、韩厥、智罃、郤犨、郤至、张孟九位卿士大夫对他的训导。栾书告诫他要好好务实，荀庚感叹自己年老而看不到赵文子的成功，士燮告诉他要戒骄，郤锜说青壮不如老年，韩厥要求他以善为起点，智罃要他继承赵衰之文与赵盾之忠，郤犨抱怨无法安排赵文子职位，郤至教他可以退而求其次。最后张孟对晋国八位卿士大夫的言论进行评价总结，认为栾书之言可以使人增益，士燮之言可以扩大人生境界，韩厥之言可以成就功业，智罃之言是赵氏先人在庇佑后人，三郤之言则是葬送人的言论。本篇通过记述赵文子行冠礼、卿士大夫赠言，全面展示了晋厉公时期晋国政坛上卿士大夫忠奸善恶的不同思想境界，也预示了这些人物的前途命运。

赵文子冠[①]，见栾武子[②]，武子曰："美哉[③]！昔吾逮事庄主[④]，华则荣矣，实之不知[⑤]，请务实乎。"

**【注释】**

①赵文子：赵武，赵盾之孙，赵朔之子。冠：古代男子二十岁举行冠礼，标志成年。晋景公曾听谗言杀赵朔、赵同、赵括、赵婴齐，赵武成为遗孤，后经韩厥力谏，晋景公恢复故赵氏田邑，让赵武主持赵氏宗祀。故赵武在举行冠礼之际，遍拜晋国诸位卿士大夫，以期得到他们的认可与支持。

②栾武子：栾书。

③美哉：栾书赞美赵文子成人。

④吾逮事庄主：赵朔曾任下军主帅，栾书为下军副帅。逮，及，赶上。事，事奉。庄主，赵朔，谥"庄"。

⑤华则荣矣，实之不知：华而不实。荣，颜色艳丽。

**【译文】**

赵文子举行冠礼后，去见栾武子，武子说："成人美好啊！从前我赶上事奉你父亲赵庄子，花开得茂盛，但有没有结果就不知道了，请你好好务实吧！"

见中行宣子[①]，宣子曰："美哉！惜也，吾老矣[②]！"

**【注释】**

①中行宣子：晋国大夫荀庚。晋齐鞌之战中，荀庚为上军主将，但未出征。

②惜也，吾老矣：荀庚感叹自己年老，看不到赵文子的成功。

【译文】

赵文子去见中行宣子，中行宣子说："成人美好啊，可惜呀，我老了！"

见范文子，文子曰："而今可以戒矣[1]，夫贤者宠至而益戒，不足者为宠骄。故兴王赏谏臣[2]，逸王罚之[3]。吾闻古之王者，政德既成，又听于民，于是乎使工诵谏于朝[4]，在列者献诗使勿兜[5]，风听胪言于市[6]，辨祅祥于谣[7]，考百事于朝[8]，问谤誉于路，有邪而正之，尽戒之术也[9]。先王疾是骄也。"

【注释】

①戒：警戒。赵氏差一点被灭族，故范文子有戒骄的忠告。

②兴王：兴盛之王。

③逸王：淫逸之王。

④工：乐工。诵：诵读前世箴谏之语。

⑤在列者：在位者。兜：蒙蔽。

⑥风：采集。胪（lú）言：传言。

⑦祅（yāo）：古人称反常怪异的事物。祥：善。谣：民谣。

⑧百事：百官职事。

⑨术：道术。

【译文】

赵文子去见范文子，范文子说："从今以后你可以警戒了，贤者受到宠爱会更加警戒，智慧不足的人就会为受宠而骄傲。所以兴盛的帝王会赏赐劝谏之臣，而淫逸的帝王则会惩罚劝谏者。我听说古代帝王，在政治德行形成以后，又去听取民众意见，于是让乐工在朝廷诵读箴谏之语，在位大臣奉献谏诗而不让君王受蒙蔽，还要到集市上采听商旅传言，从民谣中考察政治善恶，在朝廷考正百官职事，到道路上询问诽谤与赞誉，有邪恶就及时纠正，这些都是警戒的办法。先王是痛恨骄傲的。"

见郤驹伯[①]，驹伯曰："美哉！然而壮不若老者多矣[②]。"

【注释】

①郤驹伯：晋卿郤锜，郤克之子。

②壮不若老者多矣：郤驹伯恃老自矜。

【译文】

赵文子去见郤驹伯，驹伯说："成年美好啊！然而少壮很多比不上老年人。"

见韩献子[①]，献子曰："戒之，此谓成人。成人在始与善[②]，始与善，善进善，不善蔑由至矣[③]；始与不善，不善进不善，善亦蔑由至矣。如草木之产也，各以其物[④]。人之有冠，犹宫室之有墙屋也，粪除而已⑤，又何加焉。”

【注释】

①韩献子：晋卿韩厥。

②与善：按，二字为衍文。

③蔑：无。

④物：类。

⑤粪除：扫除，比喻自我修洁。

【译文】

赵文子去见韩献子，献子说：“警戒啊，这就叫成人了。成人在于起点，起点是善的，从善到善，不善就没有机会影响你了。起点不善，那么从不善到不善，善也就是没有机会影响你了。譬如草木生长，都是物以类聚。人有成人之冠，就如同宫室有墙屋一样，唯有注意扫除保持清洁而已，还有什么比这更重要呢？”

见智武子①，武子曰：“吾子勉之，成、宣之后而老为大夫②，非耻乎！成子之文，宣子之忠，其可忘乎！夫成子导前志以佐先君③，导法而卒以政④，可不谓文乎！夫宣子尽谏于襄、灵，以谏取恶，不惮死进，可不谓忠乎！吾子勉之，有宣子之忠，而纳之以成子之文，事君必济。”

【注释】

①智武子：晋卿智罃（yīng）。

②成：赵成子，即赵衰，赵文子曾祖。宣：赵宣子，即赵盾，为赵文子祖父。老：年老。

③导前志：通达前人典籍。先君：指晋文公。

④导法：通达法典。以政：得政。

**【译文】**

赵文子去见智武子，武子说："你要努力啊，身为赵成子、赵宣子的后人，而终老在大夫的职位上，这不是耻辱吗？赵成子的文，赵宣子的忠，岂能忘记？赵成子通达前代古籍，辅佐先君，通达法典而最终成就德政，可以不称为文吗！宣子在襄、灵两朝尽力劝谏，因劝谏而受到灵公厌恶，不怕以死进谏，可以不称为忠吗！你努力吧，有赵宣子的忠，加上赵成子的文德，事奉君主必定成功。"

见苦成叔子[①]，叔子曰："抑年少而执官者众，吾安容子[②]。"

**【注释】**

①苦成叔子：晋卿郤犨。

②容子：安排你。

**【译文】**

赵文子去见苦成叔子，叔子说："现在年少而做官的人很多，我把你安排在哪里呢？"

见温季子[①]，季子曰："谁之不如，可以求之[②]。"

【注释】

①温季子：晋卿郤至。

②求之：求得其次。韦昭注："不欲其高远。"

【译文】

赵文子去见温季子，季子说："你不如谁，就可以退而求其次。"

见张老而语之①，张老曰："善矣，从栾伯之言，可以滋②；范叔之教，可以大③；韩子之戒，可以成④。物备矣⑤，志在子⑥。若夫三郤⑦，亡人之言也，何称述焉！智子之道善矣，是先主覆露子也⑧。"

【注释】

①张老：晋国大夫张孟。

②滋：增益。

③大：扩大人生境界。

④成：成就功业。

⑤物：指前辈的训诫。备：完备。

⑥志在子：立志在于你本人。

⑦三郤：郤犨、郤至、郤锜。

⑧先主：赵衰、赵盾。覆露：庇护。

【译文】

赵文子见到张老，将前辈们的话告诉他，张老说："好啊，听从栾伯的话，可以增益；听从范叔的教诲，可以扩大人生境界；听从韩献子的警戒，可以成就功业。前辈们的训诫已经完备了，能否立志，就看你自己了。至于三郤的话，那是葬送人的言论，有什么值得称道！智子的训导很好，这是赵氏先主在庇护你啊。”

# 晋败楚师于鄢陵

本篇记载晋卿郤至通过剖析敌情促使晋厉公决心进兵的经过。公元前575年，晋楚两国围绕着争夺郑国而在鄢陵决战。楚师阵营排列刚完成一半，晋厉公命令发动攻击。栾书建议等候齐、鲁援兵到来再发动攻击。郤至分别从楚国兵阵不避月食忌讳、南夷邦国与楚军同来却不参与军阵、楚国与郑国虽摆开阵势却不整齐、楚军士兵在阵营喧哗、楚国兵众听到喧哗一定会恐惧几个方面进行剖析，促使晋厉公下决心对楚师发动攻击，晋人在鄢陵大败楚师。郤至在鄢陵之战中发挥了关键作用，但由于他驳回了栾书的建议，遂使他与栾书结下怨仇，为日后栾书设计灭三郤埋下伏笔。

厉公六年[1]，伐郑，且使苦成叔及栾黡兴齐、鲁之师[2]。楚恭王帅东夷救郑[3]。楚半阵[4]，公使击之。栾书曰："君使黡也兴齐、鲁之师，请俟之[5]。"郤至曰："不可。楚师将退，我击之，必以胜归。夫阵不违忌[6]，一间也[7]；夫南夷与楚来而不与阵[8]，二间也；夫楚与郑阵而不与整[9]，三间也；且其士卒在阵而哗，四间也；夫众闻哗则必惧，五间也。郑将顾楚，楚将顾夷，莫有斗心，不可失也[10]。"公说。于是败楚师于鄢陵[11]，栾书是以怨郤至。

【注释】

①厉公六年：晋厉公六年为公元前575年。

②苦成叔：郤犨。栾黡（yǎn）：栾书之子，栾桓子。兴：起。

③楚恭王：楚庄王之子，名箴，一说名审。东夷：楚国东方蛮夷邦国。

④半阵：阵营排列刚完成一半。《左传》曰："甲午晦，楚晨压晋军而陈。"非半阵。

⑤俟：等候。

⑥违：避。忌：忌讳。据《春秋》记载，晋楚鄢陵之战时发生月食。此时应该息兵，不宜进军。

⑦间：间隙。

⑧不与阵：不参与战斗。

⑨整：整齐。

⑩不可失也：按，《左传》记郤至言楚有六间：二卿相

恶，一间；王卒以旧，二间；郑陈而不整，三间；蛮军而不陈，四间；陈不违晦，五间；在陈而嚣，合而加嚣，各顾其后，莫有斗心，六间。《国语》未提到二卿相恶一间。

⑪鄢陵：地名，在今河南鄢陵西南。

【译文】

晋厉公六年，兴师讨伐郑国，且派苦成叔和栾黡到齐、鲁两国请求援兵。楚恭王率领东夷邦国援救郑国。楚师阵营排列刚完成一半，晋厉公命令发动攻击。栾书说："君主派栾黡乞求齐、鲁起兵，请等候他们搬来援兵再说。"郤至说："不可以。楚国军队将要撤退，我们发动攻击，一定会获胜而归。楚国兵阵不避月食忌讳，这是第一个可利用的间隙；南夷邦国与楚军同来却不参与军阵，这是第二个间隙；楚国与郑国虽摆开阵势却不整齐，这是第三个间隙；况且楚军士兵在阵营喧哗，这是第四个间隙；楚国兵众听到喧哗一定会恐惧，这是第五个间隙。郑国要顾及楚国，楚国要顾及蛮夷，没有人有战斗之心，这个机会不可失去。"晋厉公听了很高兴。于是晋军在鄢陵打败楚军，栾书也因此怨恨郤至。

# 范文子论外患与内忧

本篇记载范文子阐述如何处理内忧与外患的关系。在晋楚鄢陵大战之前，晋国讨伐郑国，楚国发兵救郑，晋国君臣讨论是否要对楚国开战。晋国大夫都想对楚作战，只有范文子不赞成。他的理由是，君主只有在成功地肃正国内以后，才能对外用武。晋国的现实是严于治理小民而宽待大臣，这样就不能施行威武。如果晋国能够获胜也是出于侥幸，而抱着侥幸的心理施政，就一定会有内忧。范文子认为，只有圣人才能做到既无外患又无内忧，如果不是圣人，一定要偏于刑罚或者偏于施惠才可以。用偏于刑罚的方法对付外敌，尚有可救；可是一旦国内出了毛病就不可救药了。他主张放过楚国和郑国，让他们作为晋国的外患，以此警戒晋国君臣注意处理好内政问题，避免晋国出现内忧。范文子的思路是，以外患作为制约内忧的必要条件。后来的事实证明，范文子的意见是正确的。

鄢之役，晋伐郑，荆救之[①]。大夫欲战，范文子不欲，曰：“吾闻之，君人者刑其民[②]，成[③]，而后振武于外，是以内和而外威。今吾司寇之刀锯日弊[④]，而斧钺不行[⑤]。内犹有不刑，而况外乎？夫战，刑也[⑥]，刑之过也[⑦]。过由大[⑧]，而怨由细[⑨]，故以惠诛怨[⑩]，以忍去过[⑪]。细无怨而大不过，而后可以武，刑外之不服者。今吾刑外乎大人[⑫]，而忍于小民[⑬]，将谁行武[⑭]？武不行而胜，幸也[⑮]。幸以为政，必有内忧。且唯圣人能无外患，又无内忧，讵非圣人[⑯]，必偏而后可[⑰]。偏而在外，犹可救也，疾自中起，是难[⑱]。盍姑释荆与郑以为外患乎[⑲]？”

【注释】

①荆：楚国。

②君人者：君主。刑其民：俞樾说，应为“刑其内”，即用刑罚肃正国内。

③成：成功。

④司寇：掌管狱讼的官员。刀锯：用于平民的刑具。日弊：由于对平民用刑过多，所以刀锯日见其坏。弊，坏。

⑤斧钺：指大刑。钺，大斧。不行：不行于大臣。

⑥夫战，刑也：战争用兵如同用刑。

⑦刑之过也：俞樾说，“之”犹“其”。刑其过，刑杀有过错的人。

⑧过由大：过错来自于大臣。

⑨怨由细：怨望来自于小民。细，小。

⑩诛：除。

⑪忍：狠心。

⑫刑外乎大人：俞樾说，“外”当为“惠”。刑惠乎大人，施惠于大臣。

⑬忍于小民：狠心对待小民。

⑭行武：施行威武。

⑮幸：侥幸。

⑯讵（jù）：如果。

⑰偏：偏向用刑，或偏向施惠。

⑱是难：实难。

⑲释：置，放下。

**【译文】**

晋楚鄢陵战役之前，晋国讨伐郑国，楚国前来救郑。晋国大夫们想与楚国开战，范文子不同意，他说：“我听说，君主用刑罚肃正国内，成功以后，才对外用武，因此国内和谐而国外畏惧。如今晋国司寇刑杀小民的刀锯一天天用坏了，而斧钺大刑却不行于大臣。对国内尚且不能正确地运用刑杀，何况是对国外呢？用兵如同用刑，旨在刑杀有过错的人。过错来自于大臣，怨望来自于小民，用恩惠除去小民怨望，以狠心除去大臣过错。小民没有怨望，大臣没有过错，而后可以用兵动武，刑杀国外不服从的人。如今我们施惠于大臣，却狠心对待小民，这样谁能施行威武呢？威武不能施行而能获胜，这是出于侥幸。抱着侥幸的心理施政，一定会有内忧。况且只有圣人才能做到既无外患，又无内忧。如果不是圣人，一定要偏于刑或偏于惠才可以。用偏的方法对外，尚有可救，国内出了毛病，那就实在太难办了。何不放过楚国和郑国，让他们作为晋国的外患呢？”

# 晋语七

## 栾武子立悼公

晋国自襄公以后多有弑君事件，晋灵公、晋厉公都为臣下所杀。悼公在晋厉公被杀之后即位，如何处理与权臣的关系，遏止权臣犯上的势头，成为悼公这位少年英才首先要考虑的问题。在即位之前，他就义正辞严地对以栾书为首的权臣阐明自己的观点：他希望施行善政。如果他施政不善，那么卿士大夫就可以废黜自己；但是如果他施行善政而被权臣虐待，那么就罪在权臣。他要晋国卿士大夫立即作出抉择：究竟是想事奉善君以成就君臣大义，还是想施行暴虐以离散百姓。悼公强硬的态度有力地震慑了晋国权臣的气势，他们纷纷表示要服从君主命令。悼公是继晋文公之后又一位英主，他入主晋国时年仅 14 岁，就能一下子敏锐地抓住主要矛盾，显示了他的政治天才。在他的统治时期，晋国政治呈现出一派励精图治、积极有为的新气象。

既弑厉公，栾武子使智武子、彘恭子如周迎悼公[①]。庚午[②]，大夫逆于清原[③]。公言于诸大夫曰："孤始愿不及此。孤之及此，天也[④]。抑人之有元君[⑤]，将禀命焉[⑥]。若禀而弃之，是焚谷也[⑦]；其禀而不材[⑧]，是谷不成也[⑨]。谷之不成，孤之咎也；成而焚之，二三子之虐也[⑩]。孤欲长处其愿，出令将不敢不成，二三子为令之不从，故求元君而访焉。孤之不元，废也，其谁怨？元而以虐奉之，二三子之制也[⑪]。若欲奉元以济大义，将在今日；若欲暴虐以离百姓，反易民常[⑫]，亦在今日。图之进退，愿由今日[⑬]。"大夫对曰："君镇抚群臣而大庇荫之，无乃不堪君训而陷于大戮，以烦刑、史[⑭]，辱君之允令[⑮]，敢不承业[⑯]。"乃盟而入。

**【注释】**

①智武子：智罃。彘恭子：士鲂，士会之子，食邑于彘，又称彘季。悼公：襄公之孙周，即位时年仅14岁。

②庚午：正月十五。

③清原：晋国地名，在今山西稷山东南。

④孤之及此，天也：按，悼公将他归国即位归之于天，暗示并非群臣推戴之力。

⑤元：善。

⑥禀命：禀受天命。

⑦焚谷：焚烧谷子。

⑧不材：不成材。

⑨不成：不成熟。

⑩虐：暴虐。

⑪制：专制。

⑫反易民常：违反民众之常道，指下不事上。

⑬图之进退，愿由今日:《左传》记悼公之言曰:“孤始愿不及此。虽及此，岂非天乎！抑人之求君，使出命也，立而不从，将安用君？二三子用我今日，否亦今日，共而从君，神之所福也。”意思相同而语气更为强硬。

⑭刑：指司寇等执法官员。史：秉笔直书的史官。

⑮允：信。

⑯承业：奉事。

**【译文】**

杀了晋厉公以后，栾武子派智武子、彘恭子到周室迎接悼公。正月十五，晋国大夫到清原迎接悼公。悼公对诸位大夫说:“我当初的愿望没有想到要做国君，我今天走到这一步，这是出于天意。人们希望有善君，这是禀受天命。如果禀受天命而加以抛弃，这如同焚烧谷子一般；禀受天命而不成材，这如同谷子不成熟。谷子不成熟，这是我的过错；但如果成熟了却去焚烧它，这就是诸位大夫的暴虐了。我想长久地保持美好愿望，不敢发布不合适的政令，诸位大夫正是因为政令没有得到遵从，才去求索、造访善君。如果我不善，那么就废黜我，我能埋怨谁呢？但是如果我做到了善而你们以暴虐待我，这就是你们的专制了。如果你们想事奉善君以成就君臣大义，那么就在今日决定；

如果你们想施行暴虐以离散百姓，违反民众常道，也在今日决定。你们考虑是进是退，希望今日决定下来。”大夫们回答说：“君主您镇抚群臣，大力庇护我们，只怕我们不能承受君主训诫而陷于杀头死罪，以致烦劳刑官、史官，辱没君主的命令，我们怎敢不承奉君主事业？”于是悼公与群臣盟誓之后才进入绛都。

辛巳[①]，朝于武宫。定百事，立百官，育门子[②]，选贤良，兴旧族[③]，出滞赏[④]，毕故刑[⑤]，赦囚系[⑥]，宥闲罪[⑦]，荐积德[⑧]，逮鳏寡[⑨]，振废淹[⑩]，养老幼，恤孤疾，年过七十，公亲见之，称曰“王父”，敢不承[⑪]。

【注释】

①辛巳：当为“辛未”，正月十六。

②门子：大夫嫡子。

③旧族：旧臣子孙。

④滞赏：有功于先君而未获赏者。

⑤故刑：正在执行的刑罚。

⑥囚系：被囚禁的人。

⑦闲罪：犯罪嫌疑人。

⑧荐：举荐。

⑨逮：及，引申为优待。

⑩废淹：长期废弃不用的贤才。

⑪敢：岂敢。

【译文】

辛巳日，晋悼公在晋武公宗庙朝见群臣。议定百事，设立百官，教育大夫嫡子，选拔贤良人才，起用旧臣子孙，兑现有功于先君而未获赏者，停止正在执行的刑罚，赦免被囚系的犯人，宽宥犯罪嫌疑人，举荐积德之人，优待鳏夫寡妇，提拔长期废弃不用的贤才，抚养老人和幼儿，抚恤孤儿和残疾人，凡是年过七十的老人，悼公都要亲自接见，称之为“王父”，表示自己不敢不接受他们的教训。

# 悼公即位

本篇记载晋悼公即位之后的用人举措。悼公用人策略可以概括为两点：一是起用功臣后代，如起用吕锜后人吕相、范武子后人士鲂和魏颗之子魏颉；二是知人善任，如任命博闻强记的士贞子为太傅，任命能够用计数方法明事定功的右行辛为大司空，任命能够驾驭兵车来协和军政的栾纠为戎御，任命孔武有力而不暴躁的荀宾为戎右，荀家敦厚仁惠，荀会知礼敏捷，栾黡果决敢为，韩无忌镇静沉稳，悼公就让这四个人担任公族大夫，等等。不忘功臣之后，可以激励群臣更好地为朝廷效力；知人善任，则可以做到人尽其才。晋悼公能够在当时政治舞台上卓有建树，与他知人善任不无关系。本篇交替运用记言与叙事笔法，虽然同样记叙悼公用人思路，但笔法在齐整之中富有变化。

二月乙酉①，公即位。使吕宣子将下军②，曰：“郯之役③，吕锜佐智庄子于上军④，获楚公子榖臣与连尹襄老，以免子羽⑤。鄢之役，亲射楚王而败楚师⑥，以定晋国而无后⑦，其子孙不可不崇也⑧。”使彘恭子将新军⑨，曰：“武子之季、文子之母弟也⑩。武子宣法以定晋国⑪，至于今是用。文子勤身以定诸侯，至于今是赖。夫二子之德，其可忘乎！”故以彘季屏其宗⑫。使令狐文子佐之⑬，曰：“昔克潞之役，秦来图败晋功，魏颗以其身却退秦师于辅氏，亲止杜回⑭，其勋铭于景钟⑮。至于今不育⑯，其子不可不兴也。”

**【注释】**

①乙酉：初一。

②使吕宣子将下军：吕宣子，吕锜之子吕相。按，据王引之考证，吕宣子将新军，非下军。

③郯之役：公元前597年晋楚在郯地大战。

④吕锜佐智庄子于上军：吕锜，又称厨武子、魏锜。智庄子，荀首。《左传》记郯之战，士会将上军，郤克佐之，荀首为下军大夫，吕锜御之，与此不同。又，此战吕锜被派出使楚军，竟违命挑战。

⑤获楚公子榖臣与连尹襄老，以免子羽：在郯之战中，智罃被楚军俘虏，荀首与吕锜率下军回救，射死连尹襄老，载回其尸，射伤公子榖臣，将其囚禁。后晋人用公子榖臣与连尹襄老的尸体换回智罃。公子

穀臣，楚庄王之子。连尹，楚国官名。襄老，人名。子羽，智罃，字子羽，荀首之子。

⑥鄢之役，亲射楚王而败楚师：在公元前575年晋楚鄢陵战役中，吕锜射中楚恭王的眼睛。此战楚师大败。

⑦无后：指吕锜后人没有尊显者。按，吕锜在鄢陵之战中射中楚王眼睛，自己被养由基射死。

⑧崇：尊崇。

⑨使彘恭子将新军：彘恭子，士鲂。新军，齐晋鞌之战后，公元前588年，晋增设新中、上、下三军，扩大为六军。将新军，即为新中军将。据王引之考证，此年士鲂为下军佐。

⑩武子之季：范武子士会的少子。文子之母弟：范文子士燮的同母弟。

⑪宣法：明法。范武子作《执秩之法》。

⑫屏：屏藩，保障。

⑬令狐文子：魏颉，魏颗之子。

⑭"昔克潞之役"四句：公元前594年六月，晋荀林父将灭赤狄潞氏。七月秦桓公伐晋，魏颗在辅氏打败秦军，俘虏力士杜回。潞，赤狄潞氏。魏颗，晋文公名臣魏犨之子。辅氏，晋地名，在今陕西大荔。杜回，秦国的大力士。

⑮景钟：晋景公之钟。

⑯育：遂，得志。

**【译文】**

二月初一，晋悼公即位。他委任吕宣子为下军之将，说："晋楚邲之战，吕锜辅佐智庄子统帅上军，俘虏楚公子穀臣，射杀连尹襄老，最终使被楚人俘虏的智罃得以生还。在晋楚鄢陵之战中，吕锜亲手射中楚恭王眼睛，打败楚军，安定了晋国，可是他的后人却没有尊显，他的子孙不可不尊崇。"晋悼公委任彘恭子统帅新军，说："你是范武子的小儿子、范文子的同母兄弟。范武子明定法规而安定晋国，至今仍在使用他制定的法规。范文子勤谨终身来安定诸侯，至今晋国仍然依赖他的影响。范武子、范文子的美德，岂能忘记！"因此晋悼公以彘恭子屏障范氏宗族。晋悼公委任令狐文子为新军副将，说："从前战胜潞人之役，秦国派兵试图摧败晋人军功，魏颗亲身在辅氏打退秦军，亲手活捉了力士杜回，他的功勋铭刻在景公钟上。他的后人至今不得志，他的儿子不可不起用。"

君知士贞子之帅志博闻而宣惠于教也[①]，使为太傅[②]。知右行辛之能以数宣物定功也[③]，使为元司空[④]。知栾纠之能御以和于政也[⑤]，使为戎御[⑥]。知荀宾之有力而不暴也[⑦]，使为戎右[⑧]。

【注释】

①士贞子：士渥浊，又称士贞伯、士伯。帅：循。志：典籍。宣：遍。惠：仁爱。

②太傅：官名，太子师傅。

③右行辛：晋国大夫贾辛。或曰，贾辛为晋文公时贾华之后。数：计。宣：明。物：事。

④元：大。司空：官名，掌管建都邑、起宫室、整沟洫等事务。

⑤栾纠：晋国大夫弁纠。御：驾御兵车。政：军政。

⑥戎御：驾驭晋君兵车。

⑦荀宾：晋国大夫。暴：暴躁。

⑧戎右：晋君车右武士。

【译文】

晋悼公知道士贞子能够遵循书志，博见多闻，广泛地以仁爱之心从事教化，便让他担任太傅。知道右行辛能够用计数方法明事定功，便让他担任大司空。知道栾纠能够驾驭兵车来协和军政，便让他驾驭国君的兵车。知道荀宾孔武有力而不暴躁，便让他担任国君兵车的车右武士。

栾伯请公族大夫[①]，公曰："荀家惇惠[②]，荀会文敏[③]，黡也果敢[④]，无忌镇静[⑤]，使兹四人者为之。夫膏粱之性难正也[⑥]，故使惇惠者教之[⑦]，使文敏者导之[⑧]，使果敢者谂之[⑨]，使镇静者修之[⑩]。惇惠者教之，则遍而不倦[⑪]；文敏者导之，则婉而入[⑫]；果敢者谂之，则过不隐[⑬]；镇静者修之，则壹[⑭]。"使兹四人者为公族大夫。

【注释】

①栾伯：栾书。公族大夫：掌管公族与卿的子弟。

②荀家：晋国大夫。惇惠：敦厚仁惠。

③荀会：荀家司族。文敏：明礼敏捷。

④黡：栾黡，栾书之子，又称栾桓子。

⑤无忌：韩厥之子，又称公族穆子。

⑥膏粱之性：富贵人的习性。膏，肉之肥者。粱，食之精者。

⑦教：教之道义。

⑧导：引导志向。

⑨谂（shěn）：告诫。

⑩修：修治习性。

⑪遍而不倦：全面而不知倦。

⑫婉而入：委婉而易于接受。

⑬过不隐：直接批评而不隐藏。

⑭壹：始终如一。

**【译文】**

晋国正卿栾书请晋悼公设立公族大夫，悼公说："荀家敦厚仁惠，荀会知礼敏捷，栾黡果决敢为，韩无忌镇静沉稳，让这四个人担任公族大夫。富贵膏粱子弟的习性难以矫正，因此让敦厚仁惠的人教之以道义，让知礼敏捷的人引导志向，让果决敢为的人经常告诫，让镇静沉稳的人培养习性。敦厚仁惠的人教之道义，就会全面而不知倦；知礼敏捷的人引导志向，就会委婉而易于接受；果决敢为的人从事告诫，就会直接批评而不隐藏；镇静沉稳的人培养习性，就会始终如一。"晋悼公委任这四人为公族大夫。

公知祁奚之果而不淫也①，使为元尉②。知羊舌职之聪敏肃给也③，使佐之。知魏绛之勇而不乱也[4]，使为元司马[5]。知张老之智而不诈也[6]，使为元候[7]。知铎遏寇之恭敬而信强也[8]，使为舆尉[9]。知籍偃之惇帅旧职而恭给也[10]，使为舆司马[11]。知程郑端而不淫[12]，且好谏而不隐也，使为赞仆[13]。

【注释】

①祁奚：晋国大夫。果：果断。淫：放纵。

②元尉：中军尉。

③羊舌职：晋国大夫，叔向之父。聪敏：通达。肃给：敏捷。

④魏绛：魏庄子，是魏犨的后代。

⑤元司马：中军司马。

⑥张老：晋国大夫张孟。

⑦元候：中军候奄，负责侦察。

⑧铎遏寇：晋国大夫，复姓铎遏，寇为其名。信强：诚信刚强。

⑨舆尉：上军尉。

⑩籍偃：晋国大夫籍游。惇帅旧职：恪守旧职。恭给：恭敬敏捷。

⑪舆司马：上军司马。

⑫程郑：晋国大夫。端：端正。淫：淫邪。

⑬赞仆：乘马御，掌管车马。

【译文】

晋悼公知道祁奚果断而不放纵，让他担任元尉。知道羊舌职通达敏捷，让他担任祁奚的副手。知道魏绛勇敢而不作乱，让他担任元司马。知道张老智慧而不狡诈，让他担任元候。知道铎遏寇恭敬而守信刚强，让他担任舆尉。知道籍偃恪守旧职而恭敬敏捷，让他担任舆司马。知道程郑端正而不淫邪，而且爱好进谏而不隐藏，让他担任赞仆。

# 悼公始合诸侯

本篇记载晋悼公继文公之后复霸的经过。晋悼公即位之后，大力整肃内政，做到知人善任，晋国政治为之气象一新。在完成内政整顿之后，晋悼公便积极与南楚争霸。他首先率领诸侯救宋，使宋国由亲楚倒向晋国，扩大了晋国同盟的阵营；继而派出张孟，向诸侯宣传晋君的美誉，让诸侯归服晋国；他又在虎牢筑城，以此威胁服从楚国的郑国，使郑国转变立场而成为晋国的同盟国；尤其是他接受大夫魏绛的和戎建议，使诸戎前来晋国表示服从，这是华夏诸侯由攘夷而变为和戎的重大战略转变。通过一系列的内外经营，晋悼公终于实现了复霸的目标，而此时的晋悼公，仅仅是一个19岁的青年。文章还记载了晋悼公赦免秉公执法的魏绛的故事，体现了晋悼公勇于纠错的品质。本篇采用综述与细节描写相结合的写法，既给人以深刻的整体宏观印象，又显得有血有肉。

始合诸侯于虚朾以救宋[①]，使张老延君誉于四方[②]，且观道逆者[③]。吕宣子卒[④]，公以赵文子为文也[⑤]，而能恤大事，使佐新军[⑥]。三年，公始合诸侯[⑦]。四年，诸侯会于鸡丘[⑧]，于是乎布命、结援、修好、申盟而还[⑨]。令狐文子卒[⑩]，公以魏绛为不犯[⑪]，使佐新军。使张老为司马，使范献子为候奄[⑫]。公誉达于戎。五年，诸戎来请服[⑬]，使魏庄子盟之[⑭]，于是乎始复霸[⑮]。

**【注释】**

①始合诸侯于虚朾（chēng）以救宋：公元前573年，宋鱼石叛宋逃楚，楚伐宋，取彭城以封鱼石，晋悼公率领诸侯救宋。虚朾，宋国地名，在今河南延津东。

②延君誉：宣扬晋君美誉。

③道逆：顺逆。

④吕宣子：吕相。

⑤赵文子：赵武。为文：有文德。

⑥佐新军：新军，新中军。按，吕相为新军将，赵武代其将新军，非佐也。

⑦三年，公始合诸侯：公元前571年，晋会诸侯于戚，在虎牢筑城威胁服从楚国的郑国。

⑧四年，诸侯会于鸡丘：公元前570年，郑服，诸侯在鸡丘结盟。鸡丘，晋国地名。《左传》作鸡泽，在今河北邯郸东北。

⑨布命：发布朝聘命令。结援：缔结互援约定。修好：

修复友好关系。申盟：重申盟誓。

⑩令狐文子：魏颉。

⑪魏绛为不犯：鸡丘之会，晋悼公的弟弟扬干扰乱军队行列，魏绛杀其车夫。不犯，不可犯以非法。

⑫范献子：范文子族弟士富。

⑬五年，诸戎来请服：公元前569年，晋国声威大振，无终子嘉父使孟乐如晋，因魏绛纳虎豹之皮，请和诸戎。

⑭使魏庄子盟之：魏绛劝悼公和诸戎，故使盟之。魏庄子，魏绛。

⑮复霸：晋文公首次称霸，晋悼公再次称霸。

**【译文】**

晋悼公开始在虚朾会合诸侯商量救宋，派张老四处宣传晋君美誉，并且观察各国诸侯的顺逆态度。吕宣子去世后，悼公认为赵文子有文德，能够顾全大局，让他担任新中军的副将（应为新中军将）。晋悼公三年，悼公开始召集诸侯。晋悼公四年，诸侯在鸡丘会盟，于是晋悼公发布朝聘命令，要求各国缔结互援约定，彼此修复友好关系，重申盟誓，然后返回。令狐文子去世，悼公认为魏绛不可犯以非法，便让他担任新军的副将。委任张老为司马，命范献子为候奄。悼公美誉远达于戎。晋悼公五年，诸戎前来晋国请求服从，悼公派魏庄子与诸戎盟誓，于是晋悼公继文公之后重新称霸诸侯。

四年[①]，会诸侯于鸡丘，魏绛为中军司马，公子扬干乱行于曲梁[②]，魏绛斩其仆[③]。公谓羊舌赤曰[④]："寡人属诸侯[⑤]，魏绛戮寡人之弟[⑥]，为我勿失[⑦]。"赤对曰："臣闻绛之志，有事不避难，有罪不避刑，其将来辞[⑧]。"言终，魏绛至，授仆人书而伏剑[⑨]。士鲂、张老交止之[⑩]。仆人授公，公读书曰："臣诛于扬干[⑪]，不忘其死。日君乏使[⑫]，使臣狃中军之司马[⑬]。臣闻师众以顺为武[⑭]，军事有死无犯为敬，君合诸侯，臣敢不敬，君不说，请死之。"公跣而出[⑮]，曰："寡人之言，兄弟之礼也。子之诛，军旅之事也，请无重寡人之过。"反役[⑯]，与之礼食[⑰]，令之佐新军。

**【注释】**

①四年：晋悼公四年为公元前570年。

②公子扬干：晋悼公之弟。乱行：扰乱部队行列。曲梁：晋国地名，在今山西潞城北，鸡丘附近。

③仆：车夫。

④羊舌赤：羊舌职之子铜鞮伯华。

⑤属：会。

⑥戮：辱。

⑦为我勿失：替我将他抓起来，不要有失误。

⑧辞：前来陈辞。

⑨仆人：官名，掌管传命。书：魏绛陈辞书信。伏剑：想自杀。

⑩交：夹。

⑪诛：责。

⑫日君乏使：日前君主缺乏使唤之臣。

⑬狃（niǔ）：充任。

⑭顺：顺令，服从军令。

⑮跣（xiǎn）：赤足。古人入室脱履，出室要穿上。悼公恐魏绛自杀，来不及穿履，故赤脚而出。

⑯反役：从鸡丘返回。

⑰与之礼食：悼公用公食大夫之礼宴请魏绛。

**【译文】**

晋悼公四年，悼公在鸡丘会合诸侯，魏绛担任中军司马，悼公之弟公子扬干在曲梁扰乱军队行列，魏绛将扬干的车夫斩首。悼公对羊舌赤说："我会合诸侯，魏绛侮辱我的弟弟，你替我将他抓住，不要有失。"羊舌赤回答说："我听说魏绛的志向是，有事不避灾难，有罪不避刑罚，他会亲自来向您陈辞。"话音刚落，魏绛就到了，他将陈情书信交给仆人，然后就要伏剑自杀。士鲂、张老从两旁制止了他。仆人将魏绛陈情书交给悼公，悼公看了书信，信上说："我诛责扬干，没有忘记这样做是死罪。日前君主缺乏使唤之臣，让我充任中军司马。我听说军队以服从军令为威武，军队大事有死无犯为恭敬，君主会合诸侯，我岂敢不敬，如今君主不悦，我请求以死明志。"悼公赤足跑出来，说："我的话，讲的是兄弟之礼。您的诛责，是军旅大事，请您不要加重我的过失。"从鸡丘返回后，悼公以公食大夫之礼宴请魏绛，命令魏绛为新军副将。

# 祁奚荐子午以自代

本篇记载晋国大夫祁奚举子自代的故事。祁奚因年老而辞去中军尉职务，晋悼公问谁可以替代他，他推荐了自己的儿子祁午。他列举祁午年少、稍大、成年各个阶段的品质表现，认为祁午如果担任中军尉，要比自己做得还要好。悼公采纳了他的建议，结果在整个晋平公时代，晋军没有军纪败坏之政。祈奚之所以能够坦荡地举子自代，是因为他的出发点是为了君主、国家、军队的利益，没有掺杂个人的私心。这是一种很高的思想境界。《左传》还记载了祁奚外举不避仇的事迹，并记载君子关于祁奚“称其仇，不为谄；立其子，不为比；举其偏，不为党”的评论。此后，祁奚外举不避仇、内举不避子就作为中国古代官员秉持公心、光明磊落、推荐贤才的美谈，世代流传。

祁奚辞于军尉[1]，公问焉，曰："孰可？"对曰："臣之子午可。人有言曰：'择臣莫若君，择子莫若父。'午之少也，婉以从令[2]，游有乡，处有所，好学而不戏[3]。其壮也[4]，强志而用命[5]，守业而不淫[6]。其冠也[7]，和安而好敬，柔惠小物[8]，而镇定大事[9]，有直质而无流心[10]，非义不变，非上不举[11]。若临大事，其可以贤于臣。臣请荐所能择而君比义焉[12]。"公使祁午为军尉，殁平公[13]，军无秕政[14]。

**【注释】**

①辞于军尉：因年老而辞去军尉职务。

②婉：顺。

③戏：戏弄。

④壮：指未满二十岁之时。

⑤志：记。用命：听从父命。

⑥守业：坚守学业。淫：放荡。

⑦冠：二十岁。

⑧柔惠：仁爱。小物：小事。

⑨镇定：安定。

⑩流心：游移放纵的心性。

⑪非上不举：非礼勿动。上，俞樾认为是"止"字之误。止，礼。

⑫比义：比较揣度。

⑬殁平公：终晋平公之世。晋平公，晋悼公之子，公元前557—公元前532年在位。

⑭秕（bǐ）：本指干瘪的谷子，引申为坏、不好。秕政，不良的政治措施。

**【译文】**

祁奚因年老而辞去中军尉的职务，悼公询问他，说："谁可以担任中军尉？"祁奚回答说："我的儿子祁午可以担任。人们有句话说：'选择臣子没有人比君主更合适，选择儿子没有人比父亲更合适。'祁午年少的时候，婉顺听话，出游必有固定的方向，居住必有固定的处所，爱好学习而不好戏弄。稍大的时候，博闻强记而听从父命，坚守学业而不越本分。二十岁的时候，性格温和安宁而爱好恭敬，在小事上有仁爱之心，在大事上能够安定沉稳，有正直的品质而没有放荡之心，不合正义的事不会改变，不合礼义的事不会行动。如果遇到大事，他的表现大概可以比我优秀。我请求举荐所能选择的人才，君主您比较揣度而行。"晋悼公委任祁午为中军尉，终平公之世，晋军没有败坏之政。

# 晋语八

## 辛俞从栾氏出奔

本篇记载栾盈家臣辛俞舍生忘死随从栾盈出奔的言行。晋国下令驱逐栾盈，严禁栾氏家臣随之出奔，否则就要将其杀头示众。但栾盈家臣辛俞却随同主人出奔，结果被官吏抓住献给晋平公。平公问辛俞为何触犯国家禁令，辛俞回答说，他是顺从国家命令，朝廷的命令是“不要随从栾氏而要随从君主”，根据“三代为大夫家臣，事之如同国君”的古训，他们辛氏已经三世为栾氏家臣，因此他才以事奉君主的方式来事奉栾氏。由于辛俞之言完全符合君臣伦理，因此甚得平公欢心。平公要挽留辛俞为官，但辛俞仍要坚持随同栾盈出奔。平公又送了他一份厚礼，也被他谢绝。辛俞在栾氏危难之际，没有改换门庭，没有落井下石，宁愿冒着生命危险，也要随同栾氏出奔，即使面对晋君爵禄利诱也不为之动心，堪称是“贫贱不能移，富贵不能淫，威武不能屈”的大丈夫。

栾怀子之出[①]，执政使栾氏之臣勿从[②]，从栾氏者为大戮施[③]。栾氏之臣辛俞行[④]，吏执之，献诸公。公曰：“国有大令，何故犯之？”对曰：“臣顺之也，岂敢犯之？执政曰‘无从栾氏而从君’，是明令必从君也。臣闻之曰：‘三世事家[⑤]，君之[⑥]；再世以下，主之[⑦]。’事君以死，事主以勤，君之明令也。自臣之祖，以无大援于晋国，世隶于栾氏，于今三世矣，臣故不敢不君。今执政曰‘不从君者为大戮’，臣敢忘其死而叛其君[⑧]，以烦司寇。”公说，固止之，不可。厚赂之，辞曰：“臣尝陈辞矣，心以守志，辞以行之，所以事君也。若受君赐，是堕其前言[⑨]。君问而陈辞，未退而逆之[⑩]，何以事君？”君知其不可得也，乃遣之。

**【注释】**

①栾怀子：栾盈。出：出奔楚国。

②执政：晋国正卿范宣子。

③大戮：处以死刑。施：陈尸示众。

④行：随从栾盈出行。

⑤三世事家：三代为大夫家臣。

⑥君之：把大夫当做国君看待。

⑦主之：称大夫为主。

⑧敢：不敢。

⑨堕：坏。

⑩逆：反，违背。

【译文】

栾怀子被驱逐出晋国，执政正卿范宣子命令栾氏家臣不要跟随栾盈，凡是随从栾氏的人都要被处以死刑，并陈尸示众。栾氏家臣辛俞随行，被执法官吏抓住，献给晋平公。平公说："国家有重大法令，你为什么要违犯？"辛俞说："我是服从法令的人，岂敢违犯法令？执政正卿说'不要随从栾氏而要随从君主'，这是明令我们必须随从君主。我听说：'三代为大夫家臣，事之如同国君；两代为大夫家臣，称大夫为主。'以死事奉君，以勤事奉主，这是君主的明令。从我的祖父开始，因为在晋国没有大的靠山，所以世世隶属于栾氏，至今已经三代了，我因此不敢不以事奉君主的方式来事奉栾氏。如今执政说'不随从君的人要处以死刑'，我怎敢忘其死而叛其君，来麻烦司寇对我用刑。"平公听后很高兴，执意挽留他，但辛俞不答应。平公又送了他一份厚礼，辛俞推辞说："我已经陈述自己想法了，心是用来守护志向的，言辞是用来表达志向的，这是事奉君主之道。如果我接受国君恩赐，那么就颠覆了我在前面所说的话。国君询问，我陈述己志，尚未告退就违背自己的话，拿什么来事奉君主？"平公知道辛俞不能为己所用，于是将他释放了。

## 叔孙穆子论死而不朽

本篇记载晋国正卿范宣子与鲁卿叔孙穆子关于何谓“死而不朽”的讨论。范宣子以为，他的祖先在虞为陶唐氏、在夏为御龙氏、在商在豕韦氏、在周为唐杜氏、在晋为范氏，世代受封，这可以叫做“死而不朽”。叔孙穆子告诉他，这充其量只能叫世代食禄，而不是“死而不朽”。什么是“死而不朽”呢？叔孙穆子举鲁国先大夫臧文仲为例，他已经死了多年，但是他的思想言论至今被人所称述，这才是真正的“死而不朽”。叔孙穆子关于“死而不朽”的言论，揭示了一个道理，这就是思想言论可以凭借语言文字符号，来超越时间的局限，达到无限的传播。他的话还表明，思想文化比官禄爵位具有更高、更久远的价值。唐人李白作诗说：“屈平辞赋悬日月，楚王台榭空山丘。”说的就是这一道理。

鲁襄公使叔孙穆子来聘[1]，范宣子问焉[2]，曰：“人有言曰‘死而不朽’，何谓也？”穆子未对。宣子曰：“昔匄之祖，自虞以上为陶唐氏[3]，在夏为御龙氏[4]，在商为豕韦氏[5]，在周为唐、杜氏[6]。周卑，晋继之，为范氏[7]，其此之谓也？”对曰：“以豹所闻，此之谓世禄[8]，非不朽也。鲁先大夫臧文仲[9]，其身殁矣[10]，其言立于后世，此之谓死而不朽[11]。”

**【注释】**

①鲁襄公：鲁国君主，名午。叔孙穆子：鲁卿叔孙豹，又称穆叔。

②范宣子：晋国正卿士匄。

③自虞以上：唐尧虞舜时代。

④在夏为御龙氏：夏后孔甲之世，陶唐氏后代刘累学御龙于豢龙氏，赐氏曰御龙。

⑤在商为豕韦氏：商灭豕韦，改封刘累之后，仍称豕韦氏。

⑥在周为唐、杜氏：豕韦氏在商末改封于唐，周成王灭唐而封其弟叔虞，后迁唐于杜，称杜伯。

⑦周卑，晋继之，为范氏：杜伯为周宣王大夫，宣王杀杜伯，其子隰叔去周适晋，生子舆，为晋理官，其孙士会为晋正卿，食采邑于范，为范氏。

⑧世禄：世代食禄官邑。

⑨臧文仲：鲁庄公正卿臧孙辰。

⑩殁（mò）：死亡。

⑪此之谓死而不朽：按，《左传》此段文字后还有“豹闻之：‘大上有立德，其次有立功，其次有立言。’虽久不废，此之谓不朽。若夫保姓受氏，以守宗祊，世不绝祀，无国无之。禄之大者，不可谓不朽”一段，即古人所谓立德、立功、立言“三不朽”。

**【译文】**

鲁襄公派叔孙穆子到晋国聘问，范宣子问道：“古人有句话说‘死而不朽’，这是什么意思呢？”叔孙穆子没有回答。范宣子说：“从前我的远祖，自虞舜以上为陶唐氏，在夏朝为御龙氏，在商朝为豕韦氏，在周朝为唐、杜氏。周室衰微以后，我的先祖到晋国继承前人事业，为范氏，‘死而不朽’是不是说的就是我们范氏这种情形呢？”叔孙穆子回答说：“以叔孙豹所闻，这叫做世食官邑，而不是不朽。鲁国先大夫臧文仲，人已经死了，他的言论立于后世，这叫做‘死而不朽’。”

# 医和视平公疾

本篇记载医和对晋平公疾病的诊断。晋平公病重，秦景公派一个名叫和的医生前来看病。医和在诊治之后，认为晋平公的病不可医治，因为他的不治之症是过度淫于女色所致。医和将晋平公的病称之为“蛊”，认为蛊的邪恶是谷中的飞虫生出来的。这些话虽然听起来颇为神秘难懂，实际上“谷”与“蛊”代表着正气与邪恶两种力量，谷气兴旺则蛊邪隐伏，蛊慝猖獗则谷气隐藏。晋平公不分昼夜淫于女色，这是不享受五谷正气而以蛊邪为食，不彰显谷气之明而充当蛊邪的器皿。医和还对晋国的霸业和股肱大臣的命运做出预测，这些预测其实是建立在对晋国君主荒淫、辅臣持禄保宠的深入分析基础之上。医和之语说明，荒淫奢侈的腐朽生活方式，是导致统治者病入膏肓的原因。《吕氏春秋·本性》说：“靡曼皓齿，郑卫之音，务以自乐，命之曰伐性之斧。”晋平公就是被“伐性之斧”砍倒的。

平公有疾，秦景公使医和视之[①]，出曰："不可为也[②]。是谓远男而近女[③]，惑以生蛊[④]；非鬼非食，惑以丧志。良臣不生[⑤]，天命不祐。若君不死，必失诸侯。"赵文子闻之曰："武从二三子以佐君为诸侯盟主，于今八年矣[⑥]，内无苛慝[⑦]，诸侯不二，子胡曰'良臣不生，天命不祐'？"对曰："自今之谓[⑧]。和闻之曰：'直不辅曲[⑨]，明不规暗[⑩]，拱木不生危[⑪]，松柏不生埤[⑫]。'吾子不能谏惑，使至于生疾，又不自退而宠其政[⑬]，八年之谓多矣，何以能久！"文子曰："医及国家乎？"对曰："上医医国，其次疾人[⑭]，固医官也[⑮]。"文子曰："子称蛊，何实生之？"对曰："蛊之慝，谷之飞实生之[⑯]。物莫伏于蛊，莫嘉于谷[⑰]，谷兴蛊伏而章明者也[⑱]。故食谷者，昼选男德以象谷明[⑲]，宵静女德以伏蛊慝[⑳]。今君一之[㉑]，是不飨谷而食蛊也，是不昭谷明而皿蛊也[㉒]。夫文[㉓]，'虫''皿'为'蛊'，吾是以云。"文子曰："君其几何？"对曰："若诸侯服，不过三年[㉔]，不服，不过十年，过是，晋之殃也。"是岁也，赵文子卒，诸侯叛晋，十年，平公薨[㉕]。

【注释】

①和：秦医之名。

②为：治。

③远男而近女：远师傅，近女色。

④蛊：淫惑。

⑤良臣：指赵武。不生：将死。

⑥于今八年：是年为公元前541年，前548年赵文子代范宣子为政，首尾八年。

⑦苛慝：苛政和邪恶。

⑧自今之谓：说的是从今以后的事情。

⑨直不辅曲：正直者不辅助邪曲。

⑩明不规暗：光明者不规正暗昧。

⑪拱木不生危：拱围大树不生于危险之地。

⑫埤（bì）：低湿之地。

⑬宠其政：贪恋执政高位。

⑭疾人：病人。

⑮固医官：本为医生的职责。

⑯谷之飞：谷中的飞虫。

⑰嘉：善。

⑱谷兴蛊伏：谷气兴旺则蛊隐伏。

⑲男德：男性有德者。以象谷明：以象人之食谷而有聪明。

⑳宵静女德以伏蛊慝：晚上安于女性有德者，让蛊的邪恶隐伏。

㉑一之：不分昼夜，单一接近女色。

㉒皿蛊：身体藏蛊，如同盛蛊之器皿。

㉓文：字。

㉔若诸侯服，不过三年：如果诸侯归服，天下太平，那么晋平公就会专近女色，因此只能存活三年。

㉕十年，平公薨：晋平公死于公元前532年，距此十年。

**【译文】**

晋平公有病，秦景公派一位名叫和的医生到晋国给平公看病，医和看完病后出来说：“晋君的病是不可治的。这种病叫做远师傅而近女色，因迷惑而生蛊；这种蛊既不是鬼神作祟也不是饮食问题，而是迷惑女色而丧失意志。股肱良臣将要死去，天命也不会保佑。如果晋君不死，也必定会失去诸侯拥护。”赵文子听后，说：“我赵武率领群臣辅佐君主成为诸侯盟主，至今已经八年，内无苛政和邪恶，外无叛离诸侯，您为什么说‘股肱良臣将要死去，天命也不会保佑’？”医和回答说：“我说的是从今以后的事情。我听说：‘正直者不辅助邪曲，光明者不规正暗昧，拱围大树不会生于危险高坡，松柏不生于低湿之地。’您对君主迷惑女色不能劝谏，使君主生病，又不能自我引退，贪恋执政高位，八年已经够多了，凭什么还能长久呢！”赵文子问：“医生之业涉及国家政治吗？”医和说：“上等的医生医治国家，其次才是医治病人，治国本是医生的职责。”赵文子问：“您所称说的蛊，究竟是从什么地方生出来的呢？”医和回答说：“蛊的邪恶，是谷中的飞虫生出来的。万物没有不隐藏蛊的，没有比谷子更好的，谷气兴旺则蛊隐伏，这是明显的道理。因此食谷的人，白天挑选男性有德者，以此象征人食谷而有聪明，晚上安于女性有德者，让蛊的邪恶隐伏。如今晋君不分昼夜，单一接近女色，这是不享受谷气而以蛊为食，这是不彰显谷气之明而充当蛊的器皿。从文字上说，‘虫’‘皿’为‘蛊’，因此我才这样说。”赵文子说：“晋君大概还有多少寿数？”医和说：“如果诸侯归服晋国，那么晋君寿命不过三年，如果诸侯不服晋国，那么晋君寿命不过十年，超过这个寿数，那将是晋国的祸殃。”这一年，赵文子去世，诸侯叛离晋国，十年之后，晋平公去世。

# 叔向论忧德不忧贫

本篇记载叔向关于忧德不忧贫的言论。晋国执政正卿韩起担忧家贫，慨叹没有经济实力与卿士大夫交往。叔向就此向韩起表示祝贺，他以栾、郤两大家族为例予以说明。栾书身为正卿，家中田地不足一百人耕种，宫室中祭祀器皿都不完备，他通过宣示德行来维系晋国的霸业，自身得以善终而免于难。郤至家中财富抵得上晋国半个公室，家中所出军赋占三军的一半，郤氏八人，五人为晋国大夫，三人为卿。依仗富有尊贵，郤氏在国内骄奢淫逸，结果其宗族一朝被灭。叔向告诉韩起，身为晋国执政正卿，应该担忧自己的德行是否建立，而不应该担忧家中缺少财物。叔向是春秋后期晋国优秀的政治思想家，属于“立言”人物。本篇忧德不忧贫之说，堪称金玉良言。不过栾书是一个有争议的历史人物，叔向以栾书作为有德的正面典型，则未为知人之论。

叔向见韩宣子[①]，宣子忧贫，叔向贺之。宣子曰："吾有卿之名，而无其实，无以从二三子[②]，吾是以忧，子贺我何故？"对曰："昔栾武子无一卒之田[③]，其宫不备其宗器[④]，宣其德行[⑤]，顺其宪则[⑥]，使越于诸侯[⑦]，诸侯亲之，戎、狄怀之，以正晋国，行刑不疚[⑧]，以免于难。及桓子骄泰奢侈[⑨]，贪欲无艺[⑩]，略则行志[⑪]，假贷居贿[⑫]，宜及于难，而赖武之德，以没其身[⑬]。及怀子改桓之行[⑭]，而修武之德，可以免于难，而离桓之罪[⑮]，以亡于楚。夫郤昭子[⑯]，其富半公室[⑰]，其家半三军[⑱]，恃其富宠，以泰于国[⑲]，其身尸于朝[⑳]，其宗灭于绛[㉑]。不然，夫八郤，五大夫三卿[㉒]，其宠大矣，一朝而灭，莫之哀也[㉓]，唯无德也。今吾子有栾武子之贫，吾以为能其德矣，是以贺。若不忧德之不建，而患货之不足，将吊不暇[㉔]，何贺之有？"宣子拜稽首焉，曰："起也将亡，赖子存之，非起也敢专承之[㉕]，其自桓叔以下嘉吾子之赐[㉖]。"

**【注释】**

①韩宣子：晋国正卿韩起，谥"宣"。

②从：交往。二三子：指晋国卿士大夫。

③栾武子：栾书，晋国上卿。一卒之田：一百顷田。卒，一百人为卒。

④宫：室。宗器：祭祀器皿。

⑤宣：显示。

⑥宪则：国家法律。

⑦越：传播。

⑧疚：内心痛苦。

⑨桓子：栾书之子栾黡。

⑩艺：极。

⑪略则行志：忽略法则，任意行事。

⑫假贷居贿：通过贷出财货牟利。贿，财物。

⑬没其身：直到老死。

⑭怀子：栾黡之子栾盈。

⑮离（離）：通“罹”，遭到。

⑯郤昭子：郤至，晋国卿士。

⑰半公室：为公室的一半。

⑱其家半三军：郤家所出军赋占三军的一半。

⑲泰：奢侈。

⑳其身尸于朝：尸体摆在朝廷示众。郤至被晋厉公所杀。

㉑其宗灭于绛：他的宗族在绛被消灭。

㉒夫八郤，五大夫三卿：郤氏八人，郤锜、郤至、郤犨三人为卿，复有五人为大夫。

㉓莫之哀也：没有人为他们悲哀。

㉔吊：忧虑。不暇：没有时间。

㉕专承：独自承受。

㉖桓叔：晋穆侯之子，名成师，号桓叔。桓叔之子万封于韩，因此韩宣子尊桓叔为韩氏之祖。

**【译文】**

叔向见韩宣子，韩宣子担忧家贫，叔向对他表示祝贺。

韩宣子说:“我虽然有卿的名分，但却没有卿的财富，没有什么东西用来和卿士大夫交往，我因此担忧，您祝贺我是什么缘故？”叔向回答说:“从前栾武子家中田地不足一百人耕种，宫室中祭祀器皿都不完备，他显示自己的德行，顺从国家法律，使之传播到各诸侯国，诸侯们都亲近他，戎、狄都感念他，他以正气治晋国，即使是施行刑罚也不会内心痛苦，因此免于弑君之难。到了栾桓子，骄傲奢侈，贪欲无止境，忽略法则，任意行事，通过贷出财货牟利，本来是应该灾难及身，可是他依赖其父栾武子的德行而终身平安。到了栾怀子，改变其父桓子恶行，重修乃祖栾武子之德，本来是可以免除灾难的，可是他却遭到桓子罪孽报应，逃亡到楚国。郤昭子，家中财富抵得上半个公室，家中所出军赋占三军的一半。依仗富有尊贵，在国内骄奢淫逸，结果他的尸体摆在朝廷示众，他的宗族在绛都被消灭。如果不是骄奢的话，郤氏八人，五人为大夫，三人为卿，如此尊宠是够大的了，一朝灭亡，没有人为他们悲哀，这只是因为他们缺德啊。如今您有栾武子的贫寒，我认为您是能够有德的，因此才祝贺。如果不是担忧在德行上没有建树，而是担忧财货不足，我为您担忧还来不及呢，有什么可祝贺的？”韩宣子对叔向下拜磕头，说:“我韩起将要灭亡，靠您一席话让我存活，不仅我韩起一个人蒙您恩惠，而且从桓叔以下韩氏家族都要感谢您的恩赐。”

# 晋语九

## 叔向论三奸同罪

本篇记载叔向对叔鱼、雍子、邢侯三人罪行的论断。叔鱼代行理官职责期间，发生邢侯与雍子争鄐田疆界的诉讼案件。雍子将自己的女儿献给叔鱼以求胜诉，叔鱼在断案时徇情枉法，作出有利于雍子的判决，邢侯在朝廷上将叔鱼与雍子杀死。执政正卿韩起对如何处理这起重大案件深感焦虑，叔向指出，叔鱼身为理官而以邪曲买卖国家公正，与雍子断绝父女亲情以求胜诉，与邢侯不是司寇却擅自杀人，三人的罪行是同等的。他建议杀死生者，将死者陈尸示众。叔向对案件的剖析合情合理，显示了他的卓越理乱才能。需要强调的是，叔鱼是叔向之弟，他没有偏袒叔鱼的罪行，而是秉持公义，认为叔鱼与雍子、邢侯同罪，这表明叔向是秉持公心的。

士景伯如楚[①]，叔鱼为赞理[②]。邢侯与雍子争田[③]，雍子纳其女于叔鱼以求直[④]。及断狱之日，叔鱼抑邢侯[⑤]，邢侯杀叔鱼与雍子于朝。韩宣子患之，叔向曰："三奸同罪，请杀其生者而戮其死者[⑥]。"宣子曰："若何？"对曰："鲋也鬻狱[⑦]，雍子贾之以其子[⑧]，邢侯非其官也而干之[⑨]。夫以回鬻国之中[⑩]，与绝亲以买直[⑪]，与非司寇而擅杀[⑫]，其罪一也。"邢侯闻之，逃。遂施邢侯氏[⑬]，而尸叔鱼与雍子于市。

**【注释】**

①士景伯：晋国掌管讼狱的理官。如楚：到楚国聘问。

②叔鱼：叔向之弟羊舌鲋。赞理：士景伯出使楚国，羊舌鲋代行理官职责。赞，佐。

③邢侯：楚国申公巫臣之子，巫臣奔晋，晋封为邢邑大夫。雍子：原为楚国大夫，后由楚奔晋，晋封为鄐大夫。争田：争鄐田之疆界。

④求直：求叔鱼判自己理直。据《左传》记载，实情是雍子理曲。

⑤抑：压制。

⑥戮：陈尸。

⑦鬻狱：受贿而枉断官司。指接受雍子的贿赂。

⑧贾：出卖，做交易。子：女儿。

⑨非其官：不是理官。干：犯。

⑩回：邪曲。鬻：卖。中：中正。

⑪绝亲以买直：断绝父女亲情以求胜诉。

⑫非司寇而擅杀：不是司寇却擅自杀人。

⑬施：判罪，劾捕。

【译文】

晋国理官士景伯到楚国聘问，叔鱼代行理官职责。邢侯与雍子争鄐田疆界，雍子将自己的女儿献给叔鱼以求胜诉。到断案之日，叔鱼有意压制邢侯，邢侯在朝廷上杀死叔鱼与雍子。韩宣子对此深感焦虑，叔向说："邢侯、雍子、叔鱼三个罪人罪恶相同，请将生者杀死，将死者陈尸示众。"韩宣子问："为什么这样做？"叔向说："羊舌鲋断案徇情枉法，雍子用亲生女儿做交易，邢侯不是理官而干犯理官之职。羊舌鲋以邪曲买卖国家公正，与雍子断绝父女亲情以求胜诉，与邢侯不是司寇却擅自杀人，三人的罪行是同等的。"邢侯听到消息，便逃出绛都。韩宣子于是劾捕邢侯氏，将叔鱼与雍子陈尸闹市。

## 董叔欲为系援

本篇记载晋国大夫董叔因攀援富贵而受辱的故事。董叔欲娶晋国执政正卿范献子之妹为妻，叔向加以劝阻，说范氏富贵，应该停止这门亲事。董叔告诉叔向，他是想以此求得范献子的牵系援引。董叔没有想到，相国大人的妹子是不好侍候的。婚后不久，范献子之妹便向哥哥告状，说董叔对她不敬。范献子将董叔抓起来，吊在庭院的槐树上。正好叔向路过，董叔央求叔向替他向范献子求情，叔向讽刺他说："你追求牵系，现在已经被牵系了；你追求援引，现在已经被援引了。想得到的都得到了，又请求什么呢？"董叔因攀援富贵而受辱，可谓咎由自取。叔向答语巧妙地借用董叔之言予以讽刺，颇有黑色幽默的意味。

董叔将娶于范氏[1]，叔向曰："范氏富，盍已乎[2]？"曰："欲为系援焉[3]。"他日，董祁愬于范献子曰[4]："不吾敬也。"献子执而纺于庭之槐[5]，叔向过之，曰："子盍为我请乎！"叔向曰："求系，既系矣；求援，既援矣。欲而得之，又何请焉？"

【注释】

①董叔：晋国大夫。范氏：范宣子之女，范献子之妹。

②盍：何不。已：止。

③系：牵系。援：援引。

④董祁：董叔之妻，范献子之妹。范氏为祁姓。愬：诉。

⑤纺：捆吊。

【译文】

董叔准备娶范宣子之女，叔向说："范氏富有，何不停止这门亲事呢？"董叔说："我想求得范氏的牵系援引。"过了一些时候，董祁向哥哥范献子告状说："董叔不尊敬我。"范献子将妹夫董叔抓起来，吊在庭院的槐树上，叔向正好路过，董叔喊道："您何不替我求个情呢？"叔向说："你追求牵系，现在已经被牵系了；你追求援引，现在已经被援引了。想得到的都得到了，又请求什么呢？"

## 晋阳之围

本篇记载赵襄子在晋阳之围前夕寻求对策。关于此篇背景，《史记·赵世家》有所记载："知（智）伯益骄，请地韩、魏，韩、魏与之；请地赵，赵不与，以其围郑之辱。知伯怒，遂率韩、魏攻赵。赵襄子惧，乃奔保晋阳。"在被围前夕，张孟谈建议赵襄子派家臣地用钟鼎彝器贿赂诸侯，赵襄子认为地是助长自己坏毛病、求得俸禄的奸臣，不可重用。赵襄子否定了以长子或邯郸作为逃难地点，因为长子疲敝民力，邯郸搜刮民脂民膏，不会获得当地人民的支持。他最后选择了晋阳，因为晋阳守臣尹铎宽用民力。事实证明，赵襄子这一选择是正确的，智伯率晋军包围晋阳，用汾河水灌城，锅灶淹水，生出蛤蟆，民众仍没有叛变之意。赵襄子在关键时刻，对家臣的忠奸与民心的向背有清醒的认识，这使他最终能够免于灭顶之灾。

晋阳之围[①]，张谈曰[②]：“先主为重器也[③]，为国家之难也，盍姑无爱宝于诸侯乎？”襄子曰：“吾无使也。”张谈曰：“地也可[④]。”襄子曰：“吾不幸有疾，不夷于先子[⑤]，不德而贿。夫地也求饮吾欲[⑥]，是养吾疾而干吾禄也[⑦]。吾不与皆毙。”襄子出，曰：“吾何走乎？”从者曰：“长子近[⑧]，且城厚完[⑨]。”襄子曰：“民罢力以完之[⑩]，又毙死以守之，其谁与我？”从者曰：“邯郸之仓库实。”襄子曰：“浚民之膏泽以实之[⑪]，又因而杀之，其谁与我？其晋阳乎！先主之所属也[⑫]，尹铎之所宽也，民必和矣。”乃走晋阳，晋师围而灌之[⑬]，沉灶产蛙[⑭]，民无叛意。

【注释】

①晋阳之围：公元前455年至前453年，智伯率韩康子、魏桓子围赵襄子于晋阳。

②张谈：张孟谈，赵襄子家臣。

③重器：指钟鼎彝器。

④地：赵襄子家臣。

⑤夷：平，等同。

⑥求饮（yìn）吾欲：只求满足我的欲望。饮，给人饮水，引申为满足。

⑦干：求。

⑧长子：晋国地名，在今山西长治附近。

⑨完：完整。

⑩罢（pí）：通“疲”，疲敝。

⑪浚（jùn）：榨取。

⑫先主：赵简子。属（zhǔ）：通“嘱”，托付，嘱咐。

⑬灌之：智伯引汾河水灌晋阳城。

⑭沉灶产蛙：锅灶淹水，生出蛤蟆。

**【译文】**

在智伯围晋阳之前，张孟谈说：“先主赵简子制作钟鼎重器，为的是防备国家之难，何不姑且用重宝来贿赂诸侯呢？”赵襄子说：“我没有合适的使者。”张孟谈说：“地可以为使者。”赵襄子说：“我不幸有毛病，比不上先人，没有德行，只好去贿赂诸侯。地只会满足我的欲望，这是助长我的坏毛病而求得我的俸禄。我不愿意和他一起死。”赵襄子走出门，说：“去往哪里跑呢？”随从说：“长子邑路近，而且城墙厚实完整。”赵襄子说：“民众精疲力竭修筑城墙，现在又要他们拼死守城，谁能帮助我？”随从说：“邯郸邑的仓库充实。”赵襄子说：“搜刮民脂民膏来充实仓库，又因此而使他们被杀，谁能帮助我？我去晋阳吧！这是先主所嘱咐的逃难之所，是尹铎用宽缓政策治理的地方，民众必定和谐。”于是赵襄子跑到晋阳，智伯率晋军包围晋阳，用汾河水灌城，锅灶淹水，生出蛤蟆，民众仍没有叛变之意。

# 郑语

## 史伯为桓公论兴废

本篇是一篇究天人之际、通古今之变的大文字。西周末年，周王室风雨飘摇，身为周王室司徒的郑桓公向史伯咨询逃死方略。史伯从天道赏善罚恶角度，对未来周王室不可避免的衰落和齐、晋、秦、楚的崛起大势做出预测，建议郑桓公将妻子儿女和财产寄托在济、洛、河、颍之间。文章内容十分深刻广博，篇中提出几个重要观点：一是“天之所启，十世不替”，即上天所开启的人必将兴旺发达。二是“成天地之大功者，其子孙未尝不章”，凡是对人类发展作出重大贡献的人，其子孙都必然发迹。三是“和实生物，同则不继”，治国者应该听取各方面的意见，而不能党同伐异。四是“民之所欲，天必从之”，天意是以民意为依据。五是“国大而有德者近兴”，施行德政可以带来国家兴旺。史伯的言论既来自神秘直觉，又有对历史与现实的深刻剖析，充满了天人合一和宿命论的信念，集中地体现了西周史官文化特色，其中积善积德的观念对此后民族心理产生了深远影响。

桓公为司徒[1]，甚得周众与东土之人[2]，问于史伯曰[3]："王室多故[4]，余惧及焉，其何所可以逃死？"史伯对曰："王室将卑，戎、狄必昌[5]，不可逼也[6]。当成周者[7]，南有荆蛮、申、吕、应、邓、陈、蔡、随、唐[8]，北有卫、燕、狄、鲜虞、潞、洛、泉、徐、蒲[9]，西有虞、虢、晋、隗、霍、杨、魏、芮[10]，东有齐、鲁、曹、宋、滕、薛、邹、莒[11]，是非王之支子母弟甥舅也，则皆蛮、荆、戎、狄之人也，非亲则顽[12]，不可入也。其济、洛、河、颍之间乎[13]！是其子男之国，虢、郐为大，虢叔恃势，郐仲恃险，是皆有骄侈怠慢之心，而加之以贪冒[14]。君若以周难之故，寄孥与贿焉[15]，不敢不许。周乱而弊，是骄而贪，必将背君，君若以成周之众，奉辞伐罪，无不克矣。若克二邑，邬、弊、补、舟、依、𩱡、历、华[16]，君之土也。若前华后河[17]，右洛左济，主芣、騩而食溱、洧[18]，修典刑以守之[19]，是可以少固[20]。

【注释】

①桓公：姬姓，名友，周厉王少子，周宣王同母弟，公元前806年周宣王将他封于郑国，在今陕西华县东。公元前774年郑桓公任周王室司徒。

②得：得民心。周众：西周民众。东土之人：陕以东的民众。

③史伯：周王室太史。《史记·周本纪》作"太史伯阳"。

④王室多故：《史记·郑世家》："幽王以褒后故，王室治多邪，诸侯或畔之。"故，难。

⑤昌：昌盛。

⑥逼：迫近。

⑦成周：东都洛邑。

⑧荆蛮：芈姓诸侯国，又称楚。申、吕：姜姓诸侯国。应、蔡、随、唐：姬姓诸侯国。邓：曼姓诸侯国。陈：妫姓诸侯国。

⑨卫：康叔封国，姬姓。燕：邵公封国，姬姓。狄：北狄。鲜虞：姬姓在狄者。潞、洛、泉、徐、蒲：都是赤狄政权，隗姓。

⑩虞：虞叔之后，姬姓。虢：虢叔之后，姬姓。晋：唐叔之后，姬姓。隗、霍、杨、魏、芮：都是姬姓诸侯国。

⑪齐：姜太公封国，姜姓。鲁：周公封国，姬姓。曹、滕：都是姬姓诸侯国。宋：殷商之后，子姓诸侯国。薛：任姓诸侯国。邹：即"邾"，曹姓诸侯国。莒：己姓诸侯国。

⑫顽：指蛮夷戎狄。

⑬济、洛、河、颍之间：韦昭注曰："左济、右洛、前颍、后河。"《史记·郑世家》"雒之东土，河济之南"，即今河南新郑一带。济，济水，出今河南济源王屋山，至温县汇入黄河。洛，洛水。此指发源于华山，流经陕西商县至河南入黄河之洛水。河，黄河。颍，颍水，源出河南登封，至安徽寿县汇入

淮河。

⑭贪冒：贪图财利。

⑮孥：妻子儿女。贿：财物。

⑯邬、蔽、补、丹、依、𩿧（róu）、历、华：八邑之名。邬，妘姓诸侯国，在今河南偃师。一本作"鄢"，在今河南鄢陵北偏西。蔽、补、依、𩿧，商代国名，其地不详。丹，尧之子丹朱的封国，在今河南内乡境。华，华阳，在今河南新密。一曰当作"莘"，虢国地名，在今河南三门峡。

⑰华：当为"颉"之误。

⑱主芣（fú）、騩（guī）：以芣山、騩山之神为神主。芣、騩，山名。芣，在今河南巩义北。騩，即大山。在今河南新密附近。二山都在今河南新郑附近。主，神主。食溱（zhēn）、洧（wěi）：饮溱河、洧河之水。秦、洧，水名。溱水源出河南新密，东北流至新郑与洧水合。洧水出河南登封阳城山，经新密，至新郑合溱水，为双洎水，至西华入颍水。郐国正在溱、洧之间。

⑲典刑：常法。

⑳少：稍微。

**【译文】**

郑桓公担任周王室司徒，很得西周和东土民众之心，他问史伯说："周王室多灾多难，我怕被卷进去，何处可以逃避一死？"史伯回答说："周王室即将衰微，四周戎、狄必定昌盛，不可离他们太近。成周洛邑，南有荆蛮、申、吕、应、邓、陈、蔡、随、唐诸国，北有卫、燕、狄、鲜虞、潞、洛、泉、徐、蒲诸国，西有虞、虢、晋、隗、霍、杨、魏、芮诸国，东有齐、鲁、曹、宋、滕、薛、邹、莒诸国，这些诸侯国不是周王同姓支系子弟和异姓甥舅，就是蛮、荆、戎、狄之人，不是血亲关系就是戎狄凶顽，因此不可进入这一地区。逃难之所，应该选择济水、洛水、河水、颍水之间吧！这一地区都是子爵、男爵之国，以虢国、郐国为最大，虢叔依靠地势，郐仲倚仗险要，他们都有骄侈怠慢之心，而且贪图财利。您如果以周王室灾难的缘故，要求寄托妻子儿女和财物，他们不敢不许可。周王室发生祸乱而衰落，虢、郐两国君主又骄傲贪婪，他们必将背叛您，您如果率领成周兵马，以严辞讨伐有罪之国，应该是战无不胜。如果攻克虢、郐二国，那么邬、弊、补、丹、依、𩿨、历、华八邑，都会成为您的土地。如果前面是颍水后面是黄河，右边是洛水左边是济水，以芣山、騩山之神为神主，饮溱河、洧河之水，修定治国常法来守护这片土地，这样您的地位就可以稍微稳固了。

公曰："南方不可乎[①]？"对曰："夫荆子熊严生子四人[②]：伯霜、仲雪、叔熊、季紃[③]。叔熊逃难于濮而蛮[④]，季紃是立，薳氏将起之[⑤]，祸又不克。是天启之心也[⑥]，又甚聪明和协，盖其先王[⑦]。臣闻之，天之所启，十世不替[⑧]。夫其子孙必光启土[⑨]，不可逼也。且重、黎之后也[⑩]，夫黎为高辛氏火正[⑪]，以淳耀敦大[⑫]，天明地德[⑬]，光照四海，故命之曰'祝融'⑭，其功大矣。

【注释】

①南方：指成周以南，申国、邓国之间。

②荆：楚。子：楚为子爵。熊严：楚子鬻熊十世孙。

③伯霜：楚子熊霜。仲雪：熊严次子。叔熊：熊严三子，因争位失败而奔濮邑。季紃（xún）：楚子熊紃。

④蛮：指叔熊奔濮之后随从蛮俗。

⑤蒍（wěi）氏：楚国大夫。起：指欲立叔熊为君。

⑥天启之心：指上天开启季紃之心。启，开。

⑦盖：超越。

⑧替：废。

⑨光：光大。

⑩重、黎：颛顼时代的两位官员，重为南正司天，黎为北正司地，是楚人祖先。

⑪高辛氏：帝喾。火正：掌管火的官员。

⑫淳耀：光明。敦大：厚大。

⑬天明：观察日月星三辰之明。地德：体现大地美德。

⑭祝融：官职。

【译文】

郑桓公问："南方不可以寄居吗？"史伯回答说："楚子熊严生了四个儿子：伯霜、仲雪、叔熊、季紃。叔熊逃难到濮邑而随从蛮俗，季紃得以立为楚子，蒍氏试图拥立叔熊，结果因祸而不能成功。这是上天开启季紃之心啊，季紃为人十分聪明温和，团结百姓，功业盖过先王。我听说，上天之所开启的人，十世不会废弃。季紃的子孙一定能够光大前人事业，开疆拓土，因而楚国是不可迫近的。况且楚为重、黎之后，黎担任高辛氏的火正一职，以其光明厚大，则天之明，因地之德，光照四海，因此高辛氏称黎叫‘祝融’，他的功绩可大了。

“夫成天地之大功者，其子孙未尝不章[1]，虞、夏、商、周是也。虞幕能听协风[2]，以成乐物生者也[3]。夏禹能单平水土[4]，以品处庶类者也[5]。商契能和合五教[6]，以保于百姓者也[7]。周弃能播殖百谷蔬[8]，以衣食民人者也[9]。其后皆为王公侯伯。祝融亦能昭显天地之光明，以生柔嘉材者也[10]，其后八姓于周未有侯伯[11]。佐制物于前代者[12]，昆吾为夏伯矣[13]，大彭、豕韦为商伯矣[14]。当周未有[15]。己姓昆吾、苏、顾、温、董[16]，董姓鬷夷、豢龙[17]，则夏灭之矣。彭姓彭祖、豕韦、诸稽，则商灭之矣。秃姓舟人，则周灭之矣。妘姓邬、郐、路、偪阳，曹姓邹、莒，皆为采卫[18]。或在王室，或在夷、狄，莫之数也，而又无令闻，必不兴矣。斟姓无后。融之兴者，其在芈姓乎？芈蕽姓越[19]，不足命也。蛮芈蛮矣[20]，唯荆实有昭德，若周衰，其必兴矣。姜、嬴、荆芈，实与诸姬代相干也[21]。姜，伯夷之后也[22]，嬴，伯翳之后也[23]。伯夷能礼于神以佐尧者也，伯翳能议百物以佐舜者也。其后皆不失祀而未有兴者，周衰其将至矣。”

【注释】

①章：显。

②虞幕：虞舜先祖。协：和。

③成乐物生：据段玉裁说，应该是“成物乐生”。

④单：通“殚”，尽。

⑤品：区分高下。庶类：众类。

⑥契（xiè）：商人始祖。五教：父义、母慈、兄友、弟恭、子孝。

⑦保：养。

⑧弃：后稷。播：播种。

⑨衣食：用做动词。

⑩柔：润。嘉材：五谷材木。嘉，善。

⑪八姓：祝融之后八姓是：己、董、彭、秃、妘、曹、斟、芈。侯伯：诸侯领袖。

⑫佐：助。物：事。前代：夏、商。

⑬昆吾：祝融之孙，陆终长子，名樊，为己姓，封于昆吾。

⑭大彭：陆终第三子，名篯，彭姓，封于大彭，称为彭祖。豕韦：彭姓，封于豕韦。

⑮未有：未有为侯伯者。

⑯己姓昆吾、苏、顾、温、董：五国都是昆吾之后别封者。

⑰鬷（zōng）夷、豢龙：二国名。

⑱采：采服。卫：卫服。

⑲夔（kuí）：熊挚后代之国。越：越章国。楚子熊渠

封少子执疵为越章王。

⑳蛮芈（mǐ）：指叔熊在濮，从蛮俗。

㉑代相干：世相代强。代，交替。

㉒伯夷：炎帝后裔，尧时典礼官员。

㉓伯翳：少皞之后，又称伯益，舜时虞官，掌管山木川泽。

**【译文】**

“凡是成就天地之大功的人，他的子孙没有不发迹显达的，虞、夏、商、周都是这样。虞幕能够辨听和风，以此成就万物生长各乐其生。夏禹能够殚精竭力平治水土，以此区分高下使万物各得其宜。商契能够和谐地推行父义、母慈、兄友、弟恭、子孝五教，以此使百姓各得其养。周弃能够播殖百谷蔬菜，以此让人民丰衣足食。虞幕、夏禹、商契、周弃的后人都成为王公侯伯。祝融也能昭显天地光明，让五谷材木滋润生长，祝融之后己、董、彭、秃、妘、曹、斟、芈八姓，在周代尚未有侯伯出现。在夏商辅佐君主成就大事的人，昆吾曾经为夏代侯伯，大彭、豕韦曾经为商代的侯伯。在周代尚未有侯伯出现。己姓昆吾、苏、顾、温、董五国，董姓鬷夷、豢龙二国，在夏代就被消灭了。彭姓彭祖、豕韦、诸稽几国，在商代就被消灭了。秃姓舟人国，在周代就被消灭了。妘姓邬、郐、路、偪阳四国，曹姓邹、莒二国，都为采服或卫服。这六姓的后代，或近在王室，或远在夷、狄，没有人进行统计，而且又没有好的名声，一定是不会兴盛的。斟姓没有后人。祝融后代能够兴盛的人，大概是在芈姓吧？芈姓诸侯国中的夔、越二国，是不足以享受天命的。蛮芈已经接受了蛮俗，只有楚国确实有明德，如果周室衰微，那么楚国必定兴盛。齐姜、秦嬴、楚芈，确实与诸姬之国递相称雄交锋。姜姓是伯夷的后人，嬴姓是伯翳的后人。伯夷能够致礼于神以辅佐唐尧，伯翳能够掌议百物以辅佐虞舜。他们的后代都能够守住宗庙祭祀，但是却没有兴盛的人，周王室衰落之后，他们兴盛的日子就到了。”

公曰：“谢西之九州[①]，何如？”对曰：“其民沓贪而忍[②]，不可因也[③]。唯谢、郏之间[④]，其冢君侈骄[⑤]，其民怠沓其君[⑥]，而未及周德[⑦]；若更君而周训之[⑧]，是易取也，且可长用也[⑨]。”

【注释】

①谢西之九州：当是西周故地及以西之地，即后来的秦地。谢，谢国，在今河南南阳。九州，九个州邑，二千五百家为州。

②沓：贪黩。忍：残忍。

③因：就，接近。

④谢、郏之间：指谢北、郏南的虢、郐地区。郏，周朝的东都，在今河南洛阳。

⑤冢君：大君，对列国君主的敬称。冢，大。

⑥怠沓：怠慢、蒙黩。

⑦周德：忠信之德。

⑧更君：更换君德。周：忠信。训：训导。

⑨长用：久处。

**【译文】**

郑桓公问："谢国西面的九个州邑，怎么样？"史伯回答说："那里的民俗贪黩残忍，不可以接近他们。只有在谢北、郑南之间的虢、郐地带，其国君放纵骄傲，老百姓怠慢欺黩其君，他们还不懂得忠信之德；如果更换君德而以忠信之德加以训导，就易于得到这一地区，而且可以长久地居住在这里。"

公曰："周其弊乎[1]？"对曰："殆于必弊者也[2]。《泰誓》曰：'民之所欲，天必从之。'今王弃高明昭显[3]，而好谗慝暗昧[4]；恶角犀丰盈[5]，而近顽童穷固[6]。去和而取同[7]。夫和实生物，同则不继。以他平他谓之和，故能丰长而物归之；若以同裨同[8]，尽乃弃矣。故先王以土与金木水火杂，以成百物。是以和五味以调口[9]，刚四支以卫体[10]，和六律以聪耳[11]，正七体以役心[12]，平八索以成人[13]，建九纪以立纯德[14]，合十数以训百体[15]。出千品[16]，具万方[17]，计亿事[18]，材兆物[19]，收经入[20]，行姟极[21]。故王者居九畡之田[22]，收经入以食兆民，周训而能用之[23]，和乐如一。夫如是，和之至也。于是乎先王聘后于异姓[24]，求财于有方[25]，择臣取谏工而讲以多物[26]，务和同也。声一无听，物一无文，味一无果[27]，物一不讲[28]。王将弃是类也而与剸同[29]，天夺之明，欲无弊，得乎？

【注释】

①弊：衰败。

②殆：近。

③王：周幽王。高明昭显：光明正大。

④谗慝：进谗邪恶。暗昧：内心黑暗。

⑤角犀丰盈：贤明之相。指贤人。角犀，额角入发处隆起。丰盈，面颊丰满。

⑥顽童：愚顽昏昧。穷固：穷陋。

⑦和：多样性的统一。同：单一的相同。

⑧裨：益。

⑨五味：酸、甜、苦、辣、咸。

⑩刚：强。

⑪六律：黄钟、太簇、姑洗、蕤宾、夷则、无射。

⑫七体：七窍。役心：服务于心。

⑬平：正。八索：人体的八个部位：首、腹、足、股、目、口、耳、手。八索以应八卦，乾为首，坤为腹，震为足，巽为股，离为目，兑为口，坎为耳，艮为手。

⑭建：立。九纪：指九脏：心、肝、脾、肾、肺、胃、膀胱、胆、肠。

⑮十数：王、公、大夫、士、皂、舆、隶、僚、仆、台。百体：百官体制。

⑯千品：千种品位。

⑰万方：万种方法。

⑱计：算。亿：万万为亿。一说，十万为亿。

⑲材：通“裁”。兆：万亿为兆。

⑳收经入：收常规收入。经，常。入，收入。

㉑行姟（gāi）极：达到数字极限。姟，古代最大的数目名，万万兆为姟。极，极数。

㉒九畡（gāi）：九州。畡，通“垓”。

㉓周训：忠信之教。

㉔聘后于异姓：周人有同姓不婚的习俗，故从异姓聘娶王后。

㉕求财于有方：使各方以其财物进贡。

㉖谏工：谏官。讲：讲论。多：众。物：事。

㉗果：成美味。

㉘讲：俞樾说，讲，读为“构”，意为合集。

㉙剸：同“专”，专断。

**【译文】**

郑桓公问：“周王室将会衰败吗？”史伯回答说：“差不多一定要衰败了。《尚书·泰誓》说：‘老百姓所想得到的，上天一定会遵从。’如今周王抛弃光明正大的人，喜欢进谗邪恶、内心黑暗的人；讨厌贤明的人，亲近愚顽鄙陋的人；抛弃多样性的统一，采纳单一的雷同。多样性的统一可以生成万物，单一的雷同就不能发展。把不同的东西加以协调平衡叫做多样性统一，所以能丰富发展而使万物归于统一；如果把相同的东西简单相加，用尽了之后就完了。所以先王把土和金、木、水、火相配合，而生成万物。因此调配五种滋味以适合人的口味，强健四肢来保护身体，调和黄钟、太簇、姑洗、蕤宾、夷则、无射六种音律使之动听悦耳，端正目、鼻、口、耳七窍来为心服务，协调身体首、腹、足、股、目、口、耳、手的八个部分使人完整，经纪心、肝、脾、肾、肺、胃、膀胱、胆、肠九脏以树立纯正的德行，合成王、公、大夫、士、皂、舆、隶、僚、仆、台十种等级来训导百官。于是产生了千种品位，具备了上万方法，计算成亿的事物，经营成兆的财物，取得万兆的收入，达到数字极限。所以君王坐拥九州土地，取得收入来供养万民，用忠信来教化和使用他们，使他们协和安乐如一家人。这样的话，就是和的极点了。于是先王从异姓的家族中聘娶王后，使各方以其财物进贡，在选择大臣时，起用直言进谏之官，来讲论国家众多事务，努力做到多样性的统一而不是单一的雷同。只有一种音符就不能谱成动听的乐曲，只有一种颜色就不能构成绚丽的文采，只有一种味就不能形成美味，只有一种事物就不能集合众事。如今周王摒弃多样性的统一而专用雷同，这是上天夺取了他的理智，要想不衰败，可能吗？

“夫虢石父谗谄巧从之人也[①]，而立以为卿士，与剸同也；弃聘后而立内妾[②]，好穷固也；侏儒戚施[③]，实御在侧，近顽童也；周法不昭，而妇言是行，用谗慝也；不建立卿士，而妖试幸措[④]，行暗昧也。是物也，不可以久。且宣王之时有童谣曰：‘檿弧箕服[⑤]，实亡周国。’于是宣王闻之，有夫妇鬻是器者[⑥]，王使执而戮之[⑦]。府之小妾生女而非王子也，惧而弃之。此人也[⑧]，收以奔褒[⑨]。天之命此久矣，其又何可为乎[⑩]？《训语》有之曰[⑪]：‘夏之衰也，褒人之神化为二龙，以同于王庭[⑫]，而言曰：“余，褒之二君也。”夏后卜杀之与去之与止之[⑬]，莫吉。卜请其漦而藏之[⑭]，吉。乃布币焉而策告之[⑮]，龙亡而漦在，椟而藏之[⑯]，传郊之[⑰]。’及殷、周，莫之发也。及厉王之末，发而观之，漦流于庭，不可除也。王使妇人不帏而噪之[⑱]，化为玄鼋[⑲]，以入于王府。府之童妾未既龀而遭之[⑳]，既笄而孕[㉑]，当宣王时而生。不夫而育，故惧而弃之。为弧服者方戮在路，夫妇哀其夜号也，而取之以逸[㉒]，逃于褒。褒人褒姁有狱[㉓]，而以为入于王，王遂置之[㉔]，而嬖是女也[㉕]，使至于为后而生伯服。天之生此久矣，其为毒也大矣，将使候淫德而加之焉[㉖]。毒之酋腊者[㉗]，其杀也滋速[㉘]。申、缯、西戎方强[㉙]，王室方骚[㉚]，将以纵欲，不亦难乎？王欲杀太子以成伯服，必求之申，申人弗畀[㉛]，必伐之。若伐申，而缯与西戎会以伐周，周不守矣！缯与西戎方将德申[㉜]，申、吕方强，其隩爱太子亦必可知也[㉝]，王师若在，其救之亦必然矣。王心怒矣，虢公从矣，凡周存亡，不三稔矣[㉞]！君若欲避其难，其速规所矣，时至而求用，恐无及也！”

**【注释】**

①虢石父：虢国君主，时任周幽王卿士。巧从：巧于媚从。

②聘后：申后。内妾：褒姒。
③侏儒戚施：指宫廷俳优小丑。
④妖：妖臣。试：用。幸：幸臣。措：措置，任用。
⑤檿（yǎn）：山桑。弧：弓。箕：树木名。服：箭袋。
⑥鬻是器：卖檿弧箕服。
⑦戮：责。
⑧此人：指卖檿弧箕服的人。
⑨收：取。褒：古国名，姒姓，故址在今陕西勉县东北。
⑩为：治。
⑪《训语》：周代典籍。
⑫同：共处。
⑬后：君。
⑭漦（chí）：龙涎。
⑮布币焉而策告之：陈列玉帛，以简策之书告求龙漦。
⑯椟：柜子，此处用做动词。
⑰传郊之：传祭之于郊。
⑱不帏而噪之：裸露下身而喧哗鼓噪。此为厌胜之术。帏，下裳的正幅。
⑲玄鼋（yuán）：黑色的鳖。
⑳既龀（chèn）：刚刚换牙。
㉑笄（jī）：盘发插簪，表示成年。女子十五而笄。
㉒逸：逃逸。
㉓褒姁（xū）：褒国国君。狱：诉讼案件。
㉔置之：赦免褒姁。
㉕嬖：宠爱。

㉖候淫德：等待淫德之人，指周幽王。加：施加。

㉗酋腊（xī）：制作很久的毒酒。

㉘滋：更加。

㉙申：姜姓诸侯国，为申后娘家。缯：姒姓诸侯国，为申之盟国。西戎：与申国友好。

㉚骚：骚扰，骚乱。

㉛畀：给予。

㉜德：感激。

㉝隩（ào）爱：深爱。

㉞三稔：三年。稔，谷物成熟。

**【译文】**

“虢石父是一个善于进谗、阿谀奉承、巧于媚从之人，而被周王立为王室卿士，这与周王一人专制没有区别；周王废弃申后而立褒姒，这是喜欢鄙陋之人；侏儒俳优，陪侍在周王身边，这是接近愚顽之人；周朝旧法不能得到彰显，一味听信妇人之言，这是任用谗毁邪恶之人；不立有德之人为卿士，而重用妖臣佞幸，这是行为暗昧。这种状况，不可以长久。况且周宣王时代有一首童谣说：‘桑弓箕袋，灭亡周国。’于是宣王听到这首童谣，有一对夫妇正好卖桑弓箕袋，周宣王派人将他们抓起来，责罚他们。王宫一个小妾生下女儿，但不是周王的孩子，因为害怕便把刚生下来的孩子丢弃。卖桑弓箕袋的夫妇，将被弃的孩子收养起来，逃奔褒国。上天命定此事很久了，又怎么能改变呢？《训语》上说：‘夏朝衰败的时候，褒君之神化为两条龙，共同停留在夏王宫庭，龙说：“我们是褒国的两位君主。”夏王占卜，是杀死两条龙，还是把两条龙赶走，还是把两条龙留下来，结果卦象都不吉利。夏王又占卜，请两条龙留下龙涎而加以收藏，结果卦象吉利。于是夏王命令陈列玉帛，以简策之书告求龙漦。龙飞走了，而龙涎还在，夏王用柜子将龙涎收藏起来，在城郊传祭。’一直到殷、周，都没有人打开柜子。厉王末年，将柜子打开观看，龙涎流于宫庭，不可清除。厉王让宫中妇人裸露下身而喧哗鼓噪，结果龙涎化为一只黑色的鳖，进入王府之中。王府中有一个幼小的婢妾，刚到换牙年龄，遇到了这只黑鳖，到了十五岁时，就奇怪地怀孕了，到宣王时期，这个婢妾生下一个女儿。因为婢妾没有丈夫婚配而生育，所以害怕而将女婴抛弃了。卖桑弓箕袋的夫妇正好在路边受责罚，夜里他们听到弃婴的哀号而心生怜悯，于是将孩子抱起来逃逸到褒国。褒君褒姁有罪，将褒姒进献给周王，周王于是赦免了褒姁之罪，而宠爱褒姒，让她逐渐当上王后而生下伯服。上天生此褒姒很久了，她的毒害可大了，就等待淫德之君出现而嫁给他。制作很久的毒酒，杀人也就更快。申国、缯国、西戎正处强盛阶段，王室正在滋生骚乱，周王还想放纵私欲，不是难于免祸吗？周王想杀太子宜臼，来成全褒姒之子伯服，一定要求得申国认可，申国不认可，必定加兵讨伐。如果周王讨伐申国，那么缯国与西戎就会讨伐周室，周王室就保不住了！缯国与西戎正感激申国，申国、吕国正处强盛，他们深爱太子宜臼可想而知，周王军队如果征伐申国，吕国援救申国是必然的。周王之心已经愤怒了，虢石父一定会随从他，周王室的存亡，不会超过三年！您如果想避难，就得迅速规划安身之所，等到灾难到来再想办法，恐怕就来不及了！”

公曰：“若周衰，诸姬其孰兴[①]？”对曰：“臣闻之，武实昭文之功[②]，文之祚尽[③]，武其嗣乎[④]！武王之子，应、韩不在[⑤]，其在晋乎！距险而邻于小[⑥]，若加之以德，可以大启[⑦]。”公曰：“姜、嬴其孰兴？”对曰：“夫国大而有德者近兴，秦仲、齐侯[⑧]，姜、嬴之隽也[⑨]，且大，其将兴乎？”公说，乃东寄帑与贿，虢、郐受之，十邑皆有寄地[⑩]。

**【注释】**

①诸姬：西周有四十个姬姓诸侯国，故称诸姬。

②武：周武王。昭：彰显。文：周文王。

③文：指文王子孙封国，如鲁、卫等国。祚尽：福运衰退。

④武：指武王子孙封国。嗣：继承。

⑤应、韩不在：指继承福运的不是应、韩。应、韩，周武王子孙封国。

⑥距险：据险要之地。邻于小：与虞、虢、霍、杨、韩、魏、芮等小国为邻。

⑦大启：大开疆土。

⑧秦仲：嬴姓，为宣王大夫。齐侯：齐庄公，名购，齐成公之子，公元前794—公元前731年在位。齐庄公二十四年，犬戎杀周幽王。

⑨隽：优秀者。

⑩十邑：虢、郐、邬、蔽、补、丹、依、騬、历、华。皆有寄地：郑桓公之子郑武公夺取十邑之地而居之。

**【译文】**

郑桓公问："如果西周衰微，那么姬姓诸侯国哪一个会兴盛？"史伯回答说："我听说，周武王实在是继承、彰显周文王功业，周文王子孙封国福运衰退，就应该由周武王子孙封国来继承吧！周武王子孙封国，兴盛的不是应、韩，而应该是晋国吧！晋国地处险要，与小国为邻，如果能够以德治国，那么就可以大开疆土。"郑桓公又问："姜姓、嬴姓诸侯国，哪一个会兴盛？"史伯回答说："国土广大而有德者有可能兴盛。秦仲和齐庄公，分别是姜姓、嬴姓诸侯的佼佼者，而且秦、齐两国国土广大，他们可能会兴盛吧？"郑桓公听了很高兴，于是将妻子儿女和财物寄托在东方，虢国、郐国接受了郑桓公的寄托，虢、郐、邬、蔽、补、丹、依、騬、历、华十邑都有郑桓公家人寄居之地。

# 楚语上

## 申叔时论傅太子之道

本篇记载楚国大夫士亹、申叔时论述教育太子之道。士亹强调人的天性不是教育所能改变的，尧、舜、启、汤、文王等圣王都有不肖子孙，这说明劣性的人是不能指望通过教育改恶向善。士亹深感太子之傅责任重大，因此他事先刻意强调善恶出自天性，教育不是万能。士亹在担任太子师傅之后，向申叔时请教如何教育太子，申叔时主张通过教太子阅读《春秋》、《世》、《诗》、《礼》、《乐》、《令》、《语》、《故志》、《训典》等文献典籍，分别从心志、品德、规范、政治各个层面来培养太子。如果这样教育还达不到效果，那么师傅就要用文辞歌咏事物来进行引导，选求贤良之士来辅佐，通过勤身勉励、多讲述典法常刑让太子接纳，努力审慎地让太子将敦厚笃实的品德稳固下来。如果所有教育手段齐备而太子仍然不听从，那么太子就不是可教之人了，师傅就应当及时引退。本篇是春秋时期重要教育文献，其中包含了春秋时期人性论内容，对后人了解先秦太子教育情形很有帮助。

庄王使士亹傅太子箴①，辞曰："臣不才，无能益焉。"王曰："赖子之善善之也。"对曰："夫善在太子，太子欲善，善人将至；若不欲善，善则不用。故尧有丹朱②，舜有商均③，启有五观④，汤有太甲⑤，文王有管、蔡⑥。是五王者，皆有元德也⑦，而有奸子。夫岂不欲其善，不能故也。若民烦⑧，可教训。蛮、夷、戎、狄，其不宾也久矣⑨，中国所不能用也⑩。"王卒使傅之。

【注释】

①庄王：芈姓，熊氏，名旅，为春秋霸主之一。士亹（wěi）：楚国大夫。太子箴：即后来的楚恭王。箴，一作"审"。

②丹朱：尧的不肖之子，名朱，封于丹。

③商均：舜的不肖之子，名均，封于商。

④启：夏启。五观：夏启的不肖之子。

⑤太甲：商汤不肖之孙。

⑥管、蔡：管叔、蔡叔，为周文王不肖之子。

⑦元：大。

⑧民烦：昏乱。民，读为"泯"，昏乱，淆乱。

⑨宾：宾服。

⑩用：听从。

【译文】

楚庄王派士亹做太子箴的师傅，士亹推辞说："为臣没有才能，不能对太子有所教益。"楚庄王说："我想依靠您的善德，使太子也具备善德。”士亹回答说：“善与不善在于太子，太子想善，那么善人就会来到他的身边；如果太子不想善，那么即使有善人，他也不会任用。因此尧有不肖子丹朱，舜有不肖子商均，启有不肖子五观，汤有不肖孙太甲，文王有不肖子管叔、蔡叔。这五位圣王，都有大德，却有不肖之子孙。难道这些圣王不希望儿孙有善德吗？这是由于他们的不肖子孙不能善的缘故啊。如果是昏乱之人，还是可以教训的。蛮、夷、戎、狄之人，已经很久不能臣服天子了，中原诸侯国已经不能让他们听从。”楚庄王最终让士亹做太子师傅。

问于申叔时①，叔时曰：“教之‘春秋’②，而为之耸善而抑恶焉③，以戒劝其心；教之‘世’④，而为之昭明德而废幽昏焉，以休惧其动⑤；教之‘诗’⑥，而为之导广显德⑦，以耀明其志；教之‘礼’，使知上下之则⑧；教之‘乐’，以疏其秽而镇其浮⑨；教之‘令’⑩，使访物官⑪；教之‘语’⑫，使明其德，而知先王之务用明德于民也；教之‘故志’⑬，使知废兴者而戒惧焉；教之‘训典’⑭，使知族类⑮，行比义焉⑯。

**【注释】**

①申叔时：楚国贤大夫。“问”的主语是士亹。

②春秋：史书。

③耸：扬。抑：贬。

④世：记载先三世系之书。

⑤休：喜。动：行动。

⑥诗：《诗三百》。

⑦导：开导。

⑧则：法则。

⑨疏：疏导。浮：轻浮。

⑩令：先王法令。

⑪访：议。物官：百事之官。

⑫语：记载治国言语的书。

⑬故志：记载前代政治成败的书。

⑭训典：指先王典制之书。

⑮族类：族别分类。

⑯行：用。比义：比度。

**【译文】**

士亹就太子教育的事向楚大夫申叔时咨询，申叔时说："教太子读'春秋'史书，可以让太子扬善抑恶，警戒、劝勉太子的心志；教太子读'世'，可以让太子彰显明德而废弃幽昏品行，用喜善惧废的道理引导太子的行为；教太子读'诗'，可以让太子开导、拓广美德，照亮太子的志向；教太子读'礼'，可以让太子懂得上下尊卑的法则；教太子听'乐'，可以让太子疏导邪秽心理而镇服轻浮；教太子读'令'，让太子了解百事之官；教太子读'语'，让太子明白道德的重要性，懂得先王致力于用美德治民的道理；教太子读'故志'，让太子知道历史废兴而为之戒惧；教太子读'训典'，让太子知道族别分类，能够用它来进行比度。

“若是而不从，动而不悛[①]，则文咏物以行之[②]，求贤良以翼之。悛而不摄[③]，则身勤之[④]，多训典刑以纳之[⑤]，务慎惇笃以固之。摄而不彻[⑥]，则明施舍以导之忠[⑦]，明久长以导之信[⑧]，明度量以导之义[⑨]，明等级以导之礼，明恭俭以导之孝，明敬戒以导之事，明慈爱以导之仁，明昭利以导之文[⑩]，明除害以导之武，明精意以导之罚[⑪]，明正德以导之赏，明齐肃以耀之临[⑫]。若是而不济，不可为也[⑬]。

【注释】

①悛（quān）：悔改。

②文：文辞。咏物：歌咏事物进行讽谕。

③摄：固。

④勤：勤身勉励。

⑤典刑：典法，常刑。

⑥彻：通。

⑦施舍：赐予。忠：惠爱。

⑧信：诚信。

⑨度量：衡量。义：宜。

⑩昭：俞樾说，当读为“招”。

⑪精意：断狱听讼中的精微之意。

⑫齐：一。肃：敬。耀：明。临：临事。

⑬为：为师傅。

【译文】

“如果这样教育，太子仍不听从，行动有错而不改，那么师傅就要用文辞歌咏事物来引导他的行为，选求贤良之士来辅佐他。悔改而不稳固，那么师傅就要勤身勉励他，多讲述典法常刑让他接纳，努力审慎地让太子将敦厚笃实的品德稳固下来。如果太子品德稳固而不能通达事理，那么师傅讲明施舍之义，引导他明白什么是惠爱；讲明治国长久之理，引导他明白什么是诚信；讲明如何衡量是非，引导他明白什么是适宜；讲明尊卑等级的差别，引导他明白什么是礼节；讲明恭敬俭约之义，引导他明白什么是孝道；讲明严肃警戒之道，引导他明白怎样处理国事；讲明慈爱之理，引导他明白什么是仁；讲明如何为百姓谋利，引导他明白什么是文德；讲明如何除害之法，引导他明白什么是武功；讲明断狱听讼中的精微之意，引导他明白怎样施行刑罚；讲明公正之德，引导他明白怎样行赏；讲明专一严肃之道，引导他明白怎样临朝理事。如果这样做了还不成功，就不能做太子的师傅了。

“且夫诵诗以辅相之，威仪以先后之，体貌以左右之，明行以宣翼之①，制节义以动行之②，恭敬以临监之③，勤勉以劝之，孝顺以纳之，忠信以发之，德音以扬之。教备而不从者，非人也，其可兴乎④！夫子践位则退⑤，自退则敬，否则赧⑥。”

【注释】

①宣：遍。翼：辅佐，帮助。

②动行：施行，行动。

③临监：监察。

④兴：成。

⑤夫子：士亹。一说指太子。退：谦退。

⑥赧（nǎn）：羞愧。

**【译文】**

“况且吟诵诗歌来辅佐他，确立威仪来先后影响他，端正体貌来左右他，昭明行为来广泛辅翼他，制立节义来约束他，谦恭严肃来监察他，勤奋勉力来激励他，孝敬顺从来接纳他，忠恕诚信来感发他，嘉言德音来激励他。如果所有教育手段齐备而太子仍然不听从，那就不是可教之人了，难道这样的人还能有所成就吗！您在师傅之位就应当引退，自己引退就会受到尊敬，否则就会羞愧。”

# 蔡声子论楚材晋用

本篇记载蔡国大夫声子劝谏楚国迎回椒举的故事。椒举因受申公子牟牵连而被迫奔逃，但是他又刻骨地思念故国。蔡声子了解到他的志向，表示愿意帮助椒举返楚。蔡声子巧妙地告诉楚国令尹子木，楚国富有人才却不能重用，使这些人才为晋国所用。他列举了楚国大夫王孙启、析公臣、雍子、申公巫臣等前例，这些楚人都是因为在楚国不能生存而逃奔到晋国，他们谙熟楚国政治军事情形，为晋人战胜楚国出谋画策，成为楚国心腹之患。至此蔡声子话锋一转，说椒举即将成为又一名为晋人所用的楚国之材。这个危险的前景使子木幡然醒悟，他以加倍财产迎接椒举返回楚国。蔡声子劝谏技巧非常高明，他通过历举楚材晋用事例，层层深入，最后揭示危险前景，这种劝谏手法被后来战国策士经常采用。“楚材晋用”也作为一个成语而流传后世。

椒举娶于申公子牟[①]，子牟有罪而亡，康王以为椒举遣之[②]，椒举奔郑，将遂奔晋。蔡声子将如晋[③]，遇之于郑，飨之以璧侑[④]，曰："子尚良食[⑤]，二先子其皆相子[⑥]，尚能事晋君以为诸侯主[⑦]。"辞曰："非所愿也。若得归骨于楚，死且不朽。"声子曰："子尚良食，吾归子。"椒举降三拜，纳其乘马[⑧]，声子受之。

**【注释】**

①椒举：楚国大夫伍举，为伍子胥先人。申公子牟：楚国王子牟，因封于申，故称申公。

②康王：楚国君主，芈姓，熊氏，名昭。遣之：放走子牟。

③蔡声子：蔡国大夫公孙归生，字子家。

④璧侑：用玉璧劝酒。

⑤尚：勉力。良食：多进食。

⑥二先子：指椒举父亲伍参和蔡声子父亲子朝。相：辅助。

⑦诸侯主：诸侯盟主。

⑧乘马：四匹马。

**【译文】**

楚国大夫椒举娶申公子牟之女为妻，子牟有罪逃亡，楚康王以为是椒举放走子牟，椒举逃奔郑国，准备再逃奔晋国。蔡声子将到晋国聘问，在郑国遇见椒举，设宴款待椒举，并以玉璧劝椒举饮酒，说："您努力多吃饭，我们两位先人在天之灵都会帮助您，努力事奉晋君作为诸侯盟主。”椒举推辞说：“这不是我的愿望。如果我死后能够回到楚国，那么我虽死而不朽。”蔡声子说：“您努力多吃饭，我会想法让您回归楚国。”椒举下台阶三次拜谢蔡声子，送给蔡声子四匹马，蔡声子接受了。

还见令尹子木[①]，子木与之语，曰：“子虽兄弟于晋[②]，然蔡吾甥也[③]，二国孰贤？”对曰：“晋卿不若楚，其大夫则贤，其大夫皆卿材也。若杞梓、皮革焉[④]，楚实遗之[⑤]，虽楚有材，不能用也。”子木曰：“彼有公族甥舅，若之何其遗之材也？”对曰：“昔令尹子元之难[⑥]，或谮王孙启于成王[⑦]，王弗是[⑧]，王孙启奔晋，晋人用之。及城濮之役，晋将遁矣[⑨]，王孙启与于军事[⑩]，谓先轸曰[⑪]：‘是师也，唯子玉欲之，与王心违[⑫]，故唯东宫与西广实来[⑬]。诸侯之从者，叛者半矣，若敖氏离矣[⑭]，楚师必败，何故去之！’先轸从之，大败楚师，则王孙启之为也[⑮]。

**【注释】**

①令尹子木：屈建。

②兄弟于晋：蔡、晋同为姬姓，为兄弟之国。

③蔡吾甥也：楚、蔡为甥舅之国。

④杞梓：楚国生长的杞树和梓树，为上等木材。

⑤遗（wèi）：赠送。

⑥子元之难：公元前 664 年，楚令尹子元图谋以楚成

王之母为妻，被申公斗班杀死。

⑦谮：进谗言。王孙启：子元之子。

⑧弗是：不辨是非。

⑨遁：逃走。

⑩与：参与。

⑪先轸：晋军主帅。

⑫唯子玉欲之，与王心违：楚成王不欲与晋交战，子玉坚持，成王怒。子玉，楚令尹成得臣。

⑬东宫：太子属下的部队。西广：楚军分为东、西二广，即左、右两军。西广为右军。

⑭若敖氏离矣：城濮之战，随子玉参战的若敖氏亲兵只有六百人。若敖氏，楚子熊鄂儿子熊仪称若敖，其支族号若敖氏。

⑮王孙启之为也：按，此事未见《左传》记载。

**【译文】**

蔡声子出使回来，到楚国去见令尹子木，子木与他交谈，说："您与晋国虽然是兄弟关系，然而蔡君与楚王是甥舅，您认为晋楚两国卿大夫哪一国更贤明？"蔡声子回答说："晋国的卿不如楚国的卿，但晋国大夫却很贤明，他们的大夫都是卿相之材。如同杞树、梓树、皮革一样，都是楚国赠送晋国的，楚国虽然有人才，但自己不能任用。"子木说："晋君有自己的公族子孙和甥舅，为什么还要楚国送他们人才呢？"蔡声子回答说："从前楚国有令尹子元之难，有人向楚成王进王孙启的谗言，楚成王不辨是非，王孙启因此逃奔晋国，晋人重用王孙启。到晋楚城濮之战，晋国本来打算逃遁，王孙启参与晋国军事谋划，他对晋军主帅先轸说：‘楚国这次出兵，只有子玉一个人想打，与成王想法相违背，因此楚国只有东宫卫队与西广参战。诸侯们随从楚国的，叛离者过半，若敖氏已经叛离，楚军必败，为什么要撤兵呢！’先轸听从了王孙启的建议，大败楚军，这是楚人王孙启之所为啊。

“昔庄王方弱①，申公子仪父为师②，王子燮为傅③，使师崇、子孔帅师以伐舒④。燮及仪父施二帅而分其室⑤。师还至，则以王如庐⑥，庐戢黎杀二子而复王⑦。或谮析公臣于王⑧，王弗是，析公奔晋，晋人用之。实谗败楚⑨，使不规东夏⑩，则析公之为也⑪。

**【注释】**

①方弱：未满二十岁。弱，二十岁为弱冠之年。

②申公子仪父：楚国大司马斗克。

③王子燮：楚公子。

④师崇：楚太师潘崇。子孔：楚令尹成嘉。舒：偃姓诸侯国。

⑤燮及仪父施二帅而分其室：施，判罪。二帅，师崇、子孔。室，家资，包括封邑及其财产。据《左传》，公子燮与仪父作乱，城郢，使贼杀子孔，未能成功。并无杀师崇与子孔而分其室之事。

⑥以：挟持。庐：楚邑。在今湖北南漳东。

⑦庐戢黎杀二子而复王：戢黎，庐邑大夫。二子，王子燮、仪父。按，上述事在公元前613年。

⑧或谮析公臣：有人进谗，以为析公臣知道王子燮和仪父的阴谋。析公臣，楚国大夫。

⑨实谗败楚：据《左传》声子论楚材晋用一段记载，公元前585年，晋楚在绕角交战，“晋将遁矣，析公曰：‘楚师轻窕，易震荡也。若多鼓钧声，以夜军之，楚师必遁。’晋人从之，楚师宵溃。”

⑩不规东夏：楚师败退后，“晋遂侵蔡，袭沈，获其君，败申、息之师于桑隧，获申丽而还。郑于是不敢南面。”规，占有。东夏，指楚国东部蔡、沈两国。

⑪析公之为也：此段记析公在绕角之战中献计败楚事，《左传》声子论楚材晋用一段与此基本相同，但与《左传·成公六年》所记绕角之战的过程不一致，《左传》记此战晋楚遇于绕角，楚师还，晋遂侵蔡，楚以申、息之师救蔡，御诸桑隧，晋师不战而还。

**【译文】**

“从前楚庄王未满二十，申公子仪父做太师，王子燮做太傅，派师崇、子孔统帅楚军征伐舒国。王子燮和仪父判师崇、子孔二帅有罪，分了他们的家室财产。师崇、子孔率楚军回国，王子燮和仪父又挟持庄王到庐邑，庐邑大夫戢黎杀死王子燮和仪父二人，送庄王回到国都。有人向庄王进析公臣的谗言，庄王不辨是非，析公臣逃奔晋国，得到晋人任用。实在是谗言促使楚国在绕角战役中失败，使楚国无法占有东部蔡、沈二国，这是析公之所为啊。

“昔雍子之父兄谮雍子于恭王[①]，王弗是，雍子奔晋，晋人用之。及鄢之役[②]，晋将遁矣，雍子与于军事，谓栾书曰[③]：‘楚师可料也[④]，在中军王族而已[⑤]。若易中下[⑥]，楚必歆之[⑦]。若合而臽吾中[⑧]，吾上下必败其左右[⑨]，则三萃以攻其王族[⑩]，必大败之。’栾书从之，大败楚师，王亲面伤[⑪]，则雍子之为也[⑫]。

**【注释】**

①雍子：楚国大夫。父兄：指雍子同宗父兄。

②鄢之役：指公元前575年晋楚鄢陵之战。按，《左传》记雍子为晋献计败楚是在公元前573年的彭城之役。

③栾书：晋国正卿。鄢陵之战中晋中军将。

④料：对抗，抵挡。

⑤中军王族：中军之中楚王室同宗亲兵。

⑥易中下：中军和下军互换位置。

⑦歆：贪图。

⑧合：交战。臽（xiàn）：通“陷”，陷入。中：中军。

⑨上下：晋国上军、下军。左右：楚国左军、右军。

⑩三萃：集合上军、下军、新军三军力量。

⑪王亲面伤：鄢陵之战中，楚恭王被射中眼睛。

⑫则雍子之力也：此段记雍子在鄢陵之战中献计败楚军不见于《左传》，与《左传》声子论晋材楚用一段亦不同。

【译文】

“从前雍子同宗父兄向楚恭王进雍子的谗言，恭王不辨是非，雍子逃奔晋国，得到晋人任用。到晋楚鄢陵之战，晋国本来准备逃遁，雍子参与晋国军事谋划，他对晋军主帅栾书说：‘楚军可以抵抗，它的主力在中军王室亲兵而已。如果晋国变换中军、上军位置，楚国一定会贪利而进攻。如果两军交战而楚军陷入晋国中军，晋国上军和下军一定能打败楚国左军和右军，这样晋国集合上军、下军、新军三军力量进攻楚军王室亲兵，一定能大败楚军。’栾书听从了雍子的建议，大败楚军，恭王本人眼睛受伤，这是雍子之所为啊。

“昔陈公子夏为御叔娶于郑穆公①，生子南②。子南之母乱陈而亡之，使子南戮于诸侯③。庄王既以夏氏之室赐申公巫臣，则又畀之子反，卒于襄老④。襄老死于邲⑤，二子争之⑥，未有成⑦。恭王使巫臣聘于齐，以夏姬行，遂奔晋⑧。晋人用之，实通吴、晋⑨。使其子狐庸为行人于吴⑩，而教之射御，导之伐楚。至于今为患⑪，则申公巫臣之为也。

【注释】

①陈公子夏：陈宣公之子。为御叔娶于郑穆公：御叔娶郑穆公之女夏姬为妻。

②子南：即夏徵舒。

③子南之母乱陈而亡之，使子南戮于诸侯：御叔早死，

夏姬与陈灵公及孔宁、仪行父淫乱，夏徵舒杀死陈灵公。公元前598年，楚庄王灭陈，杀夏徵舒。

④庄王既以夏氏之室赐申公巫臣，则又畀（bì）之子反，卒于襄老：据《左传》，庄王本欲自取夏姬，申公巫臣谏止；子反欲取之，巫臣又谏止；卒与连尹襄老。夏氏之室，夏姬。申公巫臣，楚国大夫。畀，给。子反，楚国司马。襄老，楚国连邑之尹。

⑤襄老死于邲：公元前597年晋楚在邲地交战，襄老被晋荀首射死。

⑥二子：子反和申公巫臣。之：指夏姬。

⑦成：定局。

⑧恭王使巫臣聘于齐，以夏姬行，遂奔晋：申公巫臣在邲之战后就施计让夏姬回了郑国，前589年，楚恭王使巫臣于齐，巫臣先至郑取夏姬，闻齐在鞌之战中战败，乃奔晋。

⑨实通吴、晋：申公巫臣奔晋后，子反灭其族。申公巫臣劝晋国联吴抗楚。

⑩行人：外交官。吴：姬姓诸侯国，周太王之子泰伯、仲雍之后，建都于吴，即今苏州。

⑪至于今为患：吴与晋联合，伐巢、取驾、克棘、入州来，楚疲于奔命。

**【译文】**

“从前陈公子夏为儿子御叔娶郑穆公之女夏姬为妻，生下子南。子南之母夏姬淫乱陈国而导致国家灭亡，使子南被诸侯所杀。庄王先是以夏姬赐给申公巫臣，随之又将夏姬赐给司马子反，最终赐给襄老。襄老死于邲之战，子反和申公巫臣二人争夺夏姬，尚未有定局。恭王派申公巫臣到齐国聘问，申公巫臣携带夏姬出使，于是逃奔晋国。巫臣得到晋人任用，实在是他促成吴、晋联盟。巫臣派儿子狐庸作为行人出使吴国，教吴军射箭驾车，引导吴人伐楚。至今吴国仍然是楚国祸患，这是申公巫臣之所为啊。

"今椒举娶于子牟，子牟得罪而亡，执政弗是，谓椒举曰：'女实遣之。'彼惧而奔郑，缅然引领南望[①]，曰：'庶几赦吾罪[②]。"又不图也，乃遂奔晋，晋人又用之矣。彼若谋楚，其亦必有丰败也哉[③]。"

【注释】

①缅然：远远地。引领：伸长脖子。

②庶几：表示揣测、希望之辞，差不多，大概。

③丰败：大败。

【译文】

"如今椒举娶子牟之女为妻，子牟得罪逃亡，楚国执政之卿不辨是非，对椒举说：'实际是你放走了子牟。'椒举恐惧而逃奔郑国，他远远地伸长脖子南向望楚，说：'大概楚国会赦免我的罪过吧。"如果楚国不想办法将他召回，他就会逃奔晋国，晋人又要任用他了。如果他谋害楚国，一定会让楚国大败啊。"

子木愀然曰[①]："夫子何如，召之其来乎？"对曰："亡人得生，又何不来为？"子木曰："不来，则若之何？"对曰："夫子不居矣[②]，春秋相事[③]，以还轸于诸侯[④]。若资东阳之盗使杀之[⑤]，其可乎？不然，不来矣。"子木曰："不可。我为楚卿，而赂盗以贼一夫于晋，非义也。子为我召之，吾倍其室[⑥]。"乃使椒鸣召其父而复之[⑦]。

【注释】

①愀（qiǎo）然：忧愁的样子。

②不居：不会安居。

③春秋相事：四时出使聘问之事。

④还轸：回车。轸，车后横木。

⑤资：收买。东阳：楚国北方之邑。

⑥室：家财。

⑦椒鸣：椒举之子。复：复位。

【译文】

子木忧愁地说："您看如何是好呢，如果召他，他会回来吗？"蔡声子回答说："逃亡之人已经获得生路，他为何要回来呢？"子木说："如果他不回来，怎么办？"蔡声子说："那您就不能安居了，四时出使聘问，乘车遍访各国诸侯。如果收买东阳强盗，让强盗杀掉椒举，可行吗？不然的话，他就不愿回来了。"子木说："不可这样做。我身为楚卿，居然收买强盗到晋国去暗杀一个人，这是不义的事。您替我召回他，我会封他加倍的财产。"子木于是派椒鸣召回其父椒举，恢复他的大夫职位。

# 伍举论台美而楚殆

本篇记载楚国大夫伍举劝谏楚灵王戒除奢华的言论。楚灵王是春秋时期楚国有名昏君，他以奢华为美，为此他疲敝民力，修建了一座以豪奢著称的章华台。伍举针锋相对地指出，国君不能以土木建筑崇高、彩绘雕饰为美。如果眼睛看着舒服就是美，但乱取民众财用会导致国家经济匮乏，那么这就是聚敛民财，使自己富厚而让民众贫穷，这是一点也不美的。本篇是先秦时期重要美学文献，文中提出一个有名的美学观点："夫美也者，上下、内外、小大、远近皆无害焉，故曰美。"这个观点表明，伍举所持的美学观是以善为美，带有强烈的功利性质，他将美与国计民生、政治好坏相联系，认为一种事物对国家人民无害就是美。虽然他的美学观忽视了美的感性特征，但他着眼于国家人民的利益，这一点无疑具有积极意义。

灵王为章华之台[①]，与伍举升焉[②]，曰："台美夫！"对曰："臣闻国君服宠以为美[③]，安民以为乐，听德以为聪[④]，致远以为明[⑤]。不闻其以土木之崇高、彤镂为美[⑥]，而以金石匏竹之昌大、嚣庶为乐[⑦]；不闻其以观大、视侈、淫色以为明，而以察清浊为聪[⑧]。

**【注释】**

①灵王：芈姓，熊氏，名围，后更名虔，弑杀其兄郏敖篡位为君。为：修建。章华之台：离宫名。在今湖北监利西北离湖上。

②伍举：楚国大夫，又称椒举。升：登台。

③服宠：受天之禄。

④听德：听从有德者。

⑤致远：使远方人归服。

⑥彤镂：彩绘雕饰。

⑦金：钟。石：磬。匏（páo）：笙竽一类的乐器。竹：箫管。昌：盛。嚣庶：众多。

⑧察：审听。清浊：指宫羽乐声的区分。

**【译文】**

楚灵王建造章华之台，与楚大夫伍举一起登台，说："台真美呀！"伍举说："我听说国君以接受上天福禄为美，以安定民众为乐，以听从有德者为耳聪，以能够使远方人归服为眼明。我没有听说过以土木建筑崇高、彩绘雕饰为美，以金石匏竹乐器盛大众多为乐；没有听说过以观赏场面宏大、视觉奢侈、淫于女色为眼明，而以辨察音乐清浊为耳聪。

“先君庄王为匏居之台[①]，高不过望国氛[②]，大不过容宴豆[③]，木不妨守备[④]，用不烦官府[⑤]，民不废时务，官不易朝常[⑥]。问谁宴焉，则宋公、郑伯[⑦]；问谁相礼[⑧]，则华元、驷騑[⑨]；问谁赞事[⑩]，则陈侯、蔡侯、许男、顿子[⑪]，其大夫侍之。先君以是除乱克敌，而无恶于诸侯。今君为此台也，国民罢焉[⑫]，财用尽焉，年谷败焉，百官烦焉，举国留之[⑬]，数年乃成。愿得诸侯与始升焉，诸侯皆距无有至者[⑭]。而后使太宰启疆请于鲁侯[⑮]，惧之以蜀之役[⑯]，而仅得以来。使富都那竖赞焉[⑰]，而使长鬣之士相焉[⑱]，臣不知其美也。

【注释】

①匏居之台：台榭名。

②国氛：预示国家吉凶的云气。

③容：容纳。豆：盛食物的木器。

④守备：指城廓守御的材料。

⑤不烦官府：不动用官府开支。

⑥易：改变。朝常：上朝常规。

⑦宋公、郑伯：指宋、郑二国朝楚。

⑧相礼：相导行礼。

⑨华元：宋国之卿。驷騑：子驷，郑国之卿。

⑩赞：助。

⑪陈侯、蔡侯、许男、顿子：陈国、蔡国、许国、顿国的君主。

⑫罢：疲惫。

⑬留（liù）：用手筑土。

⑭距：通“拒”。

⑮启疆：薳启疆，楚卿。鲁侯：鲁昭公。

⑯惧之以蜀之役：公元前590年，鲁成公与晋国结盟，楚国侵鲁，至于蜀地，鲁成公求和，以衡父（公衡）为质于楚请盟。《左传》载薳启疆召鲁昭公之辞有曰：“今君若步玉趾，辱见寡君，宠灵楚国，以信蜀之役，致君之嘉惠，是寡君既受贶矣，何蜀之敢望？其先君鬼神实嘉赖之，岂唯寡君？君若不来，使臣请问行期，寡君将承质币而见于蜀，以请先君之贶。”蜀，鲁地，在今山东泰安附近。

⑰富：容貌好。都：风度优雅。那：美。竖：未成年男子。赞：佐助行礼。

⑱长鬣（liè）：长胡须。这里指高大健壮的人。

**【译文】**

“我们的先君庄王曾经建造匏居之台，台的高度不过是便于观望国家吉凶云气，台的大小面积不过是可以容纳宴会俎豆，建台所需木料不妨害国家守备，费用不动用官府开支，民众不至于荒废时务，官员不改变上朝常规。若要问是谁参与宴会，那么就可以举出宋公、郑伯这类大国国君；若要问是谁相助行礼，那么就可以举出宋卿华元、郑卿驷骈这类贤大夫；若要问是谁相助庄王会盟之事，那么就可以举出陈侯、蔡侯、许男、顿子这些盟国国君，他们的大夫在一旁陪侍。先君庄王用这种方法来消除战乱战胜敌人，而各国诸侯对此并不厌恶。如今君王建造这座章华台，楚国民众为此疲惫，楚国财用为此用尽，年成谷物为此歉收，百官为此厌烦，全国民众都来筑土，用了几年才建成。您希望能够与各国诸侯一起登台，可是各国诸侯都予以拒绝，没有人肯来。此后您派太宰薳启疆请鲁侯来，以蜀之役相威胁，鲁侯这才来楚。您派容貌美丽、风度优雅的美少年赞礼，派美须髯、高大健壮的人相助行礼，我不知道章华台美在哪里。

“夫美也者，上下、内外、小大、远近皆无害焉，故曰美。若于目观则美[①]，缩于财用则匮[②]，是聚民利以自封而瘠民也[③]，胡美之为？夫君国者，将民之与处；民实瘠矣，君安得肥？且夫私欲弘侈，则德义鲜少；德义不行，则迩者骚离而远者距违[④]。天子之贵也，唯其以公侯为官正[⑤]，而以伯子男为师旅[⑥]。其有美名也，唯其施令德于远近，而小大安之也。若敛民利以成其私欲，使民蒿焉忘其安乐[⑦]，而有远心[⑧]，其为恶也甚矣，安用目观？

**【注释】**

①若于目观则美：徐元诰说，当作“若周于目观则美”。周于目观，眼睛看着舒服。

②缩：乱取材用。

③封：厚。

④迩：指境内。骚：愁。离：叛。远者：指邻国。距违：抗拒违命。距，通“拒”。

⑤官正：官长。正，长。

⑥师旅：众有司。

⑦蒿：忧损。

⑧远心：叛离之心。

**【译文】**

“所谓美，是指对上下、内外、小大、远近都没有危害，这才叫美。如果眼睛看着舒服就是美，但乱取财用导致匮乏，那么这就是聚敛民财使自己富厚而让民众贫穷，如此何美之有？做国君的人，应该与民共处；民众贫穷，君主怎么能独自肥厚？况且人的私欲膨胀，德义就会缺少；德义不能施行，就会近者忧愁叛离而远者抗拒违命。天子的尊贵，就体现在他以公侯作为官长，而以伯子男作为诸位官员。天子之所以具有美名，只是因为他将美德施行到远近之处，使大小诸侯都得到安定。如果聚敛民财来成就自己的私欲，使民众忧伤失去安乐，因而产生叛离之心，那么造成的罪恶就大了，眼睛看着舒服又有什么用呢？

“故先王之为台榭也[①]，榭不过讲军实[②]，台不过望氛祥[③]。故榭度于大卒之居[④]，台度于临观之高。其所不夺穑地[⑤]，其为不匮财用，其事不烦官业，其日不废时务。瘠硗之地[⑥]，于是乎为之；城守之木[7]，于是乎用之；官僚之暇，于是乎临之；四时之隙[8]，于是乎成之。故《周诗》曰[9]：'经始灵台[10]，经之营之。庶民攻之[11]，不日成之[12]。经始勿亟[13]，庶民子来[14]。王在灵囿[15]，麀鹿攸伏[16]。'夫为台榭，将以教民利也，不知其以匮之也[17]。若君谓此台美而为之正[18]，楚其殆矣！"

**【注释】**

①台榭：积土为台，无室曰榭。

②讲：讲习。军实：指车马、弓矢、戎兵。

③氛祥：吉凶云气。

④度：衡量。大卒：君王士卒。

⑤穑地：耕地。

⑥瘠硗（qiāo）：土壤坚硬贫瘠。

⑦木：应为"末"，指筑城余料。

⑧隙：空闲时间。

⑨《周诗》：此指《诗经·大雅·灵台》。

⑩经：测量。灵台：天子之台。

⑪攻：治。

⑫不日：没有多少时间。

⑬亟：急。

⑭子来：像子女为父母服务一样。

⑮王：周文王。灵囿：灵台中的园囿。

⑯麀（yōu）鹿：母鹿。攸：所。

⑰不知：没有听说。

⑱正：正确。

【译文】

“因此先王建造台榭，榭不过是用来讲习军事，台不过是用来观望国家吉凶云气。因而建造榭只要考虑便于士卒讲武，建造台只要考虑能够达到观望云气的高度。台榭的场所不应该侵夺耕地，建造台榭行为不至于造成财用匮乏，建造台榭的事务不至于影响官员行政，建造台榭的时间不至于荒废农时。贫瘠的土地，可以作为台榭的场所；筑城守备的剩余木料，可以用做建造台榭的材料；官员在空闲时间，可以光临台榭观赏；四季中的空闲，可以作为建造台榭的时机。因此《诗经·大雅·灵台》说：‘开始测量灵台，认真地经营它。庶民百姓都来修建，不多久就修成了。开始建造时不必着急，庶民百姓会像子女为父母服务一样涌来。周文王在那灵囿，看着小母鹿躺在草地。’建造台榭，是用来让百姓获得利益，没有听说为建造台榭而让民众匮乏。如果君王认为这座台美丽而认为是正确的，那么楚国就危险了！”

# 楚语下

## 观射父论绝地天通

本篇记载楚国大夫观射父对于重黎绝地天通事件的阐述。《尚书·周书·吕刑》载上帝“乃命重黎，绝地天通”，楚昭王就此询问大夫观射父，人能否登天。观射父指出，《吕刑》所说重黎“绝地天通”，并不是指人能登天。上古时期，人们通过巫、觋、祝、宗、五官等专门宗教官员来处理祀神问题，宗教官员以外的其他官民不会直接从事祀神活动，由此做到“民神异业”。到少皞衰落之际，南方九黎破坏已有秩序，地民事业与祭祀天神混杂相扰，人人都从事祭祀，家家自为巫史，没有盟誓之诚。民众由于祭祀泛滥而财用匮乏，天神因不满于民神杂扰而不愿赐福于人。颛顼于是命南正重主管天以会众神，命火正黎主管地以会众民，主管祀神的人不管地民之事，主管地民的人不管祀神的事，神事与民事各有专人负责，这就叫做“绝地天通”。到西周后期，重黎后人为了神化祖先，就说重实能上天，黎实能下地，这其实是对“绝地天通”的误读。按观射父说法，所谓“绝地天通”乃是颛顼为了理顺民神关系而对祭祀制度所进行的一次整顿。本篇文章具有重要的文献价值，有助于后人了解上古祭祀制度。

昭王问于观射父[①]，曰：“《周书》所谓重、黎实使天地不通者[②]，何也？若无然[③]，民将能登天乎[④]？”

【注释】

①昭王：楚昭王，平王之子，名壬，又名轸。观射父：楚国大夫。

②《周书》：此指《尚书·周书·吕刑》。重、黎：颛顼时掌管天地之臣，重为南正司天，黎为火正司地。

③无然：不是这样。

④民：人。

【译文】

楚昭王问大夫观射父，说：“《尚书·周书·吕刑》所说的重、黎使天地不通，这是怎么回事？如果不是这样，人还能登天吗？”

对曰：“非此之谓也。古者民神不杂[①]。民之精爽不携贰者[②]，而又能齐肃衷正[③]，其智能上下比义[④]，其圣能光远宣朗[⑤]，其明能光照之，其聪能听彻之[⑥]，如是则明神降之[⑦]，在男曰觋[⑧]，在女曰巫。是使制神之处位次主[⑨]，而为之牲器时服[⑩]，而后使先圣之后之有光烈[⑪]，而能知山川之号、高祖之主、宗庙之事、昭穆之世、齐敬之勤、礼节之宜、威仪之则、容貌之崇、忠信之质、禋洁之服[⑫]，而敬恭明神者，以为之祝[⑬]。使名姓之后[⑭]，能知四时之生、牺牲之物、玉帛之类、采服之仪、彝器之量、次主之度、屏摄之位、坛场之所、上下之神、氏姓之出[15]，而心率旧典者为之宗[16]。于是乎有天地神民类物之官[17]，是谓五官[18]，各司其序，不相乱也。民是以能有忠信，神是以能有明德，民神异业[19]，敬而不渎[20]，故神降之嘉生[21]，民以物享[22]，祸灾不至，求用不匮。

【注释】

①民神不杂：指司民、司神之官各异。

②爽：明。携：杂。贰：二。

③齐：一。肃：敬。衷：中。

④比义：比度。

⑤圣：通。光远：广远。宣朗：明朗。

⑥彻：达。

⑦降：下。

⑧觋（xí）：为人祈祷鬼神的男巫。

⑨处：居。位：祭位。次主：尊卑先后的次序。

⑩牲：指牲畜毛色、小大。器：祭器。时服：四时祭祀所着服色。

⑪光烈：光明。

⑫号：名号。高祖之主：远祖神主。昭穆：祖宗神主的排列次序，父昭居左，子穆居右，始祖居中。齐（zhāi）：庄。崇：修饰。禋（yīn）：洁净的祭祀。

⑬祝：太祝，掌管祈求幸福吉祥。

⑭名姓：指旧族。

⑮生：万物生长。牺：指纯毛色。牲：指牛、羊、豕。牺牲合称，指用于祭祀的牲畜。类：类别。采服：祭祀时所穿的服饰。彝器：用于祭祀的鼎、尊、俎、豆等器物。量：数量。次主之度：按照亲疏排列神主次序的尺度。次，排列次序。屏摄之位：指按照亲疏尊卑排列的祭祀位置。屏，屏风。摄，扇。坛场：祭祀的场所。

⑯率：遵循。宗：宗伯，掌祭祀礼仪。

⑰类物：各种事物。

⑱五官：五行之官，木正句芒，火正祝融，金正蓐收，水正玄冥，土正后土。

⑲异业：异事。

⑳渎：亵渎。

㉑嘉生：吉祥事物。

㉒民以物享：民众用牺牲黍稷祭神。

**【译文】**

观射父回答说："《周书》所说的不是这个意思。古时候司民、司神之官不会杂处。民众之中那些精明没有二心的人，而又能做到专一、恭敬、中正，他的智慧能够上下比度，他的通达能够广远明朗，他的洞明能够光照万物，他的耳聪能够听到四方，这样明神就会下附到他们身上，具备这种能力的男性叫做觋，具备这种能力的女性叫做巫。这些巫觋制定神灵居所和祭位次序，规定牺牲、祭器、四时祭服，而后选择先圣后裔中品质光明，能够知道山川名号、远祖神主、宗庙事务、昭穆世系、庄敬勤谨、礼节适宜、威仪规则、容貌修饰、忠信品质、洁祀祭服，能够尊敬明神的人，让他们做太祝。选择著名姓氏的后裔，能够知道四时物产、牺牲动物、玉帛类别、祭服准仪、彝器数量、神主次序、祭者位次、祭坛场所、上下神祇、氏姓出处，诚心遵循旧典的人做宗伯。于是设有天地神民以及各种事物的官员，称之为金正、木正、水正、火正、土正五官，各司其职，不相混乱。下民因此能有忠信，天神因此能有明德，民神异事，恭敬而不亵渎，因此神降下吉祥事物，下民以各种祭物献享，祸灾不会到来，财用不会匮乏。

“及少皞之衰也①，九黎乱德②，民神杂糅③，不可方物④。夫人作享⑤，家为巫史⑥，无有要质⑦。民匮于祀⑧，而不知其福⑨。烝享无度⑩，民神同位。民渎齐盟⑪，无有严威⑫。神狎民则⑬，不蠲其为⑭。嘉生不降，无物以享。祸灾荐臻⑮，莫尽其气⑯。颛顼受之⑰，乃命南正重司天以属神⑱，命火正黎司地以属民，使复旧常，无相侵渎⑲，是谓绝地天通⑳。

【注释】

①少皞（hào）：黄帝之子金天氏，古代东夷族首领，传说中的古代圣王。

②九黎：古代南方部落名，其种族繁多，故曰九黎。乱德：破坏已有的秩序。

③杂糅：混杂相扰。

④方物：辨别名物。

⑤夫人：人人。作享：祭祀。

⑥家为巫史：家家自为巫史。巫主降神，史主位次。

⑦要质：盟誓之诚。

⑧民匮于祀：民众因祭祀泛滥而财用匮乏。

⑨不知其福：未获神灵赐福。

⑩烝享：献祭。无度：没有法度。

⑪渎：亵渎。齐盟：犹同盟。齐，同“斋”。盟，盟誓。

⑫严：敬。威：畏。

⑬狎：习。则：法则。

⑭蠲（juān）：洁净。

⑮荐：重，再。臻：至。

⑯莫尽其气：民众未能尽获受命之气而早夭。气，受命之气。

⑰颛顼：黄帝之曾孙，号高阳氏。受之：受命而王。

⑱南：阳位。正：长。司：主。属：会。

⑲侵：侵犯。

⑳绝地天通：绝地民与天神相通之道。

**【译文】**

“到少皞衰落的时候，南方九黎破坏已有的秩序，地民与天神混杂相扰，不可辨别名物。人人祭祀，家家自为巫史，没有盟誓之诚。民众因祭祀泛滥而匮乏，而未获神灵赐福。祭祀没有法度，地民与天神处于同等位置。民众亵渎斋戒盟誓，对天神没有敬畏之心。天神习狎民众祭祀法则，认为民众祭祀行为不洁。祥瑞事物不再降生，民众没有嘉谷献享。祸灾一再到来，民众未能尽获受命之气而早夭。颛顼受命而王，于是命南正重主管天以会众神，命火正黎主管地以会众民，让祭祀恢复旧规，不要互相侵犯亵渎，这就叫做绝地民与天神相通之道。

“其后，三苗复九黎之德①，尧复育重、黎之后，不忘旧者②，使复典之。以至于夏、商，故重、黎氏世叙天地③，而别其分主者也④。其在周，程伯休父其后也⑤，当宣王时，失其官守⑥，而为司马氏⑦。宠神其祖⑧，以取威于民，曰：‘重实上天⑨，黎实下地。’遭世之乱⑩，而莫之能御也⑪。不然，夫天地成而不变，何比之有⑫？”

**【注释】**

①三苗：九黎的后代。

②育：培育。重、黎之后：指羲氏、和氏。

③叙：次。

④分：位。

⑤程伯休父：程是国名，伯是爵位，休父是名。

⑥失其官守：失去天地之官的官位职守。

⑦司马氏：程伯休父以诸侯身份为周王室大司马。

⑧宠：尊。

⑨实：语助词，用以加强语意。

⑩遭世之乱：指西周末年政治动乱。

⑪御：止。

⑫比：比近。

**【译文】**

“后来，三苗恢复九黎乱德，唐尧重新培育重、黎后裔中不忘旧业的羲氏、和氏，让他们重新掌天地之官。一直延续到夏朝、商朝，因此重、黎后人世世代代掌管天地，分管地民与天神的位次。到了周朝，程伯休父是重、黎的后人，在周宣王时期，程伯休父失去掌管天地的官职，成为司马氏。程伯休父的后人为了尊崇、神化他们的祖先，在民众中建立威信，说：‘重实能上天，黎实能下地。’后来遭到时世动乱，没有人能够制止这种说法。不然的话，天地形成之后就不会变化，天地哪有相接近的呢？”

## 郧公辛与弟怀或礼于君或礼于父

本篇记载郧公斗辛阻止其弟斗怀杀楚昭王的故事。吴人攻入楚国国都，楚昭王逃奔到郧邑，由于楚昭王之父楚平王杀死郧公之父蔓成然，因此郧公之弟斗怀便想杀楚昭王以报父仇。郧公斗辛认为，事君者不为君主在国都之外抑或在国都之内而改变自己的行为，不能因为君主所处盛衰不同境地而采取不同举动，只要一日以他为君，尊卑地位就是不变的。君主杀臣，臣不能视君为仇敌。斗怀一心要报父仇，斗辛只好将楚昭王护送到随国。本篇涉及到君臣伦理与父子血亲何者为上的问题，篇中郧公斗辛认为君臣伦理高于父子亲情，而其弟斗怀则以为父子血亲高于君臣伦理。进入战国以后，思想理论界发生重要转变，认为父子血亲高于君臣伦理。《郭店楚墓竹简·语丛三》说："父无恶。君犹父也，其弗恶也，犹三军之旌也正也。所以异于父，君臣不相戴也，则可已；不悦，可去也；不义而加诸己，弗受也。"意思是说父亲和君主都是不能厌恶的，这就如同将士必须服从三军之帅与三军之旗一样。但父子关系不能改变，而君臣关系是可以改变的。君臣关系不好，可以中止君臣关系；臣不悦君，可以离开；君以不义加臣，臣可以不予接受。这是战国人士的君父伦理观。典型的例子是，伍子胥为报父仇而引吴兵入郢，但在战国却能引起广泛的理解与同情。

吴人入楚，昭王奔郧[①]，郧公之弟怀将弑王，郧公辛止之。怀曰："平王杀吾父[②]，在国则君，在外则雠也。见雠弗杀，非人也。"郧公曰："夫事君者，不为外内行[③]，不为丰约举[④]，苟君之，尊卑一也。且夫自敌以下则有雠[⑤]，非是不雠。下虐上为弑，上虐下为讨，而况君乎！君而讨臣，何雠之为[⑥]？若皆雠君，则何上下之有乎？吾先人以善事君，成名于诸侯，自斗伯比以来[⑦]，未之失也。今尔以是殃之[⑧]，不可[⑨]。"怀弗听，曰："吾思父，不能顾矣。"郧公以王奔随。

**【注释】**

①郧：楚邑名。

②平王杀吾父：郧公之父蔓成然早在楚平王继位之前即为其心腹，在楚平王夺位斗争中起了关键作用。楚平王继位后蔓成然为令尹，但不知节制，与养氏勾结，贪得无厌，被楚平王所杀。平王，楚昭王之父。父，郧公斗辛之父蔓成然，斗韦龟之子，字子旗。

③外：指朝廷之外。内：在朝廷之中。

④丰：盛。约：衰。举：举动。

⑤敌：匹敌。

⑥为：有。

⑦斗伯比：若敖之子，楚武王的重要臣僚，楚国名相子文之父。

⑧殃：败。

⑨不可：按，《左传》记斗辛之语曰："君讨臣，谁敢仇之？君命，天也。若死天命，将谁仇？……违强陵弱，非勇也；乘人之约，非仁也；灭宗废祀，非孝也；动无令名，非知也。必犯是，余将杀女。"

**【译文】**

吴人攻入楚国国都，楚昭王逃奔到郧邑，郧公之弟斗怀想杀楚昭王，郧公斗辛制止他。斗怀说："楚平王杀死我的父亲，在国都楚王是君主，在国都之外楚王就是仇敌。见到仇敌不杀，就不配做人。"郧公斗辛说："事奉君主的人，不为君主在国都之外抑或在国都之内而改变自己的行为，不能因为君主所处盛衰不同境地而采取不同举动，只要一日以他为君，尊卑地位就是不变的。况且自匹敌以下才有仇敌，不是匹敌地位就不是仇敌。在下位的人虐杀在上位的人叫做弑，在上位的人虐杀在下位的人叫做讨，何况是君主呢！君主讨伐臣子，哪有什么仇敌呢？如果人们都以君主为仇敌，那还有什么上下之分呢？我们的祖先都是由于善于事奉君主，在诸侯中有口皆碑，自从斗伯比以来，没有什么过失。如今你以弑君败坏祖先的好名声，不可以这样做。"斗怀不听，说："我思念父亲，顾不上这些了。"郧公斗辛只好护送楚昭王逃奔到随国。

王归而赏及郧怀，子西谏曰："君有二臣[①]，或可赏也[②]，或可戮也。君王均之，群臣惧矣。"王曰："夫子期之二子耶[③]？吾知之矣。或礼于君，或礼于父，均之，不亦可乎！"

**【注释】**

①二臣：斗辛、斗怀。

②或：有人。

③子期：疑当依《左传》作“子旗”，蔓成然字。同时还有另一子期，随昭王奔随，愿代昭王被献给吴军。

**【译文】**

楚昭王回到国都，奖赏者中有斗怀的名字，子西进谏说：“君王有两位臣子，有人可以奖赏，有人可以惩罚。君王同等奖赏他们，群臣会害怕的。”楚昭王说：“你说的是子期的两个儿子吗？我知道了。他们一个人有礼于君，另一个人有礼于父，给他们同等奖赏，不是可以吗！”

# 王孙圉论国之宝

本篇记载楚国大夫王孙圉对国宝的论述。王孙圉到晋国聘问，晋国正卿赵简子赞礼，问及楚国白珩作为国宝历史。赵简子的言行看似无意，实则显示出浮华习气。王孙圉回答说，楚国从来没有将白珩作为国宝。楚国的国宝是观射父、左史倚相这一类的人才，以及可以作为军赋与外交礼品的金、木、竹、箭、龟、珠、角、齿、皮、革、羽、毛。王孙圉补充说，楚人视为国宝的只有六类：能议定百事的明王圣人、用作祭祀的玉、能够昭示吉凶的龟甲、能够防御火灾的珍珠、能够防御兵乱的金属、能够提供国家财用的山林薮泽。至于白珩之类的玉器，充其量只能作为玩物，而不能视为国宝。王孙圉认为只有那些有利于国计民生的人和物才能叫做国宝，这种见解显然要高出一筹。王孙圉论国宝，是晋楚的一次外交交锋，晋国是华夏诸侯国，但在什么是国宝的问题上，认识反而不及作为蛮夷之邦的楚国，实在令人惭愧。

王孙圉聘于晋[①]，定公飨之[②]，赵简子鸣玉以相[③]，问于王孙圉曰："楚之白珩犹在乎[④]？"对曰："然。"简子曰："其为宝也，几何矣[⑤]？"

**【注释】**

①王孙圉（yǔ）：楚国大夫。

②定公：晋国君主，姬姓，名午。

③鸣玉：走动时因碰撞而发声的佩玉。相：赞礼。

④白珩（héng）：系在玉佩上的横玉。

⑤几何：多久。

**【译文】**

楚国大夫王孙圉到晋国聘问，晋定公设宴款待他，赵简子身佩叮咚作响的鸣玉赞礼，他问王孙圉说："楚国的白珩还在吗？"王孙圉回答说："是的。"赵简子问："白珩作为国宝，有多久时间了？"

曰："未尝为宝。楚之所宝者，曰观射父[①]，能作训辞[②]，以行事于诸侯[③]，使无以寡君为口实[④]。又有左史倚相，能道训典[⑤]，以叙百物[⑥]，以朝夕献善败于寡君，使寡君无忘先王之业；又能上下说于鬼神，顺道其欲恶，使神无有怨痛于楚国。又有薮曰云连徒洲[⑦]，金木竹箭之所生也。龟、珠、角、齿、皮、革、羽、毛所以备赋[⑧]，以戒不虞者也[⑨]。所以共币帛，以宾享于诸侯者也[⑩]。若诸侯之好币具[⑪]，而导之以训辞[⑫]，有不虞之备，而皇神相之[⑬]，寡君其可以免罪于诸侯，而国民保焉。此楚国之宝也。若夫白珩，先王之玩也，何宝之焉？

**【注释】**

①观射父：楚国大夫。

②训辞：外交辞令。

③行事：指出使。

④口实：话柄。

⑤训典：先王遗训典籍。

⑥叙：次序，安排。百物：百事。

⑦薮：少水的泽地。云连徒洲：云梦泽。

⑧龟：龟甲，用于占卜。珠：珍珠。角：兽角，用作弓弩。齿：象牙，用做弓饰。皮：虎豹皮革，用做箭袋。革：犀牛皮，用做甲胄。羽：鸟羽，用做旌旗饰物。毛：旄牛尾：用做旗杆饰物。赋：军赋。

⑨不虞：预料之外的事。

⑩享：献。

⑪好币：丰厚礼物。

⑫导：行。

⑬皇：大。相：助。

**【译文】**

王孙圉回答说："楚国人从来没有将白珩当做宝物。楚国人视为国宝的，叫观射父，他能制作外交辞令，以便楚人出使各诸侯国，使各国诸侯没有攻击楚君的话柄。楚国国宝又有左史倚相，他能够讲述先王遗训典籍，讲论百事井然有序，早晚将历史上的成败故事献给楚君，使楚君不忘先王大业；左史倚相又能够上下取悦于天地鬼神，顺应鬼神的好恶，使鬼神不会埋怨痛恨楚国。楚国又有大泽叫云梦泽，这里生长金、木、竹箭。又盛产龟甲、珍珠、兽角、象牙、虎皮、犀革、鸟羽、旄牛尾，可以用来制备军赋，以此防备意外祸患。又可以用来提供馈赠礼品，用来接待和进献各国诸侯。如果具备了馈赠各国诸侯的礼物，再用外交辞令来传达楚王之意，又有预防不测的武备，天地鬼神又辅佐楚国。楚君大概就可以避免各国诸侯的罪责，楚国民众因此受到保护。这就是楚国的国宝。至于白珩，不过是先王的玩物，有什么值得视为国宝的呢？

“圉闻国之宝六而已：明王圣人能制议百物①，以辅相国家，则宝之；玉足以庇荫嘉谷②，使无水旱之灾，则宝之；龟足以宪臧否③，则宝之；珠足以御火灾④，则宝之；金足以御兵乱⑤，则宝之；山林薮泽足以备财用，则宝之。若夫哗嚣之美⑥，楚虽蛮夷，不能宝也。”

**【注释】**

①制议：议定。

②玉：祭祀之玉。

③宪：昭示。臧否：善恶，好坏。

④珠足以御火灾：古人认为珠是蚌之阴精，能够胜火。

⑤金：金属，用来制作兵器。

⑥哗嚣：喧哗，指鸣玉声响。

**【译文】**

“我听说国家之宝只有六种而已：明王圣人能议定百事，用来辅助国家，如此就把他视为国宝；用作祭祀的玉能够让鬼神庇荫五谷，使国家没有水旱之灾，如此就把它视为国宝；龟甲能够昭示吉凶好坏，如此就把它视为国宝；珍珠能够防御火灾，如此就把它视为国宝；金属能够防御兵乱，如此就把它视为国宝；山林薮泽能够提供国家财用，如此就把它视为国宝。至于叮咚作响的鸣玉之美，楚国虽然是蛮夷邦国，也不能把它视为国宝。”

# 吴语

## 越王句践命诸稽郢行成于吴

本篇记载吴王夫差挥师伐越、越王句践派诸稽郢求和的经过。吴国大兵压境，越国大夫文种建议句践暂时避免军事对抗，采取讲和策略，以此促使吴王夫差奢侈之心膨胀，再伺机消灭吴国。句践采纳了文种的意见，派大夫诸稽郢向吴人求和，诸稽郢出色地贯彻了句践的意图。他对吴王夫差说，吴王如果赦免越国，其恩德如同使死人复起，让白骨生肉。他说越国本来就是向吴国进贡献礼的一个城邑，对吴国丝毫没有威胁，越王句践请求与吴国缔结盟约：送上嫡亲女儿充当打扫吴王宫殿的宫女，让嫡亲儿子作为跟随近臣侍候天王，越国全年按时献上贡品。诸稽郢还说，吴国保留越国，可以让天下诸侯心悦诚服地尊奉吴国为霸主。诸稽郢这一番谦卑的外交辞令，迎合了吴王夫差骄横狂妄的心理，夫差认为越国根本不是越国的对手，没有意识到越国的潜在威胁。此外，不义而讨，既服而舍之，是春秋时期诸侯征伐的一个规则，楚庄王灭陈之后，又复为陈国另立新君，这些都对吴王夫差有一定影响。因此，吴王接受了越国的求和。越吴媾和，为越国生存与发展赢得了一线生机。

吴王夫差起师伐越[1]，越王句践起师逆之[2]。大夫种乃献谋曰[3]："夫吴之与越，唯天所授，王其无庸战[4]。夫申胥、华登简服吴国之士于甲兵[5]，而未尝有所挫也。夫一人善射，百夫决拾[6]，胜未可成也。夫谋必素见成事焉[7]，而后履之[8]，不可以授命[9]。王不如设戎[10]，约辞行成[11]，以喜其民，以广侈吴王之心[12]。吾以卜之于天[13]，天若弃吴，必许吾成而不吾足也[14]，将必宽然有伯诸侯之心焉[15]。既罢弊其民，而天夺之食，安受其烬[16]，乃无有命矣[17]。"

【注释】

①吴王夫差（chāi）：吴国君主，姬姓，阖庐之子。

②越王句（gōu）践：越国君主，姒姓，允常之子。句，一作"勾"。逆：迎战。

③大夫种：越国大夫文种。

④庸：用。

⑤申胥：伍子胥，本为楚人，楚平王杀其父，又欲杀伍子胥，子胥奔吴，吴王封于申，故称申胥。华登：本为宋人，宋元公与华氏、向氏相攻，华登逃难到吴，为吴国大夫。简：挑选。服：教习。

⑥决拾：射箭。决，用兽骨做的扳指。拾，皮革做的护臂。

⑦素见：预见。

⑧履：付诸实施。

⑨授命：送命。

⑩设戎：设兵防守。

⑪约辞行成：用谦卑的言辞讲和。

⑫广侈：扩大。

⑬以：同“已”。

⑭不吾足：不足吾，不畏惧越国。

⑮宽然：宽缓的样子。伯：通“霸”。

⑯烬：灰烬，此处指残局。

⑰无有命：没有天命保佑。

**【译文】**

吴王夫差起兵讨伐越国，越王句践起兵迎战。越国大夫文种向句践献计说：“吴国和越国的命运，只看上天授命给谁了，君王您不用应战。伍子胥、华登挑选吴人加以训练，未曾在战场上打过败仗。吴国只要有一个人善于射箭，就会有一百个人套上扳指、护臂去仿效他，我们战胜吴国并没有把握。我们谋划迎战，一定要预见有成功的把握，然后付诸实施，不可以白白地送命。君王不如设兵防守，用谦卑的言辞讲和，让吴人欢喜，让吴王称霸心理膨胀。我已经卜问过上天，上天如果抛弃吴国，一定会让吴王答应讲和，吴王一定不把我们放在眼里，一定会滋生称霸诸侯之心。等到战争将吴国百姓拖得精疲力竭，上天又降灾夺去吴人食物，我们越国就可以安然地收拾残局，吴国就不再有天命保佑了。”

越王许诺，乃命诸稽郢行成于吴[①]，曰：“寡君句践使下臣郢不敢显然布币行礼[②]，敢私告于下执事曰[3]：昔者越国见祸[4]，得罪于天王[5]。天王亲趋玉趾[6]，以心孤句践[7]，而又宥赦之[8]。君王之于越也，繄起死人而肉白骨也[9]。孤不敢忘天灾，其敢忘君王之大赐乎！今句践申祸无良[10]，草鄙之人，敢忘天王之大德，而思边垂之小怨[11]，以重得罪于下执事？句践用帅二三之老[12]，亲委重罪[13]，顿颡于边[14]。

【注释】

①诸稽郢：越国大夫。行成：求和。

②布币：陈列礼品。行礼：举行正式外交礼仪。

③下执事：下等办事人员，意谓不敢直接对吴王说话。

④越国见祸：指越王允常去世。

⑤得罪于天王：公元前496年，吴王阖庐在槜李之战中被越人击伤，后不治身亡。天王，这是越使对吴王夫差的尊称。

⑥趋：迈。玉趾：尊贵的脚。

⑦孤：顾念。

⑧而又宥赦之：宥赦，宽宥赦免。按，此时吴王并未赦越，诸稽郢说吴王宥赦越国，可能是指吴国暂停进攻。

⑨繄（yī）：句首语气词。起死人而肉白骨：使死人复起，使枯骨生肉。

⑩今句践申祸无良：申祸，再次遭受战祸，指越王起兵迎战。良：善。

⑪垂：通“陲”。

⑫用：因此。帅：率领。老：家臣。

⑬委：归，指认罪。

⑭顿颡（sǎng）：下拜叩头，以额触地。颡，额头。

【译文】

越王答应了，于是派大夫诸稽郢到吴国求和，说：“我们君主句践派小臣诸稽郢出使贵国，不敢公然陈列礼品举行礼仪，只能私下禀告下级办事人员说：从前越国遭受战祸，得罪了天王。天王亲自讨越，由于心里顾念句践，又宽宥赦免了他。君王对于越国，恩同于使死人复起，让白骨生肉。句践不敢忘记天灾，难道敢忘记君王的大恩大德！如今句践再次遭受战祸而处境不善，草野边境之人，怎敢忘记天王的大德，而去计较边陲小怨，以致重新得罪下级办事人员？句践因此率领几位家臣，亲自承认重罪，在边境叩头下拜，请求天王赦免。

“今君王不察，盛怒属兵[①]，将残伐越国。越国固贡献之邑也，君王不以鞭箠使之[②]，而辱军士使寇令焉[③]。句践请盟：一介嫡女[④]，执箕帚以晐姓于王宫[⑤]；一介嫡男，奉槃匜以随诸御[⑥]；春秋贡献[⑦]，不解于王府[⑧]。天王岂辱裁之[⑨]？亦征诸侯之礼也[⑩]。

【注释】

①属：集合。

②箠：鞭子。

③辱：辱没。寇令：抵御贼寇的号令。

④一介：一个。嫡女：正妻所生的女儿。

⑤箕帚（zhǒu）：打扫工具。晐（gāi）：献女子给天子。姓：各种姓氏。

⑥槃（pán）：通“盘”，木盘。匜（yí）：洗手器皿。御：供君王驱使的近臣。

⑦春秋：举春秋以包括全年。

⑧解：通“懈”。

⑨裁：制裁，惩罚。

⑩征：征税。

**【译文】**

“如今君王不体察越王的忠心，盛怒之下集合兵马，准备消灭越国。越国本来就是向吴国进贡献礼的一个城邑，君王不用鞭子抽打它，反而像抵御贼寇一样率军士屈尊来讨伐。句践请求缔结盟约：送上一个嫡亲的女儿，让她充当手执簸箕笤帚打扫王宫的宫女；送上一个嫡亲的儿子，让他跟随近臣捧盘端匜侍候君王；越国全年按时献上贡品，不懈怠地充实君王库府。天王何必屈尊制裁越国？我们也是按照天子向诸侯征税的礼节进贡啊。

“夫谚曰：‘狐埋之而狐搰之[①]，是以无成功。’今天王既封植越国[②]，以明闻于天下，而又刈亡之[③]，是天王之无成劳也[④]。虽四方之诸侯，则何实以事吴[⑤]？敢使下臣尽辞[⑥]，唯天王秉利度义焉[⑦]！”

【注释】

①搰（hú）：发掘。

②封植：扶植。

③刈（yì）亡：铲除，灭亡。刈，割草。

④成劳：成效。

⑤实：事实。

⑥尽辞：把话说完。

⑦秉：执。度：考虑。义：宜。

【译文】

“谚语说：‘狐狸埋好东西，狐狸又把它刨出来，因此没有功效。’如今天王扶植越国，已经明闻天下，却又要消灭越国，这样天王就没有成效了。即使四方诸侯尊奉吴国，那么吴国拿什么事实让他们信服呢？越王派小臣把话说完，就请天王根据利害来考虑适宜的处置方案吧！”

## 吴欲与晋战得为盟主

本篇记载吴王夫差与晋人争夺盟主的经过。吴王夫差率师北上与晋人争霸，不意被越人抄了后路。夫差一方面要与晋人分出高下，另一方面又急于回师应付越兵，因此他像一个即将输光的赌徒，拼死作最后一搏。他以无比夸张的巨大声势显示军威，试图通过气势来震慑晋人。晋人看出吴人心有大忧，不惜以无比凶残的方式实现目的，决定暂时不与吴人争锋，吴王终于达到了争先的目的。本文兼有记言、叙事、描写的成份，是一篇艺术成就很高的散文，其中的场面描写与心理描写尤其非常生动。如描写吴王夫差与晋人对阵，左、中、右三军分别着赤、白、玄三色衣甲，宛若一幅色彩绚丽的画卷，再现了当年吴师严整的阵容和强大的军威，千年之下读来宛在目前。篇中写晋使董褐对吴王心理的分析："臣观吴王之色，类有大忧；小则嬖妾、嫡子死，不则国有大难；大则越入吴。将毒，不可与战。"对人物心理的刻划可谓鞭辟入里。

吴王昏乃戒[1]，令秣马食士[2]。夜中[3]，乃令服兵擐甲[4]，系马舌[5]，出火灶[6]，陈士卒百人[7]，以为彻行百行[8]。行头皆官师[9]，拥铎拱稽[10]，建肥胡[11]，奉文犀之渠[12]。十行一嬖大夫[13]，建旌提鼓，挟经秉枹[14]。十旌一将军，载常建鼓[15]，挟经秉枹。万人以为方阵，皆白裳、白旂、素甲、白羽之矰[16]，望之如荼[17]。王亲秉钺[18]，载白旗以中陈而立。左军亦如之，皆赤裳、赤旟、丹甲、朱羽之矰[19]，望之如火。右军亦如之，皆玄裳、玄旗、黑甲、乌羽之矰，望之如墨。为带甲三万，以势攻，鸡鸣乃定。既陈，去晋军一里。昧明[20]，王乃秉枹，亲就鸣钟鼓、丁宁、錞于振铎[21]，勇怯尽应，三军皆哗釦以振旅[22]，其声动天地。

【注释】

①昏：黄昏。戒：命令。

②秣（mò）马：喂马。

③夜中：半夜。

④服兵：拿着兵器。擐（huàn）甲：穿着铠甲。

⑤系马舌：把马的舌头绑起，防止出声。

⑥出火灶：将灶火掏出灶外，用于照明。

⑦陈：排列。士卒：中军士卒。

⑧彻行百行：以一百人排成一行，一百行组成一万人的方阵。彻，通。

⑨行头：排头。官师：上士。

⑩拥：抱。铎（duó）：金属制造的大铃。拱：执。稽：棨（qǐ）戟，古代仪仗队所用的木戟。

⑪建：竖立。肥胡：一种窄长的旗帜。

⑫奉：举。文犀之渠：用有纹理的犀牛皮制作的盾牌。

⑬嬖大夫：下大夫。

⑭挟：夹。经：俞樾认为读为“茎”，剑茎。秉枹：拿着鼓槌。

⑮常：画有日月的旗帜。

⑯裳：下衣。旂（qí）：画有交叉龙形并在竿头上系铃的旗帜。素甲：白甲。矰（zēng）：带着丝绳的短箭。

⑰荼（tú）：茅草、芦苇之类开的白花。

⑱钺：大斧。

⑲旟（yú）：绘有鹰隼图案的旗帜。

⑳昧明：黎明。

㉑丁宁：铜钲，形似钟而狭长的乐器。錞（chún）于：铜制军乐器。振铎：摇铃。

㉒哗釦（kòu）：呼吼。釦，通“叩”。敲击。振旅：振奋军威。

**【译文】**

吴王黄昏时下令，命令喂马饷士。半夜时分，吴王下令将士拿起武器穿上铠甲，缚上马舌头，将灶火掏出灶外以便照明，陈列中军士卒一百人，以一百人排成一行，一百行组成一万人的方阵。每行排头兵都是上士，抱着大铃，拿着木戟，士卒高举肥胡窄旗，手执用有纹理的犀牛皮制作的盾牌。十行派一位下大夫率领，举着旌旗，提着战鼓，挟着剑柄，拿着鼓槌。一百行派一名将军率领，举着画有日月图案的旗帜，架起战鼓，挟着剑柄，拿着鼓槌。一万人组成一个方阵，一律白裳、白旗、白甲、白色羽毛短箭，远望如同一片白茅花。吴王夫差亲持大斧，身旁竖起白色旌旗，站在方阵中央。左军也是万人方阵，一律红裳、红旗、红甲、红色羽毛短箭，远望如同一片烈火。右军也是万人方阵，一律黑裳、黑旗、黑甲、黑色羽毛短箭，远望如同一片黑墨。一共有甲士三万人，形成进攻阵势，鸡鸣时分才安排妥当。摆好阵势之后，吴师开进到距离晋军一里之处。黎明，吴王于是手执鼓槌，亲自擂响战鼓，士卒敲响金钲、金錞、金铎，将士无论勇怯都一起响应，三军将士共同呼吼来振奋军威，声势惊天动地。

晋师大骇不出，周军饬垒①，乃令董褐请事②，曰："两君偃兵接好③，日中为期。今大国越录④，而造于弊邑之军垒⑤，敢请乱故。"

【注释】

①周军：环绕军营。饬垒：整治营垒。

②董褐：晋国大夫司马寅。请事：询问情况。

③偃兵：休兵。接好：和合友好。

④越录：超越次序。

⑤造：到达。

【译文】

晋师大为惊骇不敢出战，环绕军营整治营垒，晋定公于是派董褐前来询问情况，说："晋吴两国君主休兵合好，约定日中为盟会之期。如今大国违背约定，来到晋国军垒之外，我大胆地请问你们扰乱会盟的缘故。"

吴王亲对之曰："天子有命，周室卑约[1]，贡献莫入，上帝鬼神而不可以告[2]。无姬姓之振也[3]，徒遽来告[4]。孤日夜相继，匍匐就君[5]。君今非王室不平安是忧，亿负晋众庶[6]，不式诸戎、狄、楚、秦[7]，将不长弟[8]，以力征一二兄弟之国[9]。孤欲守吾先君之班爵[10]，进则不敢，退则不可。今会日薄矣[11]，恐事之不集[12]，以为诸侯笑。孤之事君在今日，不得事君亦在今日。为使者之无远也，孤用亲听命于藩篱之外[13]。"

【注释】

①卑：卑微。约：困窘。

②告：告祭。

③姬姓：吴国、晋国与周王室为同为姬姓。振：救。

④徒：步行。遽：驿车。

⑤匍匐：伏地而行。就：接近。君：指晋君。

⑥亿：安心。负：依靠。

⑦式：用，指征讨。

⑧长弟：长幼先后。

⑨兄弟之国：指鲁、卫等姬姓诸侯国。

⑩孤欲守吾先君之班爵：吴太伯为周室长子，夫差以

此为由争当霸主。先君，吴太伯。班爵，班次爵位。

⑪薄：迫近。

⑫集：成。

⑬藩篱：军营。

【译文】

吴王夫差亲自立对晋使说："天子有命令，周王室卑微困窘，没有诸侯进贡，无法告祭上帝鬼神。没有姬姓诸侯国出面拯救周王室，周王室使者或步行或乘驿车到吴国告困求援。我日夜兼程，艰难地前来会见晋君。晋君如今不是为周王室担忧，反而安心依靠晋国人多势众，不去讨伐诸戎、狄、楚、秦等国，而是不讲长幼先后，以暴力征讨姬姓兄弟之国。我想固守吴国先君太伯作为长子的班次爵位，进军不敢，退兵不能。如今会盟日期临近了，我担心事情不成功，被诸侯耻笑。我事奉晋君在今日，不能事奉晋君也在今日。为了使者不必长途奔走，因此我将在贵国军营之外来听候命令。"

董褐将还，王称左畸曰[①]："摄少司马兹与王士五人[②]，坐于王前。"乃皆进，自刭于客前以酬客[③]。

【注释】

①称：呼。左畸：军中左部军吏。

②摄：执。少司马：官名。兹：人名。王士：吴王士卒。

③自刭（yā）：自到。酬：酬谢。韦昭注："鲁定十四年，吴伐越，越王使罪人自到以误吴。故夫差效之。"

**【译文】**

董褐准备返回，吴王夫差招呼左部军吏说："将少司马兹和王士五人抓来，坐在我的面前。"六人一齐向前，在董褐面前自刎，来酬谢晋国客人。

董褐既致命，乃告赵鞅曰[①]："臣观吴王之色，类有大忧[②]，小则嬖妾、嫡子死，不则国有大难；大则越入吴。将毒[③]，不可与战。主其许之先[④]，无以待危，然而不可徒许也[⑤]。"赵鞅许诺。

**【注释】**

①赵鞅：即赵简子，晋国正卿。

②类：好像。

③毒：凶残。

④主：指赵简子。

⑤徒：白白地。

**【译文】**

董褐回去向晋定公复命后，便对正卿赵简子说："我观察吴王夫差气色，好像有大的忧患，小则是宠妾、嫡亲子女死亡，不然就是吴国有大灾难；大则是越国入侵吴国。他将会无比凶残，不能与他交战。您可以允许他先歃血，不要使我们陷入危险境地，然而不可以白白地允许他做盟主。"赵简子答应了。

晋乃令董褐复命曰："寡君未敢观兵身见[①]，使褐复命曰：'曩君之言[2]，周室既卑，诸侯失礼于天子，请贞于阳卜[3]，收文、武之诸侯[4]。孤以下密迩于天子[5]，无所逃罪，讯让日至[6]，曰：昔吴伯父不失[7]，春秋必率诸侯以顾在余一人[8]。今伯父有蛮、荆之虞[9]，礼世不续[10]，用命孤礼佐周公[11]，以见我一二兄弟之国，以休君忧[12]。今君掩王东海[13]，以淫名闻于天子[14]，君有短垣[15]，而自逾之，况蛮、荆则何有于周室？夫命圭有命[16]，固曰吴伯，不曰吴王。诸侯是以敢辞[17]。夫诸侯无二君，而周无二王，君若无卑天子，以干其不祥[18]，而曰吴公，孤敢不顺从君命长弟[19]！'"许诺[20]。

**【注释】**

①观兵：显示兵力。身见：亲自现身。

②曩（nǎng）：先前。

③贞：卜问。阳卜：问卜外事。

④收：收复。文、武之诸侯：周文王、周武王所封的诸侯。

⑤孤以下：晋君自称。密迩：距离很近。

⑥讯让：责问。

⑦吴伯父：吴国先君，周天子称同姓诸侯为伯父。不失：不失朝聘之礼。

⑧顾：朝见。在：存问。余一人：天子自称。

⑨伯父：指吴王夫差。虞：忧患。

⑩礼世不续：朝聘之礼未能世续。

⑪用：因此。礼佐：以礼佐助。周公：周王室太宰。

⑫休：息。

⑬掩：盖。

⑭淫名：僭越的名号，指吴国僭称王。

⑮短垣：矮墙，比喻礼制。

⑯命圭：天子册封诸侯时所赐的玉圭。

⑰敢辞：敢于不事吴国。

⑱干：冒犯。

⑲长弟：先后。

⑳许诺：此二字为衍文。

**【译文】**

晋君于是命令董褐答复吴王说："晋君不敢显示兵力而亲自现身，派董褐答复说：'正如先前您所说，周王室已经卑微，诸侯对天子失礼，请求对外事进行卜问，以便收复周文王、周武王所封的诸侯。晋国邻近天子，无法逃避罪责，天子的责问天天传到，说：从前吴国先君不失朝聘之礼，每年必定率诸侯前来朝聘我。如今吴王有蛮、楚的忧患，朝聘之礼未能世代继承，因此命令晋君按照礼节辅佐周太宰，率领同姓诸侯朝见天子，以此消除周王室的忧患。如今您在东海称王，僭越名声传到天子之处，如同有一座短墙，您自己跳过墙去，况且蛮、楚对周王室有什么礼仪可言？天子所赐的命圭之上有命令，本来是称吴伯，没有称吴王。诸侯因此才敢于不听吴国。诸侯不能有两个霸主，周室不能有两个王，您如果不藐视天子，冒犯不祥，就请您称吴公，晋国怎敢不顺从您的命令、不遵守长幼之序呢！’”

吴王许诺，乃退就幕而会[①]。吴公先歃[②]，晋侯亚之。吴王既会，越闻愈章，恐齐、宋之为己害也，乃命王孙雒先与勇获帅徒师[③]，以为过宾于宋[④]，以焚其北郛焉而过之[⑤]。

【注释】

①幕：军帐。

②歃（shà）：歃血，用嘴饮血。

③勇获：吴国大夫。徒师：步兵。

④为：通“伪”。假装，欺诈。过宾：路过的宾客。

⑤北郛（fú）：北面外城。

【译文】

吴王答应了，于是退兵进入军帐会盟。吴王夫差先歃血，晋侯第二个歃血。吴王会盟完毕，越国入侵吴国的消息传播越来越厉害，吴王担心齐、宋两国袭击自己，于是命令王孙雒先与吴大夫勇获率领步兵，以过路的名义来到宋国，放火焚烧了宋国北面外城，然后过境回国。

# 句践灭吴夫差自杀

本篇记载越王句践兴师灭吴、吴王夫差自杀的经过。吴王夫差北上与晋人争霸，耗尽了锐气，归国后再也无力伐越。越国大夫文种看到伐吴时机已经成熟，于是倡导起兵伐吴。在起兵之前，句践向楚使申包胥请教灭吴之策，申包胥以智、仁、勇相告，提醒句践要关注民意所向、将士疾苦和战略战术。句践又问策于舌庸、苦成、文种、范蠡、皋如五大夫，五大夫分别以审慎地赏赐、惩罚、制定旌旗徽帜、加强守备、运用钲鼓进退之声相告，提醒句践充分发挥赏罚作用并严明军纪、加强军备。句践将内宫之政托付给夫人，将朝廷之政交给大夫，然后整顿军纪，选拔死士，发动伐吴战役。吴师三战三败，吴王夫差欲效法当年句践求和故事，但没有得到越王句践许可。句践提出要将夫差送到甬句东安享天年，夫差感到吴国宗庙社稷毁于自己之手，惭愧自杀，临死之前表示如果死者有知觉，自己没有脸面去见伍子胥。跨越几代人的惊心动魄的吴越争霸，终于以吴王夫差自杀、越王句践胜利而告结束。越王句践在大战前夕，让有父母耆老者、兄弟四五人皆在此者、有眩瞀之疾者回家，这体现了人道主义精神。吴王夫差在自杀之前虽然有所醒悟，但为时已晚，他的覆灭给后人留下无穷无尽的感叹。本篇兼有记言与叙事，在记叙时多用排比手法，在文风上已经接近战国策士文章。

吴王夫差还自黄池，息民不戒[①]。越大夫种乃唱谋曰[②]："吾谓吴王将遂涉吾地，今罢师而不戒以忘我，我不可以怠。日臣尝卜于天[③]，今吴民既罢，而大荒荐饥[④]，市无赤米[⑤]，而囷鹿空虚[⑥]，其民必移就蒲蠃于东海之滨[⑦]。天占既兆[⑧]，人事又见，我蔑卜筮矣[⑨]。王若今起师以会[⑩]，夺之利，无使夫悛[⑪]。夫吴之边鄙远者，罢而未至[⑫]，吴王将耻不战，必不须至之会也[⑬]，而以中国之师与我战[⑭]。若事幸而从我[⑮]，我遂践其地，其至者亦将不能之会也已，吾用御儿临之[⑯]。吴王若愠而又战，奔遂可出[⑰]。若不战而结成[⑱]，王安厚取名而去之[⑲]。"越王曰："善哉！"乃大戒师，将伐吴。

**【注释】**

①息民：让民众休息。不戒：不作戒备。

②唱：同"倡"。倡导，发起。

③日：日前。

④荐：重。

⑤赤米：旱稻红米，俗称"小红稻"，一种劣质米。

⑥囷（qūn）鹿：粮仓，圆仓曰囷，方仓曰鹿。

⑦蒲：水草。蠃（luó）：蚌蛤之类的软体动物。

⑧兆：见。

⑨蔑：无，不必。

⑩会：会战。

⑪夫：指吴王。悛（quān）：悔改。

⑫罢：归。

⑬须：等待。

⑭中国：国中，指吴国首都。

⑮事幸而从我：事幸而战胜。“我”字为衍文。

⑯御儿：越国地名，在浙江嘉兴。

⑰出：使之出奔。

⑱结成：结盟讲和。

⑲安厚：安稳地获得厚利。取名：取得名声。

**【译文】**

吴王夫差从黄池返回吴国以后，让将士解甲休息，不作戒备。越大夫文种便向越王倡议谋划说：“我以为吴王将会入侵越国，如今他下令让部队休息，不作戒备，似乎忘记了我们，我们不可以懈怠。昔日我曾经占卜问天，如今吴国民众已经疲惫，而连年出现大饥荒，市上连劣质的红稻米也没有，而国库空虚，吴国民众必定会迁移到东海之滨，去拾取蒲草、蚌蛤作为食物。天意已经应验了占卜的征兆，亡国的人事迹象又显现了，我们不必再占卜了。君王如果现在起兵与吴国会战，必定会夺取有利战机，不给吴王有悔改、喘息之机。吴国边境地区将士路途遥远，刚回去而不能及时赶来，吴王将以不应战为耻，必定不会等到全国兵力集结，而只会以首都士兵与我们交战。如果战事发展顺利，我们就可以攻入吴国，那些从边远地区赶来的吴国军队将不能与国都军队会合，我们可以用越国御儿地区军队抵御他们。吴王如果愤怒而又与我们作战，我们就可以打得让他出奔外国。如果吴王不战而想与我们结盟讲和，君王就可以在安稳地获得厚利和名声之后再撤兵。”越王说：“好啊！”于是越王大规模整顿军队，准备讨伐吴国。

楚申包胥使于越[①]，越王句践问焉，曰：“吴国为不道，求残我社稷宗庙，以为平原，弗使血食[②]。吾欲与之徼天之衷[③]，唯是车马、兵甲、卒伍既具，无以行之[④]。请问战奚以而可[⑤]？”包胥辞曰：“不知。”王固问焉，乃对曰：“夫吴，良国也[⑥]，能博取于诸侯[⑦]。敢问君王之所以与之战者[⑧]？”王曰：“在孤之侧者，觞酒、豆肉、箪食[⑨]，未尝敢不分也。饮食不致味[⑩]，听乐不尽声[⑪]，求以报吴。愿以此战。”包胥曰：“善则善矣，未可以战也。”王曰：“越国之中，疾者吾问之，死者吾葬之，老其老，慈其幼，长其孤，问其病，求以报吴。愿以此战。”包胥曰：“善则善矣，未可以战也。”王曰：“越国之中，吾宽民以子之，忠惠以善之。吾修令宽刑，施民所欲，去民所恶，称其善，掩其恶，求以报吴。愿以此战。”包胥曰：“善则善矣，未可以战也。”王曰：“越国之中，富者吾安之，贫者吾与之，救其不足，裁其有余[⑫]，使贫富皆利之，求以报吴。愿以此战。”包胥曰：“善则善矣，未可以战也。”王曰：“越国南则楚，西则晋，北则齐，春秋皮币、玉帛、子女以宾服焉[⑬]，未尝敢绝，求以报吴。愿以此战。”包胥曰：“善哉，蔑以加焉，然犹未可以战也。夫战，智为始，仁次之，勇次之。不智，则不知民之极[14]，无以铨度天下之众寡[15]；不仁，则不能与三军共饥劳之殃；不勇，则不能断疑以发大计。”越王曰：“诺。”

【注释】

①申包胥：楚国大夫，伍子胥的好友。柏举之战吴入郢后曾赴秦求得援军打败吴国，恢复楚国。

②血食：指祭祀，古代祭祀时以带毛血的牲畜作为祭品。

③徼天之衷：求上天判决赐福给谁。徼，通“邀”，求取。

④无以行之：没有用兵的方法谋略。

⑤奚以：凭什么。

⑥良国：强大国家。

⑦博取于诸侯：广泛地向诸侯征收贡赋。

⑧所以与之战：用来与吴国交战的方法。

⑨觞（shāng）：酒杯。豆：盛肉的高脚木盘。箪（dān）：盛饭的竹器。

⑩不致味：不追求最美的味道。

⑪不尽声：不追求最美的音乐。

⑫裁其有余：对有余者征税。

⑬宾服：臣服。

⑭极：中，指民意。

⑮铨度：衡量。

【译文】

楚国大夫申包胥出使越国，越王句践向他咨询，说：

"吴国行为不合道义，他们想毁灭我们的社稷宗庙，将其夷为平原，不让我们的祖宗享受祭祀。我想与吴国求上天决断祸福，我们的车马、兵甲、军队都已经准备好了，只是没有用兵的方法谋略。请问我们凭什么与吴国交战才能获胜呢？"申包胥推辞说："我不知道。"越王坚持询问，申包胥才回答道："吴国，是一个强大国家，能广泛向诸侯征收贡赋。我大胆地问一下，君王靠什么与吴国决战呢？"越王说："在我的旁边，杯中的酒、盘中的肉、竹篮中的食物，从未敢不分给大家。饮食不追求最美的味道，听乐不追求最美的音乐，我追求的就是报复吴国。我希望以此与吴国决战。"包胥曰："您做得好是好，但不可以此决战。"越王又说："越国之中，生病的人我去慰问，死去的人我给埋葬，尊敬老人，慈爱年幼，抚养孤儿，访问民间疾苦，我追求的就是报复吴国。希望以此与吴国决战。"申包胥说："您做得好是好，但不可以此决战。"越王说："越国之中，我像对自己孩子一样宽以待民，忠厚惠爱，善待他们。我修治法令，放宽刑罚，施行民众所想要的政策，去掉民众所厌恶的苛政，称赞民众之善，掩盖民众之恶，我追求的就是报复吴国。希望以此与吴国决战。"申包胥说："您做得好是好，但不可以此决战。"越王说："越国之中，富贵的人我让他们安心，贫困的人我给予他们帮助，拯救不足，向有余的人征税，让贫富两种人都得到利益，我追求的就是报复吴国。希望以此与吴国决战。"申包胥说："您做得好是好，但不可以此决战。"越王说："越国南边是楚国，西边是晋国，北边是齐国，每年我都给他们赠送皮币、玉帛、美女，表示臣服，未曾断绝，我追求的就是报复吴国。希望以此决战。”申包胥说：“好啊，没有比您做得更好的了，但是仍然不可以此决战。两国决战，智慧是最重要的，其次是仁义，其次是勇敢。没有智慧，就不知道民意，就无法衡量天下各国力量的众寡；没有仁义，就不能与三军将士同受饥劳之苦；没有勇敢，就不能判断疑难，定出大计。”越王说：“好。”

越王句践乃召五大夫①，曰：“吴为不道，求残吾社稷宗庙，以为平原，不使血食。吾欲与之徼天之衷，唯是车马、兵甲、卒伍既具，无以行之。吾问于王孙包胥，既命孤矣②；敢访诸大夫③，问战奚以而可？句践愿诸大夫言之，皆以情告，无阿孤④，孤将以举大事。”大夫舌庸乃进对曰：“审赏则可以战乎⑤？”王曰：“圣⑥。”大夫苦成进对曰：“审罚则可以战乎？”王曰：“猛⑦。”大夫种进对曰：“审物则可以战乎⑧？”王曰：“辩⑨。”大夫蠡进对曰：“审备则可以战乎⑩？”王曰：“巧⑪。”大夫皋如进对曰：“审声则可以战乎⑫？”王曰：“可矣。”王乃命有司大令于国曰：“苟任戎者，皆造于国门之外⑬。”王乃命于国曰：“国人欲告者来告⑭，告孤不审⑮，将为戮不利⑯，及五日必审之，过五日，道将不行⑰。”

**【注释】**

①五大夫：舌庸、苦成、文种、范蠡、皋如。

②命：告诉。

③访：咨询。

④阿：曲从。

⑤审赏：赏不失劳。审，审慎。

⑥圣：通达。

⑦猛：勇猛。

⑧物：指旌旗徽帜。

⑨辩：辨别。

⑩备：守备。

⑪巧：巧妙。

⑫声：指钲鼓进退之声。

⑬造：至。国门：城门。

⑭告：告知意见。

⑮不审：不审慎之处。

⑯戮：革除。

⑰道：道术，指国人所提意见。

**【译文】**

越王句践于是召来舌庸、苦成、文种、范蠡、皋如五位大夫，说："吴国行为不合道义，他们想毁灭我们的社稷宗庙，将其夷为平原，不让我们的祖宗享受祭祀。我想与吴国求上天决断祸福，我们的车马、兵甲、军队都已经准备好了，只是没有用兵的方法谋略。我向楚国大夫王孙包胥咨询，他已经把自己的想法告诉我了；现在我大胆地咨询诸位大夫，请问我们凭什么与吴国交战才能获胜呢？句践希望诸位大夫说一下，都要告诉你们的真实想法，不要曲意奉承我，我准备举行大事。”大夫舌庸上前应对说：“审慎地赏劳，凭此可以战胜吗？”越王说：“通达。”大夫苦成上前应对说：“审慎地惩罚，凭此可以战胜吗？”越王说：“勇猛。”大夫文种上前应对说：“审慎地制定旌旗徽帜，凭此可以战胜吗？”越王说：“善辨。”大夫范蠡上前应对说：“审慎地从事守备，凭此可以战胜吗？”越王说：“巧妙。”大夫皋如上前应对说：“审慎运用钲鼓进退之声，凭此可以战胜吗？”越王说：“可以了。”越王于是命有关人员向全国发布命令说：“只要是愿意参战的国人，都到国门之外集合。”越王于是向国人发布命令说：“国人想提建议的都来提建议，凡是指出我有不审慎之处，我都会革除不好的地方，五日之内一定会审慎对待，超过五日，你们所提的建议就没有用了。”

王乃入命夫人。王背屏而立①，夫人向屏。王曰：“自今日以后，内政无出②，外政无入③。内有辱，是子也；外有辱，是我也。吾见子于此止矣。”王遂出，夫人送王，不出屏，乃阖左阖④，填之以土，去笄侧席而坐⑤，不扫。王背檐而立，大夫向檐。王命大夫曰：“食土不均⑥，地之不修⑦，内有辱于国，是子也；军士不死，外有辱，是我也。自今日以后，内政无出⑧，外政无入⑨，吾见子于此止矣。”王遂出，大夫送王不出檐，乃阖左阖，填之以土，侧席而坐，不扫。

【注释】

①屏：寝门内屏风。

②内政：内宫之政。无出：不出宫门。

③外政：外朝政事，指国事。无入：不准进入宫门。

④阖左阖：关上左边的宫门。

⑤笄（jī）：簪子。侧席而坐：按照礼仪，忧者侧席而坐。

⑥食土：分配土地。均：平。

⑦修：开垦种植。

⑧内政：国政。

⑨外政：军政。

【译文】

越王于是入宫命令夫人。越王背靠屏风站立，夫人面向屏风站立。越王说："从今日以后，内宫之政不出宫门，外朝之政不入宫门。宫内有差错，这是您的责任；外朝有差错，这是我的责任。我来见您，到此为止。"越王于是出宫，夫人送别越王，不出屏风，于是关上左边宫门，用土填塞，除去簪笄，侧身坐在席上，不再打扫内宫。越王背对屋檐站立，大夫面向屋檐站立。越王命令大夫说："分配土地不均，土地未能开垦种植，国内有差错，这是您的责任；将士不能死战，战事有差错，这是我的责任。从今日以后，国政不出朝，军政不入朝，我来见您，就此止步。"越王于是出朝，大夫送别越王不出屋檐，于是关上朝廷左门，用土填塞，侧身坐在席上，不再打扫朝廷。

王乃之坛列[①]，鼓而行之，至于军，斩有罪者以徇[2]，曰："莫如此以环瑱通相问也[3]。"明日徙舍[4]，斩有罪者以徇，曰："莫如此不从其伍之令。"明日徙舍，斩有罪者以徇，曰："莫如此不用王命。"明日徙舍，至于御儿，斩有罪者以徇，曰："莫如此淫逸不可禁也。"

**【注释】**

①坛列：郊外土坛。

②徇：示众。

③环：金玉之环。瑱：塞耳。通：行贿乱军。问：馈赠，此处指行贿。

④徙舍：迁移驻地。

**【译文】**

越王于是走上郊外土坛，击鼓出发，来到军营，将有罪者斩首示众，说："不要像他们这样用金环玉瑱行贿乱军。"第二日迁移驻地，将有罪者斩首示众，说："不要像他们这样不服从军令。"第三日迁移驻地，将有罪者斩首示众，说："不要像他们这样不听王命。"第四日迁移驻地，到达御儿，将有罪者斩首示众，说："不要像他们这样放纵散漫而不可禁止。"

王乃命有司大徇于军，曰："有父母耆老而无昆弟者[1]，以告。"王亲命之曰："我有大事，子有父母耆老，而子为我死，子之父母将转于沟壑[2]，子为我礼已重矣[3]。子归，殁而父母之世[4]。后若有事，吾与子图之。”明日徇于军，曰：“有兄弟四五人皆在此者，以告。”王亲命之曰：“我有大事，子有昆弟四五人皆在此，事若不捷，则是尽也。择子之所欲归者一人。”明日徇于军，曰：“有眩瞀之疾者[⑤]，以告。”王亲命之曰：“我有大事，子有眩瞀之疾，其归若已。后若有事，吾与子图之。”明日徇于军，曰：“筋力不足以胜甲兵、志行不足以听命者归，莫告。”明日，迁军接和[⑥]，斩有罪者以徇，曰：“莫如此志行不果[⑦]。”于是人有致死之心。王乃命有司大徇于军，曰：“谓二三子归而不归，处而不处[⑧]，进而不进，退而不退，左而不左，右而不右，身斩，妻子鬻[⑨]。”

**【注释】**

①耆老：六十为耆，七十为老。昆弟：兄弟。

②转：入，指弃尸。

③为我礼已重：指离开父母而从军。

④殁：送终。而：你。

⑤眩瞀（mào）：眼睛昏花。

⑥接和：建立军门。一说，接和为地名。

⑦果：果决。

⑧处：止。

⑨鬻：卖。

**【译文】**

越王于是命令有关官员通告全军，说：“家中有父母年老而无兄弟者，报告上来。”越王亲自命令道：“我要与吴决战，你们家中有父母年老，而你们为我战死，你们的父母将会弃尸山谷沟壑之中，你们对我的礼义已经很重了。你们回去，为你们父母养老送终。以后如果有事，我再与你们商量。”次日又通告全军，说：“有兄弟四五人都在这里的，报告上来。”越王亲自命令道：“我要与吴决战，你们有兄弟四五人都在这里，仗如果打不胜，那么兄弟四五人全完了。你们自己选择一个愿意回家的人。”次日又通告全军，说：“有眼睛昏花毛病的，报告上来。”越王亲自命令道：“我要与吴决战，你们有眼睛昏花的毛病，回家去吧。以后如果有事，我再与你们商量。”次日又通告全军，说：“体力不能胜任作战、志向品行不能服从军令的人回去，不用报告。”次日，全军驻扎下来，建立军门，将有罪者斩首示众，说：“不要像他们这样志向行为不果决。”于是越军将士人人都有死战之心。越王便命令有关官员向全军宣告，说：“你们当中如果有让回防而不愿回防，让停止而不愿停止，让前进而不前进，让后退而不后退，让向左而不向左，让向右而不向右，这样的人要斩首，妻子儿女卖掉为奴。”

于是吴王起师，军于江北①，越王军于江南。越王乃中分其师以为左右军，以其私卒君子六千人为中军②。明日将舟战于江，及昏，乃命左军衔枚溯江五里以须③，亦令右军衔枚逾江五里以须④。夜中，乃命左军、右军涉江鸣鼓中水以须⑤。吴师闻之，大骇，曰：“越人分为二师，将以夹攻我师。”

乃不待旦，亦中分其师，将以御越。越王乃令其中军衔枚潜涉[⑥]，不鼓不噪以袭攻之，吴师大北[⑦]。越之左军、右军乃遂涉而从之，又大败之于没[⑧]，又郊败之，三战三北，乃至于吴。越师遂入吴国，围王台[⑨]。

**【注释】**

①江：松江。

②私卒君子：指越王所亲近而品行好的士卒。

③衔枚：口中衔小木棍，防止出声。须：等待。

④逾江：渡江。

⑤中水：水中央。

⑥潜涉：暗中渡水。

⑦北：军败奔走。

⑧没：吴国地名。

⑨王台：姑苏台。

**【译文】**

于是吴王夫差起兵，驻扎在江北，越王句践驻扎在江南。越王于是将军队分为左右两军。以越王所亲近而品行好的士卒六千人为中军。次日将在吴淞江中举行舟战，等到黄昏，越王命令左军口衔木棍溯江而上五里待命，又命令右军口衔木棍，渡江后下行五里待命。半夜时分，越王命令左军、右军渡江，在水中击鼓待命。吴国军队听到鼓声，大为惊骇，说："越人分为两支军队，将来夹攻我军。"吴军不等到天亮，也将军队分为两军，准备抵御越军。越王于是命令中军将士口衔木棍暗中渡水，不击鼓，不喧哗，发动偷袭进攻，吴军大败。越国左军、右军于是渡江追击，又在没地大败吴军，继而又在吴都郊外大败吴军，吴军三战三败，越军攻至吴国都城。越军攻入吴国都城，把吴王夫差包围在姑苏台。

吴王惧，使人行成。曰："昔不穀先委制于越君[①]，君告孤请成，男女服从。孤无奈越之先君何，畏天之不祥，不敢绝祀，许君成，以至于今。今孤不道，得罪于君王，君王以亲辱于弊邑。孤敢请成，男女服为臣御[②]。"越王曰："昔天以越赐吴，而吴不受；今天以吴赐越，孤敢不听天之命，而听君之令乎？"乃不许成[③]。因使人告于吴王曰："天以吴赐越，孤不敢不受。以民生之不长[④]，王其无死！民生于地上，寓也[⑤]，其与几何[⑥]？寡人其达王于甬句东[⑦]，夫妇三百[⑧]，唯王所安，以没王年。"夫差辞曰："天既降祸于吴国，不在前后，当孤之身，实失宗庙社稷，凡吴土地人民，越既有之矣，孤何以视于天下！"夫差将死，使人说于子胥曰[⑨]："使死者无知，则已矣；若其有知，君何面目以见员也！"遂自杀。

**【注释】**

①不穀：不善，君主谦称。委制：归顺并接受约束。韦昭注："不言越委制于吴，谦而反之。"

②臣御：奴仆。

③乃不许成：按，《史记·越王句践世家》载越王本欲许成，范蠡以“天与弗取，反受其咎”相谏，句践乃不许吴成。

④民生：人生。

⑤寓：寄居。

⑥其与几何：人生能有多久。与，参与，指生存。

⑦达：送到。甬句东：越国地名，在今浙江舟山群岛。

⑧夫妇：男女臣仆。

⑨说：告祭。

**【译文】**

吴王害怕了，派人到越国求和。说：“以前我曾经臣服于越君，君王要与我讲和，派男女臣仆到吴国服役。我没有办法面对越国先君的友谊，害怕上天降下不祥，不敢灭绝越国的宗庙祭祀，因此允许与越君讲和，一直到现在。如今我没有遵守道义，得罪了君王，君王亲自辱身到吴国。我大胆地请求讲和，吴国男女愿为君王臣仆。”越王说：“以前上天将越国赐吴国，而吴国不接受；如今上天将吴国赐给越国，我岂敢不听上天的命令，而听从吴君的命令呢？”不答应讲和。于是越王派人告诉吴王说：“上天将吴国赐给越国，我不敢不接受。因为人生在世不长，君王还是不要去死！人生活在大地之上，只不过是寄居，能有多久呢？我将送君王到甬句东，派三百对男女仆妇，供君王使唤，让君王安享天年。”夫差推辞说：“上天已经降祸到吴国，不在我之前，不在我之后，正当我为君期间，我失去了吴国的宗庙社稷，凡属吴国的土地人民，越国已经拥有了，我有什么面目再见天下人！”夫差临死之前，派人告祭伍子胥说：“假使死者没有知觉，那就算了；如果死者有知觉，吴君有何面目去见伍子胥呢！”于是吴王自杀。

越灭吴，上征上国[1]，宋、郑、鲁、卫、陈、蔡执玉之君皆入朝[2]。夫唯能下其群臣，以集其谋故也[3]。

【注释】

①上征：北征。上国：中原诸侯国。

②执玉之君：指周天子分封的诸侯，玉是命圭。

③集：成。

【译文】

越国在消灭了吴国之后，北征中原诸侯国，宋、郑、鲁、卫、陈、蔡等执命圭的君主都来越国朝见。这是因为越王句践能够放下身段，倾听群臣意见，会集群臣谋略的缘故。

# 越语上

## 句践灭吴

本篇只收录一条材料，记载越王句践从战败到复仇灭吴的过程。文章可以分为两个部分：前半部分记载越大夫文种卑辞厚礼，向吴王夫差求和，伍子胥力谏夫差灭越，后因越人以美女成功贿赂吴太宰伯嚭，伯嚭说服夫差，由此越人实现与吴人议和；后半部分记载越王句践休养生息，医治战争创伤，积极创造灭吴条件，最终消灭吴国。本篇与《吴语》纪事多有不同，如《吴语》中求和越使是诸稽郢，而本篇是文种；诸稽郢与文种求和之语也不尽相同，如文种关于求和不成则越国带甲五千人将致死反抗的强硬言论，是诸稽郢求和之语所没有的；《吴语》所载伍子胥劝谏夫差内容，与本篇有很大的差异；《吴语》与本篇所载句践致力繁衍、休养生息政策，也互有详略；《吴语》中夫差自己答应与越人议和，本篇则由伯嚭出面进谏；本篇关于句践身为夫差马前卒以及与民休息的记载，是《吴语》所没有的；凡此种种不同，应该是两篇分别出于吴越不同史官所致。本篇中集中写了越王句践、越大夫文种、吴王夫差、吴大夫伍子胥、吴太宰伯嚭数人，虽然每个人都着墨不多，但却写出鲜明的人物性格，像句践之隐忍，文种之机智，夫差之狂妄昏聩，伍子胥之犀利，伯嚭之荒淫，都能给读者留下深刻的印象。

越王句践栖于会稽之上[①]，乃号令于三军曰：“凡我父兄昆弟及国子姓[②]，有能助寡人谋而退吴者，吾与之共知越国之政[③]。”大夫种进对曰[④]：“臣闻之贾人[⑤]，夏则资皮[⑥]，冬则资絺[⑦]，旱则资舟，水则资车，以待乏也[⑧]。夫虽无四方之忧，然谋臣与爪牙之士[⑨]，不可不养而择也。譬如蓑笠，时雨既至必求之。今君王既栖于会稽之上，然后乃求谋臣，无乃后乎[⑩]？”句践曰：“苟得闻子大夫之言，何后之有？”执其手而与之谋。

【注释】

①越王句践栖于会稽之上：公元前494年，吴败越于夫椒，越王句践退保会稽。栖，栖身。会稽，山名，在今浙江绍兴。

②昆弟：弟兄。国子姓：越国子民。

③共知：共治。

④大夫种：越大夫文种，字子禽。

⑤贾（gǔ）人：商人。

⑥资皮：求取皮货。资，取。

⑦絺（chī）：细葛布。

⑧待乏：等待物资缺乏。

⑨爪牙之士：勇敢的将士。

⑩后：晚。

【译文】

越王句践栖身于会稽山上，号令三军说：“凡属我父子兄弟及越国子民，如果有能帮助我退吴兵的人，我与他共治越国之政。”大夫文种上前回禀说：“我听商人说，在夏天就要开始收取冬天所需的皮货，冬天则要收取夏天所需的细葛布，大旱季节收取汛期的舟船，水涝季节收取旱季的大车，这样做是为了等待物资缺乏。越国平时虽然没有四方的忧虑，但谋臣与勇将，却不可不供养并加以甄选。譬如蓑衣斗笠，在大雨已到之时一定会求取使用。如今君王已经栖身于会稽山上，然后才求谋臣，这未免太晚了吧？”句践说：“只要能听到大夫您的话，现在为时不晚！”越王拉着文种的手与之谋划退吴策略。

遂使之行成于吴，曰：“寡君句践乏无所使①，使其下臣种②，不敢彻声闻于天王③，私于下执事曰④：寡君之师徒不足以辱君矣⑤，愿以金玉、子女赂君之辱⑥，请句践女女于王⑦，大夫女女于大夫，士女女于士。越国之宝器毕从⑧。寡君帅越国之众，以从君之师徒，唯君左右之⑨。若以越国之罪为不可赦也，将焚宗庙，系妻孥⑩，沉金玉于江，有带甲五千人将以致死，乃必有偶⑪。是以带甲万人事君也，无乃即伤君王之所爱乎⑫？与其杀是人也⑬，宁其得此国也⑭，其孰利乎？”

**【注释】**

①乏无所使：缺乏人才，没有合适使臣。

②下臣：下等之臣，这是文种自我谦称。

③彻：达。声闻：说话声音。天王：指吴王夫差。

④私：私下。下执事：吴王手下执事之人。

⑤师徒：军队。不足以辱君：不值得您屈尊亲自讨伐。

⑥子女：美女。赂君之辱：补偿吴王屈尊伐越。

⑦请句践女女（nǜ）于王：请求以句践之女作为吴王的婢妾。第二个“女”用做动词，意为充当婢妾。

⑧毕从：全部随同进贡。

⑨左右：任意处置。

⑩系：用绳捆绑。孥（nú）：子女。

⑪乃必有偶：五千甲士拼命，力量加倍，相当于一万人。

⑫伤君王之所爱：杀伤吴王所爱的将士。

⑬是人：这些人。可能是既指越国带甲五千人，也包括被杀死的吴人。

⑭此国：越国。

**【译文】**

越王于是派文种到吴国求和，说：“越王句践手下缺人，没有合适使臣，派下等之臣文种，不敢直接对天王说话，私下对天王执事人员说：越王军队不值得天王屈尊讨伐，愿意用金玉美女补偿天王屈尊伐越，请求以句践之女作为吴王的婢妾，越国大夫之女作为吴国大夫的婢妾，越国士之女作为吴国士的婢妾。越国的宝器全部进贡吴国。越王率领军队，服从吴国军队指挥，任凭天王随意处置。如果天王认为越国罪在不赦，那么越国将焚烧宗庙，捆绑妻子儿女，将金玉沉到江底，有披甲戴盔五千将士拼死战斗，他们就会以一当二。因此，将有一万甲士与君王作战，恐怕会杀伤吴王所爱的将士吧？与其让这些吴越人互相残杀，宁可不战而得到越国，哪一个对天王更有利呢？”

夫差将欲听与之成，子胥谏曰[1]：“不可。夫吴之与越也，仇雠敌战之国也[2]。三江环之[3]，民无所移，有吴则无越，有越则无吴，将不可改于是矣[4]。员闻之，陆人居陆，水人居水。夫上党之国[5]，我攻而胜之，吾不能居其地，不能乘其车。夫越国，吾攻而胜之，吾能居其地，吾能乘其舟。此其利也，不可失也已，君必灭之。失此利也，虽悔之，必无及已。”

**【注释】**

①子胥：伍子胥，名员。即前文的申胥。

②仇雠敌战之国：互为仇视、敌对、征战的两个国家。

③三江：吴江、钱塘江、浦阳江。环：环绕。

④不可改于是：不能改变这种地理格局。

⑤上党：地名，在山西太原一带。此处是借上党指代中原多陆少水的诸侯国。

**【译文】**

吴王夫差想听从文种与之讲和，伍子胥劝谏说：“不可以。吴国之于越国，是互为仇视、敌对、征战的两个国家。外有三江环绕，人民无法迁移，有吴国就没有越国，有越国就没有吴国，这种地理格局是不能改变的了。伍员我听说，内陆人家住在内陆，水边人家住在水边。上党那些中原诸侯国，即使我们进攻获胜，也不能住在他们的国土上，不能乘用他们的车辆。而越国，我们进攻获胜，就能住在他们的土地上，就能乘坐他们的舟船。这就是利益，不可失去啊，君王一定要消灭越国。失去这个利益，即使后悔，一定会来不及的。”

越人饰美女八人纳之太宰嚭[1]，曰：“子苟赦越国之罪，又有美于此者将进之。”太宰嚭谏曰：“嚭闻古之伐国者，服之而已。今已服矣，又何求焉？”夫差与之成而去之[2]。

【注释】

①太宰嚭：伯氏，名嚭，本为楚人，楚平王时，费无极谗杀郤宛，伯氏因是郤宛同党而逃离楚国，伯嚭逃至吴，为吴王夫差之太宰。

②与之成：与越讲和。

【译文】

越人妆扮好八名美女献给吴国太宰伯嚭，说：“您如果能赦免越国之罪，又有比她们更美的女子献给您。”太宰伯嚭进谏说：“我听说古代征伐敌国，只是使敌国臣服而已。越国现在已经臣服了，吴国还追求什么呢？”夫差与文种讲和而撤兵。

句践说于国人曰：“寡人不知其力之不足也，而又与大国执雠[1]，以暴露百姓之骨于中原[2]，此则寡人之罪也。寡人请更[3]。”于是葬死者，问伤者，养生者，吊有忧[4]，贺有喜，送往者，迎来者，去民之所恶，补民之不足。然后卑事夫差，宦士三百人于吴[5]，其身亲为夫差前马[6]。

【注释】

①执雠：结仇。

②中原：原野之中。

③更：更改。

④吊有忧：吊唁有丧事者。

⑤宦士三百人于吴：派三百名士人到吴国做臣仆。

⑥前马：马前卒，在马前护卫或引导。

【译文】

句践对国人说：“我不知道自己力量不足，与强大的吴国结仇，使百姓暴露骨骸于原野之中，这是我的罪过啊！我请求改正错误。”于是越王葬埋死者，慰问伤者，抚养生者，吊唁有丧事者，祝贺有喜事者，送别他国使者，迎接他国来者，除去人民所厌恶的弊政，弥补人民的不足。然后越王谦卑地事奉夫差，派三百名越士到吴国做臣仆，句践亲身做夫差的马前卒。

句践之地，南至于句无[1]，北至于御儿[2]，东至于鄞[3]，西至于姑蔑[4]，广运百里[5]。乃致其父母昆弟而誓之曰：“寡人闻，古之贤君，四方之民归之，若水之归下也。今寡人不能，将帅二三子夫妇以蕃[6]。”

令壮者无取老妇，令老者无取壮妻。女子十七不嫁，其父母有罪；丈夫二十不娶，其父母有罪。将免者以告[⑦]，公令医守之[⑧]。生丈夫，二壶酒，一犬；生女子，二壶酒，一豚。生三人[⑨]，公与之母[⑩]；生二人，公与之饩[⑪]。当室者死[⑫]，三年释其政[⑬]；支子死[⑭]，三月释其政。必哭泣葬埋之，如其子。令孤子、寡妇、疾疹、贫病者[⑮]，纳宦其子[⑯]。其达士[⑰]，洁其居，美其服，饱其食，而摩厉之于义[⑱]。四方之士来者，必庙礼之[⑲]。句践载稻与脂于舟以行[⑳]，国之孺子之游者[㉑]，无不餔也[㉒]，无不歠也[㉓]，必问其名[㉔]。非其身之所种则不食，非其夫人之所织则不衣，十年不收于国，民俱有三年之食。

【注释】

①句无：地名，在今浙江诸暨。

②御儿：地名，在今浙江嘉兴。

③鄞（yín）：地名，春秋时属越，在今浙江鄞县。

④姑蔑：地名，在今浙江衢州龙游。

⑤广运：东西为广，南北为运。

⑥蕃：繁殖人口。

⑦免：通“娩”。分娩。

⑧公：官方。

⑨生三人：指三胞胎。

⑩公与之母：官方给予安排乳母。

⑪饩（xì）：赠送人的食物。

⑫当室者：嫡子。

⑬释：免除。政：指徭役。

⑭支子：庶出之子。

⑮疹（chèn）：通"疢"。疾病。

⑯纳宦其子：将其子交官方抚养。

⑰达士：国中显达之士。

⑱摩厉：磨砺，切磋。义：事物道理。

⑲庙礼：在庙堂上接待以示尊重。

⑳脂：油。行：巡视。

㉑孺子：年轻人。游：飘流。

㉒馆：给他食物吃。

㉓歠（chuò）之：给他水喝。

㉔必问其名：一定要问他们的名字，以便日后任用。

【译文】

句践的国土，南到句无，北到御儿，东到鄞县，西到姑蔑，方圆百里。句践将越人父母兄弟叫来，对他们发誓说："我听说，古代的贤君，四方人民都归附他，如同水往低处流一样。如今我不能做到这样，将率领国人夫妇繁殖人口。"命令壮年人不要娶老年妇女，老年人不要娶壮年妻子。女子年到十七岁不出嫁，其父母有罪；男子二十岁不娶妻，其父母有罪。即将分娩的女子上报官方，官方命医生守护。生下男婴，官方奖励两壶酒，一只狗；生下女婴，奖励两壶酒，一头猪。生下三胞胎，官方给予安排乳母；生下双胞胎，官方给予食物。家中嫡子去世，官方免除三年徭役；家中庶子去世，官方免除三个月徭役。对死者，官员一定要哭泣葬埋，如同自己亲子一样。命令孤儿、寡妇、疾病以及贫病的人，将其子交官方抚养。对国中显达之士，让他们居处清洁，衣服华美，吃饱喝足，与他们切磋事物道理。四方之士来到越国，一定要在庙堂上接待以示尊重。句践用船载着稻米与食油，遇到国中年轻人在外飘流的，就给他食物吃，给他水喝，一定要问他的名字。如果不是句践亲身种的粮食，他就不吃，不是夫人所织的布，他就不穿，十年不向国人征税，人民都储存有三年的食物。

国之父兄请曰："昔者夫差耻吾君于诸侯之国，今越国亦节矣[①]，请报之。"句践辞曰："昔者之战也，非二三子之罪也，寡人之罪也。如寡人者，安与知耻[②]？请姑无庸战[③]。"父兄又请曰："越四封之内，亲吾君也，犹父母也。子而思报父母之仇，臣而思报君之雠，其有敢不尽力者乎？请复战。"句践既许之，乃致其众而誓之曰："寡人闻古之贤君，不患其众之不足也，而患其志行之少耻也。今夫差衣水犀之甲者亿有三千[④]，不患其志行之少耻也，而患其众之不足也。今寡人将助天灭之。吾不欲匹夫之勇也，欲其旅进旅退也[⑤]。进则思赏，退则思刑，如此则有常赏[⑥]。进不用命，退则无耻，如此则有常刑。"果行，国人皆劝[⑦]，父勉其子，兄勉其弟，妇勉其夫，曰："孰是君也[⑧]，而可无死乎[⑨]？"是故败吴于囿[⑩]，又败之于没[⑪]，又郊败之。

【注释】

①节：有节度，步入正轨。

②安与知耻：哪里配得上知道耻辱。

③请姑无庸战：请大家姑且不用战斗。

④衣：穿。水犀之甲：水犀牛皮制作的铠甲。亿：十万。

⑤旅：俱。

⑥常赏：常规赏赐。

⑦劝：互相勉励。

⑧孰是君也：谁有我们这样好的君主。

⑨而可无死：怎能不为他战死。

⑩囿：地名，在今浙江太湖一带。

⑪没：地名。

【译文】

越国的父兄请命说："以前夫差在诸侯之国面前羞辱我们君王，如今越国也步入正轨了，请求报复此仇。"句践推辞说："以前的越吴之战，不是你们的罪过，是我的罪过。像我这样的人，哪里配得上称知道耻辱？请大家姑且不用战斗。"越国父兄又请命说："越国四境之内，亲近君王，像亲近父母一样。子女欲报父母之仇，臣民思报君王之仇，岂有敢不尽力的人？请求再与吴国决战。"句践答应了越人父兄的请命，他召集民众发誓说："我听说古代的贤君，不怕民众人数不足，而担心民众志向行为缺少羞耻。如今夫差手下穿水犀牛皮的甲士有十万三千人，他不担心士兵志行是否有羞耻感，而是担心人数不够多。如今我要帮助上天消灭吴国。我不希望你们只有匹夫之勇，我要求你们一齐进退。进攻时想到受赏，退逃时想到受刑，这样就会有常规的赏赐。进攻不听命令，退逃没有羞耻感，这样就会有常规的刑罚。”越兵果然按时出动，国人都互相勉励，父亲勉励儿子，兄长勉励弟弟，妻子勉励丈夫，说：“谁有我们这样好的君主，我们怎能不为他战死呢？”因此越人在囿地战败吴军，接着又在没地打败吴军，又在吴国京郊打败吴军。

夫差行成，曰：“寡人之师徒，不足以辱君矣。请以金玉、子女赂君之辱。”句践对曰：“昔天以越予吴，而吴不受命；今天以吴予越，越可以无听天之命，而听君之令乎！吾请达王甬句东[①]，吾与君为二君乎[②]。”夫差对曰：“寡人礼先壹饭矣[③]。君若不忘周室[④]，而为弊邑宸宇[⑤]，亦寡人之愿也。君若曰：‘吾将残汝社稷，灭汝宗庙。’寡人请死，余何面目以视于天下乎！”越君其次也[⑥]，遂灭吴。

**【注释】**

①达：遣送。王：指夫差。

②二君：两位君主。

③礼先壹饭：犹言“有一饭之礼在先”，指夫差曾在会稽允许句践求和。

④不忘周室：吴国与周王室同姓，夫差此言要求句践看在周王室的份上。

⑤为弊邑宸宇：吴国愿在越国屋檐下，受其庇护。弊

邑，指吴国。宸宇，屋檐下。

⑥越君其次：越君住进吴国。次，居住。

**【译文】**

夫差求和，说："我的军队，不足以让越王屈尊讨伐了。请求以吴国的金玉、美女来补偿越王屈尊讨伐。"句践回答说："从前上天将越国赐给吴国，吴国却不接受天命；如今上天以吴国赐给越国，越国能够不听上天命令、而听吴王的命令吗？我想把吴王遣送到甬句东，我与吴王像两个国君一样。"夫差回答说："我在会稽已经有礼在先了。君王如果不忘记周王室，庇护吴国于屋檐之下，这也是我的愿望。君王如果说：'我将摧毁吴国社稷，灭掉吴国宗庙。'那么我就请求一死，我还有什么脸面来看天下呢！"越王进驻吴国，于是灭吴。

# 越语下

## 范蠡进谏句践持盈定倾节事

本篇文章记载越王句践在伐吴失败之后按照范蠡谋略准备复仇的故事。文章以记载范蠡言论为主。句践开始不听范蠡忠告，不顾天时人事条件，贸然伐吴，结果招致失败，栖于会稽。惨败之后，句践不得不虚心听从范蠡谋划。范蠡建议句践以卑辞厚礼、玩好女乐与吴人讲和，越王自己与范蠡进入吴国做臣仆。三年之后，吴王将句践遣回越国。范蠡教句践休养生息，等待复仇时机。本篇具有浓厚的哲理意味，“持盈者与天，定倾者与人，节事者与地”，这三句话是范蠡灭吴谋略的理论基础。范蠡认为，“人事必将与天地相参，然后乃可以成功”，他对天时、地利、人和各种条件进行综合考虑，极为精准地拿捏伐吴的时机和节奏，针对不同阶段的形势有步骤地采取有力措施。这些材料充分地体现了范蠡同时兼有杰出思想家、战略家、战术家的素质。

越王句践即位三年而欲伐吴[1]，范蠡进谏曰[2]：“夫国家之事，有持盈[3]，有定倾[4]，有节事[5]。”王曰：“为三者，奈何？”对曰：“持盈者与天[6]，定倾者与人[7]，节事者与地[8]。王不问，蠡不敢言。天道盈而不溢[9]，盛而不骄[10]，劳而不矜其功。夫圣人随时以行[11]，是谓守时。天时不作[12]，弗为人客[13]；人事不起[14]，弗为之始[15]。今君王未盈而溢，未盛而骄，不劳而矜其功，天时不作而先为人客，人事不起而创为之始，此逆于天而不和于人。王若行之，将妨于国家[16]，靡王躬身[17]。”王弗听。

**【注释】**

①越王句践即位三年：句践三年为公元前493年。据《史记·越王勾践世家》载，越王勾践曾在槜李之战中射伤吴王阖庐。三年之后，勾践听说吴王夫差日夜练兵报越，因此打算抢在吴国出兵之前征伐吴国。

②范蠡：字少伯，本为楚人，仕越为大夫。

③持盈：保持盈满。

④定倾：使倾覆的国家安定。

⑤节事：合理节制国家政事。

⑥与天：效法盈而不溢的天道。

⑦与人：重视人和。

⑧与地：注重地利。

⑨盈而不溢：盈满而不溢出。

⑩盛而不骄：盛大而不骄傲。

⑪随时：随顺天时。

⑫作：起。

⑬为人客：攻打他国，被攻者为主，攻者为客。

⑭人事：国家人事发生变化。

⑮始：事端。

⑯妨：害。

⑰靡：不止是。躬身：自身。

**【译文】**

越王句践即位三年，打算讨伐吴国，范蠡进谏说："国家大事，有的是保持国家强盛，有的是使倾覆的国家安定，有的是合理节制国家政事。"越王问："这三种情形，各自是如何去做的？"范蠡回答说："保持国家强盛的人效法天道，使倾覆国家安定的人重视人和，合理节制国家政事的人注重地利。君王如果不问，我不敢说。天道盈满而不溢出，盛大而不骄傲，辛劳而不夸耀其功。圣人随顺天时而行动，这叫做遵守天时。如果天时未发生变化，就不要攻打吴国；如果吴国人事未发生变化，就不要挑起事端。如今君王尚未满盈就已经溢出，尚未强盛就已经骄傲，尚未付出辛劳就已经夸耀其功，天时尚未变化就要进攻吴国，吴国人事尚未发生变化就要挑起事端，这种做法上背于天下逆于人。君王如果真的要这样做，所妨害的不止是君王自身。"越王不听。

范蠡进谏曰："夫勇者，逆德也[①]；兵者，凶器也；争者，事之末也[②]。阴谋逆德[③]，好用凶器，始于人者，人之所卒也[④]；淫佚之事[⑤]，上帝之禁也，先行此者，不利。”王曰：“无是贰言也[⑥]，吾已断之矣[⑦]！”果兴师而伐吴，战于五湖[⑧]，不胜，栖于会稽。

【注释】

①逆德：背逆的德行。

②末：最后之选。

③阴谋逆德：暗中谋划背德之事。

④始于人者，人之所卒也：从伐人开始，以被人伐告终。卒，终。

⑤淫佚：过分。

⑥无是贰言也：俞樾将此句断为“无！是贰言也”，意为“不要说了！这是扰乱军心的话”。

⑦断：下决断。

⑧五湖：菱湖、游湖、莫湖、贡湖、胥湖。一说，五湖即太湖。《史记·越王勾践世家》载：“吴王闻之，悉发精兵击越，败之夫椒。”

【译文】

范蠡进谏说：“勇敢，是一种背逆的德行；兵器，是一种凶器；战争，是最后的选择。暗中谋划背德的事，喜欢使用凶器，从讨伐他人开始，将以被他人讨伐告终；过分的事，是上帝所禁止的，先做过分的事，对自己不利。”越王说：“不要说了！这是扰乱军心的话。我已经下决断了！”越王果然起兵讨伐吴国，吴越在五湖交战，越王没有战胜，在会稽山上栖身。

王召范蠡而问焉，曰："吾不用子之言，以至于此，为之奈何？"范蠡对曰："君王其忘之乎？持盈者与天，定倾者与人，节事者与地。"王曰："与人奈何？"对曰："卑辞尊礼[①]，玩好女乐[②]，尊之以名[③]。如此不已[④]，又身与之市[⑤]。"王曰："诺。"乃令大夫种行成于吴，曰："请士女女于士，大夫女女于大夫，随之以国家之重器[⑥]。"吴人不许。大夫种来而复往，曰："请委管籥属国家[⑦]，以身随之，君王制之[⑧]。"吴人许诺。王曰："蠡为我守于国。"对曰："四封之内[⑨]，百姓之事，蠡不如种也。四封之外，敌国之制[⑩]，立断之事，种亦不如蠡也。"王曰："诺。"令大夫种守于国，与范蠡入宦于吴[⑪]。

**【注释】**

①卑辞尊礼：谦卑的言辞，尊崇的礼节。

②玩好：古玩珍宝。女乐：能歌善舞的歌女。

③尊之以名：以特别的名号尊称吴王，即下文的"天王"。

④不已：不罢休。

⑤又身与之市：又把自己卖给他。

⑥国家之重器：指镇国宝鼎之类彝器。

⑦委：交付。管籥：国库的钥匙。籥，通"钥"。属国家：交付整个国家。

⑧制：控制。

⑨四封：四境。

⑩敌国之制：抵制敌国的办法。

⑪入宦：入吴为其臣仆。

**【译文】**

越王召来范蠡询问，说："我不听您的话，以致陷于目前这种状况，该怎么办？"范蠡说："君王忘记了吗？保持国家强盛的人效法天道，使倾覆国家安定的人重视人和，合理节制国家政事的人注重地利。"越王问："怎样重视人和呢？"范蠡回答说："派使者以谦卑的言辞和尊崇的礼节去见吴王，献上古玩珍宝和能歌善舞的歌女，以特别的名号尊称吴王。如果这样做吴王仍不罢休，君王就把自己卖给他做臣仆。"越王说："好。"于是越王命大夫文种到吴国求和，说："越人请求将士的女儿送给吴国的士做婢妾，越国大夫的女儿送给吴国的大夫做婢妾，把越国镇国宝器也送给吴国。"吴人不允许求和。大夫文种又一次来到吴国，说："越人请求将国库钥匙交给吴国，做吴国的附属国，越王以身随同吴王做臣仆，请吴王控制。"吴人答应了。越王说："范蠡替我镇守国家。"范蠡说："管理四境之内，百姓之事，范蠡不如文种。应对四境之外，如何抵制敌国，迅速做出决断，文种不如范蠡。"越王说："好。"命令大夫文种守卫越国，越王自己与范蠡进入吴国做臣仆。

三年[①]，而吴人遣之[②]。归及至于国，王问于范蠡曰："节事奈何？"对曰："节事者与地。唯地能包万物以为一[③]，其事不失[④]。生万物，容畜禽兽[⑤]，然后受其名而兼其利⑥。美恶皆成⑦，以养其生。时不至⑧，不可强生⑨；事不究⑩，不可强成⑪。自若以处⑫，以度天下⑬，待其来者而正之⑭，因时之所宜而定之⑮。同男女之功⑯，除民之害，以避天殃。田野开辟，府仓实，民众殷⑰。无旷其众⑱，以为乱梯⑲。时将有反⑳，事将有间㉑，必有以知天地之恒制㉒，乃可以有天下之成利㉓。事无间，时无反，则抚民保教以须之㉔。”

【注释】

①三年：句践入吴三年，为公元前491年。

②吴人遣之：吴王将句践遣回越国。

③唯：只有。包：包容。以为一：使之成为一个整体。

④失：遗漏。

⑤畜（xù）：畜养，饲养。

⑥受其名：大地承担载物之名。兼其利：兼得万物之利。

⑦美恶皆成：万物无论美恶，大地都使之成长。

⑧时：时机。

⑨强生：勉强生长。

⑩究：穷，指事物发展的转折点。

⑪强成：勉强促其成功。

⑫自若：如常。

⑬度：揣度。

⑭待其来者：等到未来时机成熟的时候。正：改正，指变不利为有利。

⑮因时之所宜：顺应适宜的时机。定：固定，巩固。

⑯同男女之功：越王夫妇如民众一样男耕女织。

⑰殷：殷实。

⑱旷：白白浪费。

⑲乱梯：导致民众动乱的阶梯。

⑳反：反转。

㉑间：间隙。

㉒恒制：常度。

㉓成利：有利的成果。

㉔抚民：抚恤人民。保教：保护教育。须：等待。

**【译文】**

三年之后，吴王将句践遣回越国。回到越国后，越王问范蠡说："怎样合理地节制国家政事呢？"范蠡回答说："合理节制国家政事的人注重地利。只有大地能够包容万物，使之成为一个整体，没有遗漏一物。地上生长万物，容纳畜养各种禽兽，然后承担载物之名而兼得万物之利。物无论美恶，大地都使之成长，人类赖以养生。时机未到，不可让万物勉强生长；事物不到转折点，不可勉强促其成功。君王以如常态度处于当世，来揣度天下事物，等到未来时机成熟的时候，变不利为有利，顺应适宜的时机而巩固有利条件。君王夫妇应该如民众一样男耕女织，为民除去祸害，来逃避上天的祸殃。将荒芜的田野开辟出来，让府库仓廪充实起来，让民众殷实起来。不要白白浪费民众的时间，以免成为导致民众动乱的阶梯。天时将会有反转的时刻，人事会有间隙可乘的时候，一定要知道天地的常道，才会获得天下有利的成果。如果人事暂时没有间隙可乘，天时尚无转机，那么就抚恤、保护、教育人民而耐心等待。”

王曰：“不榖之国家，蠡之国家也，蠡其图之！”对曰：“四封之内，百姓之事，时节三乐①，不乱民功②，不逆天时，五谷睦熟③，民乃蕃滋④，君臣上下交得其志，蠡不如种也。四封之外，敌国之制，立断之事，因阴阳之恒⑤，顺天地之常，柔而不屈，强而不刚，德虐之行⑥，因以为常⑦；死生因天地之刑⑧，天因人⑨，圣人因天；人自生之⑩，天地形之，圣人因而成之。是故战胜而不报⑪，取地而不反⑫，兵胜于外，福生于内，用力甚少而名声章明⑬，种亦不如蠡也。”王曰：“诺。”令大夫种为之。

**【注释】**

①时节三乐：春、夏、秋三季，使民众乐于农功。

②民功：人民农功。

③睦：和。熟：成熟。

④蕃滋：繁殖增多。

⑤因阴阳之恒：顺应阴阳的常理。

⑥德：施德。虐：虐杀。

⑦常：常道。

⑧死生：执行生杀大权。因：顺应。刑：通“形”，征兆。

⑨天因人：即民为神主。

⑩人自生之：人类的吉凶是自然发生的。

⑪不报：无法报复。

⑫不反：无法收复。

⑬章明：彰显。

**【译文】**

越王说："我的国家，也就是您范蠡的国家，您为国家谋划吧！"范蠡回答说："四境之内，百姓之事，春夏秋三季使民乐于农功，不扰乱人民农功，不违背天时，五谷得天地之和而成熟，民众人口繁殖增多，君臣上下各得其志，在这些方面范蠡不如文种。四境之外，制定应对敌国的策略，遇事当机立断，顺应阴阳的常理，随顺天地的常道，柔而不至于受屈，强而不至于太刚，无论是施德还是虐杀，都顺应天地的常道；顺应天地的征兆来决定人之生死，上天顺应民众的意志，圣人顺应上天的意志；人类的吉凶是自然发生的，其征兆由天地自然现象体现出来，圣人顺应天地规律而获得成功。因此战胜敌人而使之无法报复，夺取敌国土地而使之无法收回，军队在国外打胜仗，福泽产生于国内，用力很少而名声显扬，在这些方面文种不如范蠡。"越王说："好。"于是命大夫文种处理国内事务。

## 范蠡谏句践勿许吴成卒灭吴

本篇记载范蠡劝谏越王句践拒绝吴人求和、消灭吴国的经过。越人伐吴，吴师溃败，吴王夫差栖居姑苏山，遣使希望与越人讲和。句践不忍心拒绝吴使的请求，想与吴国讲和。范蠡指出，如果越国得到天时而不能成功，那么上天反过来会有惩罚。上天节期不会遥远，五年就会有一个反复，小祸近在眼前，大祸远在后面。越王听信范蠡意见，不许吴国求和。但吴国使者去而又来，言辞越来越谦卑，礼节越来越尊重，越王又想答应吴人求和。范蠡说，迫使越人多年来早上朝晚罢朝，与越人争夺利益的，就是吴人。越国用了十年时间谋划伐吴，绝不可一个早上就抛弃。范蠡得到越王授权，直接拒绝了吴使的求和，亲自擂鼓进攻，终于消灭吴国。对于敌人，要除恶务尽，切不可心慈手软。《吴语》与《越语上》载越王句践亲自拒绝吴人求和，与本篇所写句践心存不忍而范蠡坚持灭吴，两者之间存在差异，这可能是出于不同史官的手笔。

居军三年，吴师自溃。吴王帅其贤良，与其重禄①，以上姑苏②。使王孙雒行成于越③，曰："昔者上天降祸于吴，得罪于会稽。今君王其图不榖，不榖请复会稽之和④。"王弗忍，欲许之。范蠡进谏曰："臣闻之，圣人之功，时为之庸⑤。得时不成，天有还形⑥。天节不远⑦，五年复反⑧，小凶则近⑨，大凶则远。先人有言曰：'伐柯者其则不远⑩。'今君王不断⑪，其忘会稽之事乎？"王曰："诺。"不许。

**【注释】**

①重禄：宝璧。

②姑苏：台名，为夫差所筑，在今苏州西南。关于吴王败栖姑苏，《史记·越王勾践世家》载："其后四年，越复伐吴，吴士民罢弊，轻锐尽死于齐、晋。而越大破吴，因而留围之三年，吴师败，越遂复栖吴王于姑苏之山。"

③王孙雒：吴国大夫。

④请复会稽之和：请求按照会稽和约模式讲和。

⑤庸：用。

⑥还：反。形：通"刑"，惩罚。

⑦天节：上天节制。

⑧五年复反：五年再闰，喻五年后吴越形势会发生逆转。

⑨凶：祸。

⑩伐柯：伐木作为斧柄。则：取法准则。《诗经·豳

风·伐柯》："伐柯伐柯，其则不远。"

⑪断：决断。

**【译文】**

越军围吴三年，吴军自己崩溃。吴王率领贤良大夫，带上珍宝玉璧，逃上姑苏台。派王孙雒向越国求和，说："以前上天降大祸给吴国，使吴国在会稽得罪了越王。如今越王图谋报复我，我请求按照会稽方式讲和。"越王心存不忍，想答应吴人。范蠡进谏说："我听说，圣人立功，注重天时的运用。得到天时而不能成功，上天反过来会有惩罚。上天节期不会遥远，五年就会有一个反复，小祸近在眼前，大祸远在后面。古人有话说：'伐斧柄者，斧柄样子就在自己手里。'现在君王不决断，您难道忘记了会稽的事吗？"越王说："好。"不应许吴人求和。

使者往而复来，辞愈卑，礼愈尊，王又欲许之。范蠡谏曰："孰使我蚤朝而晏罢者[①]，非吴乎？与我争三江、五湖之利者，非吴耶？夫十年谋之[②]，一朝而弃之，其可乎？王姑勿许，其事将易冀已[③]。"王曰："吾欲勿许，而难对其使者，子其对之。"范蠡乃左提鼓，右援枹[④]，以应使者曰："昔者上天降祸于越，委制于吴，而吴不受。今将反此义以报此祸[⑤]，吾王敢无听天之命，而听君王之命乎？"王孙雒曰："子范子，先人有言曰：'无助天为虐，助天为虐者不祥。'今吴稻蟹不遗种，子将助天为虐，不忌其不祥乎[⑥]？"范蠡曰："王孙子，昔吾先君固周室之不成子也[7]，故滨于东海之陂[8]，鼋鼍鱼鳖之与处[9]，而蛙黾之与同渚[10]。余虽靦然而人面哉[11]，吾犹禽兽也，又安知是諓諓者乎[12]？”王孙雒曰：“子范子将助天为虐，助天为虐不祥。雒请反辞于王[13]。”范蠡曰：“君王已委制于执事之人矣[14]。子往矣，无使执事之人得罪于子。”使者辞反[15]。范蠡不报于王，击鼓兴师以随使者，至于姑苏之宫，不伤越民，遂灭吴。

**【注释】**

①蚤朝而晏罢：早听朝，晚罢朝。蚤，通“早”。

②十年谋之：句践宦吴三年，返国四年，居军三年，共十年。

③易冀已：容易有希望了。

④援枹：拿鼓槌。

⑤反此义：一反此道。

⑥不忌：不忌讳。

⑦吾先君固周室之不成子：不成子，不成国的子爵。按，《史记·越王句践世家》与《吴越春秋》都说越王句践是禹的后代，在夏朝已分封立国；而《韩诗外传》则曰“越亦周室之列封也”，与《国语》都说是周时的封国。

⑧故：从前。滨：邻近。陂：岸。

⑨鼋（yuán）：大鳖。鼍（tuó）：扬子鳄。

⑩黾（měng）：蛙的一种，或曰即金钱蛙。渚：水中

小洲。

⑪靦（tiǎn）然：面目具备的样子。

⑫谖谖（jiàn）：巧辩之言。

⑬反辞于王：回禀越王。

⑭委制于执事之人：授权于办事人员。

⑮反：通"返"。

**【译文】**

吴国使者去而又来，言辞越来越谦卑，礼节越来越尊重，越王又想答应吴人求和。范蠡劝谏说："谁迫使我们早上朝晚罢朝，不就是吴国吗？与我们争夺三江、五湖利益的，不就是吴国吗？我们用了十年时间谋划伐吴，现在一个早上就抛弃了，这样做可以吗？君王姑且不要答应他们，这样事情就容易有希望了。"越王说："我是想不答应，但是我难以面对吴国使者，您去应对他吧。"范蠡于是左手提战鼓，右手拿鼓槌，去应对吴国使者说："从前上天降给越国灾祸，使越国听命吴国宰割，但吴国却不接受上天的礼物。如今越国将要一反吴国姑息之道来处理吴人灭国之祸，我们越王怎么敢不听上天的命令，而听吴王的命令呢？"王孙雒说："范先生，古人有话说：'不要助天为虐，助天为虐的人不吉祥。'现在吴国稻谷和螃蟹都死光了，您还要助天为虐，不怕不吉祥吗？"范蠡说："王孙先生，从前我们越人先王本来就是周王室不成国的子爵，住在东海岸边，与鼋鼍鱼鳖相处，和青蛙、金钱蛙同居一个小洲，我们虽然长了一副人的面孔，实际上如同禽兽一般，哪里知道你这些花言巧语呢？"王孙雒说："范先生将要助天为虐，助天为虐的人不吉祥。我请求回禀越王。”范蠡说：“君王已经授权给我了。你走吧！不要让我得罪你。”吴国使者告辞返回。范蠡不禀报越王，击鼓起兵跟随在使者之后，一直追到姑苏台，越人没有伤亡，于是灭亡吴国。

## 范蠡乘轻舟以浮于五湖

本篇记载范蠡在灭吴之后功成身退泛舟五湖的事迹。按照《越语下》的记载，句践灭吴，范蠡堪称主谋。大功告成之后，范蠡不去安享富贵，却选择了退隐江湖之路。他说，身为人臣，他秉持君忧臣劳、君辱臣死的原则，昔日句践蒙受会稽之辱，自己之所以不死，就是为了帮助句践复仇。如今君仇已报，他就可以按照自己的意愿行事了。句践无法挽留范蠡，只好用黄金铸成范蠡塑像而加以朝拜。范蠡在辅佐勾践灭吴之后，又以其退隐壮举，给他的辉煌人生书写了一个壮丽的休止符。他的功成身退行为，与中国封建时代文人儒道互补的心理结构相合——用儒家精神去建功立业，用道家精神寻求归宿。因此范蠡功成之后泛舟五湖的事迹感动了后世无数文人。“永忆江湖归白发，欲回天地入扁舟。”在做成一番惊天动地的大业之后，泛舟五湖，飘然而去，是诸多中国文人心向往之的理想境界。范蠡的生平事迹，成为中国诗歌、小说、戏剧的题材。

反至五湖，范蠡辞于王曰：“君王勉之，臣不复入越国矣。”王曰：“不穀疑子之所谓者何也[①]？”对曰：“臣闻之，为人臣者，君忧臣劳，君辱臣死。昔者君王辱于会稽，臣所以不死者，为此事也[②]。今事已济矣[③]，蠡请从会稽之罚[④]。”王曰：“所不掩子之恶，扬子之美者[⑤]，使其身无终没于越国[⑥]。子听吾言，与子分国。不听吾言，身死，妻子为戮。”范蠡对曰：“臣闻命矣。君行制[⑦]，臣行意[⑧]。”遂乘轻舟以浮于五湖，莫知其所终极。

【注释】

①不穀疑子之所谓者何也：我不明白您说的是什么意思。

②此事：指句践复仇之事。

③济：成功。

④从：接受。

⑤所不掩子之恶，扬子之美者：所不……者，这是古代发誓的一种句式。所，若。

⑥使其身无终没于越国：让他不要死在越国而客死他乡。

⑦制：法令。

⑧意：意愿。

【译文】

返回到五湖，范蠡向越王告辞说：“君王好自为之，臣不再进入越国了。”越王说：“我不明白您所说的是什么意思？”范蠡回答说：‘臣听说过，身为人臣，如果君主忧患，人臣就要为之操劳；如果君主受辱，人臣就要为之死节。

以前君王在会稽受辱，那时臣之所以没有死，就是为了复仇大事啊。今天复仇大事已经成功，范蠡请求接受会稽之处罚。”越王说：“今后我如果不掩藏您的恶行，不宣传您的美德，让我客死在越国之外。您听从我的话，我与您分享越国。如果不听我的话，您会被杀死，妻子也要处死。”范蠡回答说：“臣已经听到了君王的命令。君王可以制定法令，人臣也可以按自己意愿行事。”于是范蠡乘一叶扁舟泛于五湖，没有人知道他的结局。

王命工以良金写范蠡之状而朝礼之[1]，浃日而令大夫朝之[2]，环会稽三百里者以为范蠡地[3]，曰：“后世子孙，有敢侵蠡之地者，使无终没于越国，皇天后土、四乡地主正之[4]。”

【注释】

①工：指铸造工匠。良金：上等黄金。写范蠡之状：铸造范蠡形状。朝礼：指越王亲自朝拜施礼。

②浃（jiā）日：每隔十天。

③环：周围，环绕。

④四乡：四方。地主：地祇。正：通“证”。

【译文】

越王命令工匠用上等黄金铸造范蠡像而亲自朝拜，又命令越国大夫每隔十日朝拜范蠡像，以会稽周围三百里作为范蠡封地，说：“后世子孙，如果敢有侵犯范蠡之地者，要让他在越国不得善终，皇天后土、四方地祇可以为证。”